谨以此书
献给我国拉美史研究的前辈
罗荣渠先生！

新思历史
Book

探索世界 | 发现自己

拉丁美洲 5000 年

混血的文明

林被甸
董经胜
著

cinco mil años de América Latina
La Civilización Mestiza

中信出版集团｜北京

图书在版编目（CIP）数据

混血的文明：拉丁美洲5000年/林被甸,董经胜著.
北京：中信出版社,2024.12. -- ISBN 978-7-5217
-6755-1

Ⅰ.K730

中国国家版本馆CIP数据核字第2024GP2906号

混血的文明：拉丁美洲5000年
著者： 林被甸 董经胜
出版发行：中信出版集团股份有限公司
（北京市朝阳区东三环北路27号嘉铭中心 邮编 100020）
承印者： 北京通州皇家印刷厂

开本：880mm×1230mm 1/32 印张：10.75
插页：8 字数：222千字
版次：2024年12月第1版 印次：2024年12月第1次印刷
书号：ISBN 978-7-5217-6755-1
定价：68.00元

版权所有·侵权必究
如有印刷、装订问题，本公司负责调换。
服务热线：400-600-8099
投稿邮箱：author@citicpub.com

目录

序　言　v

第一章　美洲文明的起源

一、印第安文明的起源　2
二、文明的核心区　11

第二章　玛雅文明

一、湮没在丛林中的古老文明　26
二、各自称王的城邦　30
三、无所不在的神灵　33
四、玉米的故乡　38
五、智慧之光　42

第三章　阿兹特克文明

一、阿兹特克的崛起　50

二、威震四方的专制帝王　54

三、血腥祭献　58

四、水上田园　63

五、中部美洲文化的集大成者　66

第四章　印加文明

一、前印加时代的安第斯文明　70

二、从小部落到大帝国　75

三、一个管理有方的帝国　78

四、至高无上的太阳神　83

五、发达的梯田农业　86

六、安第斯山上的文明之花　88

第五章　新旧大陆两大文明的汇合

一、哥伦布和美洲的"发现"　94

二、美洲的殖民化与两大文明的冲突　102

第六章　多种族文明的形成

一、殖民地文明的经济基础　120

二、政治制度　132

三、殖民地时期的教会　137

四、多种族的社会　145

五、城市和乡村　155

六、婚姻、家庭和妇女地位　161

七、思想、文化和艺术　167

八、赢得独立国家地位　175

第七章　向工业文明的过渡

一、经济发展道路的选择　187

二、出口繁荣和工业化的起步　191

三、进口替代工业化　197

四、结构主义理论　207

五、债务危机、新自由主义调整和去工业化　212

第八章　政治文明的演进

一、早期政治模式的探索　224

二、从寡头政治到大众政治　231

三、从民众主义到威权主义　243

四、从还政于民到"粉红浪潮"　254

第九章　独立以来的宗教与文学

一、天主教会的变革和解放神学　269

二、独立以后拉美的文学成就　277

第十章　中华文明与拉美文明的交流

一、关于中国人"发现"美洲的猜想　290

二、马尼拉大帆船贸易与中华文明对拉美的早期影响　298

三、"契约华工"在拉丁美洲　308

四、中拉文明交流的新篇章　318

参考书目　321

跋语　323

序言

在西半球，美国与墨西哥边界以南，有一片广袤的土地。这里有大陆，有岛屿；有高山，有大河；有湿润的草原，也有干燥的沙漠。生活在这片土地上的人民有白人，有黑人，有印第安人，还有各种混血种人。这片色彩斑斓的土地就是拉丁美洲。

拉丁美洲历史悠久，但是"拉丁美洲"这个词却是很晚才出现的。1492年"发现"新大陆的哥伦布，以为自己到达的是印度的一部分，于是将这片土地称为印度。随哥伦布之后而来的西班牙殖民者在新大陆建立了若干个定居点，所以这片土地被称为"诸印度"（Las Indias）。1500年，佛罗伦萨航海家亚美利哥·韦斯普奇（Amerigo Vespucci）发现，哥伦布发现的地方不是印度，而是一个新大陆。1507年，德意志制图师马丁·瓦尔德泽米勒（Martin Waldseemüller）将这块新大陆用亚美利哥的名字命名，称之为America，"美洲"一词就这样出现了。拉丁美洲（Latin America）一词，出现于19世纪50年代。当时，在法国知识圈内，出现了"泛拉丁主义"运动，一个重要的代表人物是米歇尔·谢瓦利埃（Michel Chevalier，1806—1879）。谢瓦利埃与著名的阿历克西·德·托克维尔生活在同一时代，和托克维尔一样，19世纪30年代，谢瓦利埃前往新大陆，在美国和墨西哥进行了旅行，他对美洲的"拉丁人"和"盎格鲁-撒克逊人"进行了区分。1852年，拿破仑三世上台后，"泛拉丁主义"蔓延到那些被认为在文化上起源于新拉丁语言（所谓的罗曼语族）的国家。"拉丁美洲"（法语中的L'Amérique Latine）出现在地图上。拿破仑三世特别喜欢使用这一术语来为他在墨西哥的军事和政治干预寻求合法性。当时的法国虽然在全球殖民帝国的竞争中丧失了优势，但在文化、语言和思想上仍有很高的声誉。被包含在泛拉丁文化圈内，对于西班牙美洲的知识分子而言具有很大的吸引力。由此，"拉丁美洲"这一概念在该地区慢慢扩展开来。其实，当时出现的"拉丁美洲"一词存在诸多缺陷，其中最重要的是，19世纪中期生活在美洲的绝大多数人口是美洲原住民、非洲裔人口和混血种人，其中相当一部分人根本不讲"拉丁语"。[1]与"拉丁美洲"同时使用的概念还有"西班牙美洲"（指以西班牙语为官方语言的地区）、"伊比利亚美洲"（包括西班牙美洲和巴西，但不包括法语美洲地区）、"安第斯美洲"（在地理上从委内瑞拉延伸到智利，但通常也包括哥伦比亚、厄瓜多尔、秘鲁、玻利维亚）、"南锥体"（智利、阿根廷、巴拉圭、

---

[1] Marshall C. Eakin, *What is Latin American History*, Polity Press, 2021, pp. 8-9.

乌拉圭）。然而，直到20世纪中期，无论是在拉美本地还是在拉美以外的世界，"拉丁美洲"这一术语才在学术界、知识界以及普通大众中得到广泛的使用。1948年，随着联合国拉丁美洲经济委员会（根据英文首字母缩写为ECLA，后来增加加勒比地区，改为拉丁美洲和加勒比经济委员会，缩写为ECLAC）成立，"拉丁美洲"一词开始在决策圈固定使用。20世纪60年代，随着拉丁美洲的文学"爆炸"和美国、英国、加拿大的大学中"拉丁美洲研究"专业的设置，"拉丁美洲"这一术语的使用更为广泛。[1] 20世纪六七十年代，加勒比地区一些原属于英国和荷兰的殖民地获得独立，这些国家的官方语言是英语、荷兰语，属于日耳曼语族，不属于拉丁语分支，因此，国际组织和机构逐渐将"拉丁美洲"改称为"拉丁美洲和加勒比地区"。

截至本书撰写时，拉丁美洲和加勒比地区的陆地面积为2 070万平方千米，根据世界银行的数据，2022年，拉丁美洲人口达到6.59亿，占世界总人口的8.29%。有33个独立国家，另有12个尚未独立的地区。拉丁美洲这一地区使用的官方语言包括西班牙语、葡萄牙语、法语、荷兰语、英语，其中绝大多数拉丁美洲人使用的西班牙语是居中文和英语之后，世界上使用人口最多的第三大语言。根据世界银行数据，2022年，拉丁美洲地区GDP（国内生产总值）总量为6.3万亿美元，无论在政治上还是在经济上，该地区在世界上都发挥着十分重要的影响。

---

[1] Thomas H. Holloway, ed., *A Companion to Latin American History*, Blackwell Publishing, 2008, pp. 7-8.

根据最新的考古发现，早在大约 5 000 年前，安第斯沿海地区就出现"卡拉尔"（Caral）文明。到公元前 1500 年，墨西哥地区就出现了奥尔梅克文化，公元前 1200 年，安第斯地区出现了查文文化。到 15 世纪末和 16 世纪初美洲被"发现"时，曾经辉煌的玛雅文明已经衰败，但阿兹特克文明和印加文明正处于鼎盛时期。虽然对欧洲人到达美洲之前新旧大陆之间是否存在接触与交往，学界尚无定论，但可以肯定的是，美洲的印第安文明基本上是在与旧世界隔绝的情况下孤立地发展起来的。即使与外部世界有过零星的交往，这种交往对印第安文明发展的影响也基本上可以忽略不计。美洲的农作物、物质生产方式、社会和政治制度、宗教文化等各方面都与旧大陆的文明截然不同。正是这种不同，使得人类文明更加多元，使得我们生存的世界更加丰富多彩。

从 15、16 世纪开始，资本主义的产生和发展推动了欧洲国家的海外殖民扩张。1492 年，哥伦布的航行，彻底打破了美洲的隔绝状态，同时也彻底打断了美洲印第安文明的正常发展轨迹。印第安文明因隔绝而独特，但同时也因隔绝而停滞，而落后。面对来自欧洲的异域文明冲击，井然有序的庞大帝国顷刻瓦解，曾经瑰丽辉煌的文明迅速衰败。随着欧洲殖民者的大量涌入，随着大西洋奴隶贸易的兴旺，以及各个不同人种之间的混血，各种文明因素的融合，逐渐在拉丁美洲这块土地上，形成了一种新型的拉丁美洲文明，这是一种混血文明，或称梅斯提索（Mestizo）文明。

欧洲文明、美洲印第安文明、非洲文明的成分在拉丁美洲文明中都有充分的体现。美洲闪闪发光的白银，浸透了印第安人劳工的血泪；美洲种植园生产的甜蜜的蔗糖，离不开非洲黑人奴隶的汗水。西班牙人、葡萄牙人、美洲混血种人共同支撑了拉丁美洲的农业、制造业和商业的发展。西班牙、葡萄牙的政治制度被移植到拉丁美洲，19世纪初大多数拉丁美洲国家获得独立后，英国、法国的政治制度也被移植过来，但在拉美特定的环境下发生了本地化的变革。印第安人传统的政治和管理体制，例如印加帝国的"米达制"，也被西班牙殖民者继承并沿用下来。天主教传入拉丁美洲，取代了当地的传统宗教信仰。但是拉丁美洲的天主教吸收了印第安传统信仰的因素。例如，在墨西哥，圣母马利亚成为具有印第安人女性形象的瓜达卢佩圣母。拉丁美洲的音乐、舞蹈、饮食等等，处处体现着非洲黑人文明的特征。

应该看到，虽然拉丁美洲文明是在欧洲、美洲、非洲文明的基础上混血、融合形成的，后来在发展演变的过程中又融入了来自世界其他地区的文明要素，但是，这些文明并非和谐地、平等地融合到一起的。作为强势文明的欧洲文明占据主导地位，以至于亨廷顿认为，"拉丁美洲文明是欧洲文明的后代"，或者可以被看作"西方文明中的次文明"。[1] 作为弱势文明的美洲印第安文明和非洲文明是被动地吸纳到拉丁美洲文明之中的，处于从属地位。与此同时，在拉丁美洲不同地区之间，各文明要

---

[1] （美）塞缪尔·亨廷顿：《文明的冲突与世界秩序的重建》，周琪等译，新华出版社2011年版，第25页。

素的差异性也十分明显。墨西哥、中美洲、秘鲁、玻利维亚等地区，保存了很多传统的印第安文明特征；而在阿根廷、智利等地区，欧洲文明的特性更为明显；而非洲黑人文明更多地在巴西、多米尼加等地区得以体现。

中华文明与拉美文明的交往源远流长。哥伦布到达美洲之前，太平洋东西两岸的两大文明是否存在接触和交流，学界尚无明确定论。16世纪后横跨太平洋的大帆船贸易，开辟了中国与拉美之间的海上"丝绸之路"，促进了物质、人员和文化的交流。19世纪，大批中国人作为华工来到拉丁美洲，后来一些人转向从事中小规模的工商业活动，为促进拉美经济的发展，为传播中华文明，做出了重要的贡献。20世纪70年代后，绝大多数拉美国家与中华人民共和国建立了外交关系，尤其是20世纪末以来，中国与拉美国家之间的经贸、文化交流稳步发展，太平洋东西两岸的两大文明的交流进入了一个新的历史发展时期。

本书对拉丁美洲文明演进的历程进行了宏观的介绍与分析。对于"文明"这一概念的含义，学界历来存在不同的理解。本书借鉴陈乐民先生的做法，将"文明"区分为不同的层次，即物质文明、精神文明和"功能性文明"。物质文明指的是生产方式和经济生活，精神文明则有历史文化生成的深层精神特征，例如哲学、宗教、文学艺术、思想等，功能性文明介乎上述二者之间，指的是属于上层建筑层面的运行机制、体制等带有"工具"性质的、"手段"性质的文明。[1]也就是说，在接下来的各个章节中，基本按照物质生产和经济生活、社会结构和政治制度、宗教文化三个层次来阐述拉丁美洲地区不同历史时期的文明特征，同时注重考察不同文明形态在新大陆不断发生冲突与融合的历史进程。本书第一至第四章着重研究了古印第安人文明（远古—1492）。第五、六章研究了新旧大陆文明的相遇和殖民地时期（1492—1810）的拉丁美洲文明。第七、八、九章分别研究了独立后拉丁美洲国家的经济、社会、政治和文化的发展历程，从不同的方面展现了拉美独立国家文明演进的道路。第十章追溯了中华文明和拉丁美洲文明交流的历史轨迹。

  第一至第四章、第十章由林被甸执笔，第五至第九章由董经胜执笔。第九章"独立以来的宗教与文学"由北京大学外国语学院樊星博士补充修改。在我国，对拉丁美洲历史和文明的研究尚非常薄弱，我们对许多重要问题还一知半解，对许多问题还存在着不同的看法，因此，要通过有限的篇幅反映丰富多彩而又历经曲折的拉丁美洲文明历程，殊非易事。加之时间和水平所限，本书中不当乃至错误之处在所难免，祈请读者批评指正。

2023年11月，北京

---

[1] 陈乐民、周弘：《欧洲文明的进程》，东方出版社2020年版，第1—2页。

第一章

美洲文明的起源

1492年10月12日,克里斯托弗·哥伦布率领的西班牙船队在浩瀚的大西洋上已经艰苦航行了两个多月,疲惫不堪、心情绝望的西班牙船员对哥伦布牢骚满腹,在他们看来,这个外国人船长,正在把他们引向死亡。他们甚至考虑摆脱哥伦布,向西班牙返航。然而,就在夜里2点,一名船员报告,他从"平塔号"上看到了陆地。哥伦布在日记中说,这名船员叫罗德里戈·德·特里亚纳,但真实的姓名是罗德里格斯·贝尔梅霍。根据约定,第一个看到陆地的人应得到王室1万马拉维迪的奖金,按说,这笔赏赐非这位船员莫属。可是后来,哥伦布却心安理得地拿了这笔钱。这位船员后来去了摩洛哥,背叛了基督教信仰。

这是后话。在那个黎明,哥伦布的船队慢慢驶进小海湾,登上了这块宁静的土地。哥伦布身着海军上将礼服,在岸上升起了三面旗帜——一面是西班牙王室旗帜,另两面是绿十字旗,十字架两侧分别绣着西班牙国王(Fernando)和女王(Ysabel,在中世纪西班牙语中，Isabel 写作 Ysabel）名字的首字母 F 和 Y。他叫来船队秘书，"让他们像他那样在所有人面前承认并做证，他已为他的主——国王和王后——占有了这个岛屿"。[1]一群年轻、漂亮、几乎赤身裸体的土著好奇地注视着这一切。一般认为，这个地方就是今天的加勒比海中的巴哈马群岛中的华特林岛（圣萨尔瓦多岛）。但是，哥伦布满以为他到达的地方是印度的一部分，因此将这些土著称为印第安人。美洲就这样被"发现"了。

当然，美洲真正被"发现"是在此 4 万年前。哥伦布仅仅是从另一条路线，重新"发现"了美洲。在哥伦布到来以前，美洲最早的"发现者"印第安人早已在这块土地上繁衍生息，并创造了辉煌灿烂的文明。

一、印第安文明的起源

美洲的第一批"发现者"来自亚洲，这些印第安人的祖先穿过连接西伯利亚和阿拉斯加的宽阔的陆桥，踏上了美洲土地。因为当时正值冰期，海平面下降，白令海峡变窄变浅，中间又有陆地或小岛相连，形成陆桥。关于迁徙时间，有 4 万多年前到 1 万多年前多种不同说法。学界一般认为他们是在大冰期晚期和间冰期，即 2 万年前通过陆桥分多次迁移到美洲大陆的。此外，法国

---

[1]（西）萨尔瓦多·德·马达里亚加：《哥伦布评传》，朱伦译，中国社会科学出版社 1991 年版，第 285 页。

学者保罗·里维特（Paul Rivert）、A. A. 门德斯（A. A. Mendes）认为，部分印第安人祖先是越过南极洲，自南往北抵达美洲的。他们认为，来自美拉尼西亚和澳大利亚的人类同时越过南极洲抵达美洲。这一论断的依据来自美拉尼西亚、澳大利亚的人类与美洲印第安人之间在人类学、民族学、语言学方面的共同性。[1]

早期到达美洲的人类是渔猎者和食物采集者。有研究认为，至少在4万年前，墨西哥北部就有人类活动，2.2万年前，秘鲁也有原始的猎人和食物采集者存在。但是我们对这些早期人类社会的情况一无所知。到公元前1万年至公元前8000年间，气候湿润，草木茂盛，为多毛的猛犸象、乳齿象、大犰狳和野牛、骆驼、马的祖先等大型野生动物提供了充足的食物。美洲变成了猎人的天堂。例如，当时，墨西哥谷地被一个大湖覆盖，水源吸引了大量的史前野兽，人类也在此适意地生活。当动物陷入湖边泥沼时，原始猎人便使用带石尖头的长矛或标枪来猎捕这些动物。墨西哥城以北几英里[2]的特佩克斯潘村（Tepexpan）就位于当时大湖的岸边，1940年，人们在这里发现了一具人类遗骨，其深度正好与发现一些猛犸遗骨的地层相同，考古学家推测二者可能处于同一时代。1952年，在圣伊莎贝尔·伊斯塔潘（Santa Isabel Iztápan）出土的猛犸遗骨的肋骨处，存有被射进的石尖，并有明确的迹象表明，该动物是用丢弃在附近的燧石刀宰杀的。

---

[1] Hernán Horna, *La Indianidad antes de la independencia latinoamericana*, Uppsala University, 1999, pp. 12-13.
[2] 1英里约等于1 609米。——编者注

对于这些考古发现的确切时间存在争论，但是据估计在 1 万到 1.2 万年前。[1]

然而，在大约公元前 9000 年，最后一次冰河（威斯康星冰川）消退，伴随着气候的急剧变化，导致了印第安人狩猎经济的危机。绝大多数地区出现了干燥的气候，草地减少，猛犸象、野马等大型动物逐渐灭绝。更新世后期狩猎技术的改进也加速了这些动物的灭绝。生活在这里的人类必须适应新的环境，否则，只有与他们赖以生存的动物一同灭绝。

许多地区的考古发现显示，印第安人越来越多地依靠猎取小型动物，如鹿、长腿大野兔，以及采集可食的野生植物来维持生存。这种新的生活方式最终导致了农业的产生和发展。一般认为，大约在 1 万年前，印第安人获取食物的方式开始了从采集向生产的缓慢转变。显然，农业是在不同的地区同时、独立地发展起来的，因为考古人员在很多地方发现了可能是人类培育谷物前身的野生谷物。玉米是印第安人培育的最重要的农作物。此外，印第安人培育的农作物还有花生、菜豆、西葫芦、木瓜、番石榴、鳄梨、菠萝、番茄、辣椒、胡椒、南瓜、马铃薯、甘薯、丝兰、可可、烟草以及当时世界上最优质的棉花。根茎作物和有毒作物的培育是印第安人的独创。位于赤道地区的印第安人最先栽培木薯，他们从木薯的根茎中提取食物、酒精饮料成分和用于狩猎的毒药物质。根据碳-14 年代测定，人们在泰国发现

---

[1] Michael C. Meyer and William L. Sherman, *The Course of Mexican History*, Oxford University Press, 1991, p. 5.

了公元前7000年的鹰嘴豆和菜豆，在伊拉克发现了公元前6750年的小麦和大麦，在秘鲁发现了公元前6000年的菜豆，在墨西哥发现了公元前7000—前5000年的西葫芦、甜瓜和玉米。[1] 由此可以看出，新旧大陆人类转向农业生产的时间大致是一致的。美洲印第安人培育了100多种农作物，与欧亚大陆培育的全部农作物种类数量相当。美国一半以上的农产品来自印第安人培育的农作物。但是，并非所有的印第安人都转向了农业生活方式。有的地区，例如南美南端阴冷荒凉的火地岛，严酷的气候迫使人们只能依靠渔猎或采集为生；还有的地区，例如西北部的太平洋沿岸地带，水中充足的鱼类和森林里遍布的野兽，使在那里定居的印第安人没有必要放弃渔猎生活转向农业。

人类在从食物采集者向农业生产者转变的过程中，同时也学会了驯养动物。在旧大陆，人类驯养了狗、马、牛、驴、山羊、绵羊、猪等家畜，在新世界，印第安人则驯养了骆马（或称大羊驼，llama）、羊驼（alpaca）、小羊驼（vicuña）、豚鼠（guinea pig）、火鸡（turkey）、鬣蜥（iguana）以及小无毛犬。印第安人未能驯养役畜，如马、驴等。骆马是印第安人驯养的最强壮的家畜，负重量最多只有100磅[2]。没有大型役畜，严重限制了交通和农业的发展。影响印第安人交通运输能力的另一个因素是没有发明和使用车轮，但是印第安人掌握了轮子的操作原理。在中部美洲和

---

[1] Hernán Horna, *La Indianidad antes de la independencia latinoamericana*, Uppsala University, 1999, p. 15.
[2] 1磅约等于0.45千克。——编者注

安第斯地区，都出土了四个轮子的车辆结构的玩具。印加人在修建纪念碑和建筑物时，也依靠滚筒运送巨大的石块。但是，在前哥伦布时代的美洲，轮子的使用的确与旧大陆无法同日而语。

如同在旧大陆一样，农业的出现，改变了古代人类生活的方方面面，人类放弃了游牧状态，开始定居生活。他们开始修造房屋，建立城镇，修建灌溉系统。在此过程中，食物供应缓慢增加，人口逐步增长，从而导致了劳动分工。然而，应该注意到，农业并非人类定居的唯一原因。例如，在秘鲁和智利海岸，捕鱼提供的食物丰富，以至于那里的人在农业成为主要的食物来源之前就形成了定居的生活方式。[1]

美洲各地印第安人社会发展的程度存在巨大的差异，因此在西班牙殖民征服前夕，可以将在此之前生活在美洲的印第安人划分为三个层次或类别——部落、酋邦和国家，这些类别与文明演进的阶段基本符合。

部落是最简单和最原始的层次，一般存在于比较艰苦的生存环境中，如密林、草原或极度潮湿、干燥、寒冷的地区，这些地区的环境严重地限制了食物的供应。人们主要以采集和渔猎为生，依据不同季节可获得的动植物不断迁徙，居无定所，有的从事一些刀耕火种的农业，作为食物来源的补充。人们不会冶金术，不懂修桥铺路。有的会烧制陶器，有的仅用葫芦作为容器。不稳定的食物来源制约了人口的增长和劳动分工的发展。社

---

[1] （美）谢里尔·E. 马丁、（美）马可·瓦塞尔曼：《拉丁美洲史》，黄磷译，海南出版社2007年版，第5页。

会单位是自治式的族群，不受约束。依靠家族关系维系的氏族联盟，组成一个部落。在这样的部落社会里，人们平等相处，每个人都有机会从事狩猎捕鱼或耕种土地，部落和村社首领的权力仅限于指挥战事、决定狩猎时间和主持公共活动。

巴西沿海地区的图皮人部落就属于这类平等社会。图皮人部落是松散的社会。用粗木栅栏围起的临时小村落通常坐落在河流两岸，人们聚居在巨大的茅顶棚屋中，在屋内架起吊床，通常整个大家庭或血族多达百人住在一起。大部分部落至少有一个名义上的酋长，某些部落则只在战时承认领袖，少数部落似乎没有领袖这一概念。图皮人的主要食物是木薯，由木薯制成的粉，不仅是土著人的主要食物来源，而且成为后来欧洲人的主要食物来源。人们采取刀耕火种的农业形式，男人负责砍伐树木，放火焚烧，开辟土地，女人负责种植、收获和准备食物。因此，日常的农活几乎完全是妇女的工作。男人通过渔猎增加食物供应。这种耕作方式使地力迅速耗竭，因此他们必须不断开辟新的土地，村庄也不断移动。木薯生长在各种不同的土壤中，不受各种昆虫的侵害，一旦种植，很少需要管理。大部分空闲时间里，部落中的男人准备并参加战争。战争中的俘虏，被用作仪式性的节日食人盛宴的牺牲品。获取俘虏的需要，使不同部落间保持着战争。[1]

酋邦存在于部落社会末期和文明社会早期，是从原始的部落社会走向以阶级分化和国家形成为标志的文明社会的过渡形

---

[1] E. Bradford Burns, *A History of Brazil*, Columbia University Press, 1993, pp. 15-19.

式。通常，酋邦的经济基础是集约型的农业，这种农业养活了聚居在一些大村庄内的大量人口。这些村庄失去了自主权，受一个最高首领的统治，这个首领之下还有一些次一级的首领。在酋邦社会组织中，存在着等级差别，但等级主要还是依据血亲关系确定的。一个人的等级与他和最高首领之间的家系关系的远近直接相关。最高首领经常被赋予神圣的色彩，并拥有大批的扈从官员和仆人供他役使。通过征收贡赋或强制性的捐献，最高首领榨取普通成员的生产剩余。然后，他将这些生产剩余在官员、家臣和武士之间再进行分配。酋邦之间经常存在战争。战争在酋邦的产生和扩大过程中发挥了重要的作用，被征服的村庄被并入酋邦。战争中的俘虏沦为奴隶，或者被迫为主人劳动，进一步加剧了社会的分化。

考古学家在中部美洲的发掘证明，在公元前第二个千年后半期，出现了一些不同于普通小村落的人类聚居区——圣洛伦索（San Lorenzo）的奥尔梅克遗址、瓦哈卡的圣何塞·莫戈特（San José Mogote）遗址、韦拉克鲁斯的奇马尔瓦坎（Chimalhuacan）遗址——通常覆盖 40 到 50 公顷的地区，拥有人口在 1 000 至 4 000 之间。出土的陶制雕像和早期的仪式性的建筑物表明，这些聚居区是宗教、手工艺和贸易中心，埋葬习俗也显示出现了社会等级分化。从这些材料可以推断，这些大的人口聚居区属于酋邦。在西班牙征服前夕，美洲存在着大量的酋邦，其中环加勒比地区——包括巴拿马、哥斯达黎加、哥伦比亚和委内瑞拉北部，以及伊斯帕尼奥拉、古巴、波多黎各、牙买加等岛屿——

数量最多，仅哥伦比亚的考卡（Cauca）谷地，就有不少于80个酋邦。位于哥伦比亚东部高地的穆伊斯卡（Muisca）或奇布查（Chibcha）酋邦可能反映了这一层次的社会和政治整合的水平。他们依靠集约型的农业和渔业为生，狩猎也是重要的补充。农业技术除刀耕火种外，还包括能够建造梯田和翻土起垄。除玉米外，他们还种植马铃薯、奎奴亚藜（quinoa，产于安第斯山脉地区，印第安人种植，食用其粟，类似于荞麦）等其他作物。手工艺——制陶、纺织和冶金——都达到了较高的水平，他们生产的黄金制品在整个古代美洲属最精美之列。西班牙人征服前夕，穆伊斯卡区域的绝大多数地区由两大相互竞争的酋邦控制，分别集中在波哥大和通哈（Tunja），据估计人口在100万到150万之间。穆伊斯卡人居住在几百人到几千人的大村落内，每个村落包括大量用杆支撑的茅草顶房，并围以木栏。社会分化为平民和贵族，各自拥有不同的权利和义务。平民以物品和劳役供养首领和贵族，后者负责控制和消费生产剩余。

  社会和政治发展的最高层次是国家。酋邦和国家之间的区分，特别是就较大和较复杂的酋邦而言，是很难确定的，因为国家反映了在酋邦内已经出现的发展趋势的深化和扩展。在这一层次中，劳动分工和专业化进一步发展，出现了不再从事农业活动的专门的手工业者，出现了专门的武士阶级，出现了一个负责国家管理的官僚机构。和这一过程相伴随的是社会的进一步分化和相应的意识形态变革。血亲关系淡化，不再是联结最高首领和平民之间的纽带，真正的阶级结构出现了。国家的最高首领是政教合一的国王。国家组织需要较高的生产技术水平，运用灌溉、修筑梯田等农业技术的集约型农业保证了较高的产量。与酋邦不同的是，国家拥有更大的地域和人口规模，不同地区间出现了更多的物品交换，有些情况下还出现了一个专门的商人阶级，并出现了真正的城市。这些城市除作为人口、行政和手工业中心外，还是祭祀中心，通常建有纪念性的建筑物，这是酋邦所没有的。

古代国家是如何产生的？或者说，酋邦向国家转变的决定性因素是什么？显然，这是多种因素共同作用的结果，但是其中最重要的因素无疑是农业的产生和发展。人类获取食物方式的变化导致了生产的增加，由此又加剧了个人和集团利益的对立。新的形势下，旧的传统和习俗不足以规范社会成员的权利和义务。确立新的社会控制措施势在必行，于是促使拥有主权的政权建立。控制政权的往往是能够行使强制性的权威并控制同胞的神秘人物或萨满巫师。实际上，不难发现，在前哥伦布时代的美洲，最高形式的社会组织出现在大量人口耕种富饶土地的少数地区，即中部美洲和安第斯中部地区。在这两个地区，农业经济和社会组织都达到了较高的水平，出现了复杂的国家形态，玛雅、阿兹特克、印加以及此前的一系列文明都是在这两个地区发展起来的。[1]

---

[1] Hernán Horna, *La Indianidad antes de la independencia latinoamericana*, Uppsala University, 1999, p. 16.
Benjamin Keen, *A History of Latin America*, Fifth Edition, Houghton Mifflin Company, 1996, pp. 6-8.

二、文明的核心区

印第安文化在漫长的演进过程中,形成了两大核心区,即中部美洲文化区和安第斯文化区。

中部美洲(Mesoamerica)这一概念是一些德国学者,尤其是爱德华·泽勒首先使用的,意指墨西哥中部、南部以及与之毗邻的中美洲各国印第安文化高度发达的地区。1943年,墨西哥考古学家保罗·基希霍夫将墨西哥北部到中美洲尼科亚湾的这一地区称作中部美洲,哥伦布到达以前时期的奥尔梅克、玛雅、托尔特克、阿兹特克、特奥蒂瓦坎(Teotihuacan)、米斯特卡(Mixteca)等文明都是在这里发展形成的。[1] 考古学方面的发掘和研究揭示出,所有中部美洲的文明存在着某些基本的共性:1. 有象形文字和用树皮或岩羚羊皮(鹿皮)制作的、可以像手风琴一样折叠的书;2. 有地图;3. 有365天的太阳历;4. 有先进的天文学知识;5. 有一种具宗教性的集体球戏,在专门场地上用一个胶质的实心球进行;6. 吸烟;7. 信奉羽蛇神等神灵;8. 以玉米、豆类和瓜类为日常食物;9. 用人做祭品。这种共性来自一种共同的遗产,有研究认为,中部美洲的文明可能都起源于同一种文明——奥尔梅克文明。[2]

---

[1] (英)莱斯利·贝瑟尔主编:《剑桥拉丁美洲史》,第一卷,中国社会科学院拉丁美洲研究所组译,经济管理出版社1995年版,第3页。(秘)欧亨尼奥·陈-罗德里格斯:《拉丁美洲的文明与文化》,白凤森等译,商务印书馆1990年版,第34页。
[2] (秘)欧亨尼奥·陈-罗德里格斯:《拉丁美洲的文明与文化》,白凤森等译,商务印书馆1990年版,第37页。

学术界一般将中部美洲文明划分为远古时期（公元前7000—前2000）、前古典时期（公元前2000—公元初）、古典时期（公元初—公元1000）、后古典时期（公元1000—15世纪）这样几个阶段。每个阶段都出现了代表性的文明中心，然而有的文明中心——如萨波特克、玛雅等——实际上跨越了不同的阶段。

前古典时期也是文明的形成期，这一时期始于公元前2000年前后，文明出现在墨西哥中部高原和沿海低地。在这里，玉米得到了广泛种植，制陶、纺织也发展起来，并达到了相当高的水平。经济发展引起了社会的变革，出现了早期的宗教祭祀中心。开始仅仅是一些土墩和用木头、茅草搭建的神庙，部落间并不经常发生战争。晚期，大部分地区出现了等级社会，为争夺土地或水源不时发生战争，从而形成部落间的联合，大小不等的酋邦和"城邦"国家纷纷建立起来。

奥尔梅克文明是中部美洲前古典时期文明的代表。公元前1500年，奥尔梅克文化兴起于中部墨西哥湾沿海地区。在这个地区，几条由北部图斯特拉山区顺流而下的大河，日积月累，在入海处形成了一片广阔的冲积平原。整个区域面积达1.8万平方千米。这里雨量充沛，河道湖泊密布，水上交通便利，农业出产丰富，一年可收获两次玉米和其他作物。人们学会了把玉米磨成粉做饼，这是食物制作上的重要创新，因为玉米饼相比原先的玉米粥或烤玉米易于保存，方便随身携带和食用。农业的进步使得有可能动员众多剩余劳动力用于兴建大型公共建筑和从事其他文化方面的创造。

奥尔梅克的主要文化中心有圣洛伦索（公元前 1200—前 900）、拉文塔（公元前 1100—前 300）和特雷斯萨波特斯（公元前 400—前 100）等。这些文化中心，也是先后控制奥尔梅克地区的政治和经济中心，在时间上持续了上千年，影响波及整个中部美洲。

奥尔梅克文化最具特色的文化创造是巨型石雕头像。在遗址上共出土了 17 尊巨型人头像，最大的高 3 米、重 25 吨，都用整块玄武岩雕成。头像面貌与众不同，宽鼻厚唇，戴有头盔，多数表情凝重，有的头盔上还刻有某种符号。研究者推测，这些头像是按照某位统治者实际面目雕刻而成的，头盔上符号所表示的很可能是被塑造者的王者身份。祭坛、纪念碑也都用大块石料雕成，相当数量的石刻至今保存完好。玄武岩产自北方山区，距离拉文塔 60 千米，距离圣洛伦索 30 千米。搬运这些巨石需要动员大量的劳动力，尽管可以借助于便利的水道，但由于没有大牲畜和车轮，只能靠人力来完成。如此浩繁工程和高超的雕刻技术，说明奥尔梅克已出现了等级分化和复杂的社会分工，一些学者认为圣洛伦索和拉文塔在经济和政治上都发展到了"足以称为国家的程度"。[1]

除了大型石雕外，还有很多小玉雕和细石雕人像。一种有代表性的半人半兽雕像，头顶扁平，宽鼻厚唇，嘴角下咧，呈动

---

1 （美）林恩·V. 福斯特：《探寻玛雅文明》，王春侠等译，张强校，商务印书馆 2007 年版，第 33 页。

物吼叫或婴儿啼哭状，因而被称作"豹娃"。遗址上还发现用蛇形石铺设的一副巨大的美洲豹面具，这些都反映了奥尔梅克人对美洲豹的崇拜。

奥尔梅克另一个文化特征，是创造了"广场-金字塔式"的城市设计模式和建筑风格。拉文塔位于由沼泽和湖泊环绕的小岛上，是一个带有宽阔广场和大型公共建筑群的宗教礼仪中心和政治中心。面积约5平方千米，居民达1.8万人。遗址刚被发现时的一个土丘，实际上原是一座高大的圆锥形金字塔，广场周围及穿越广场中轴线的两侧建有各种公共建筑物，包括球戏场和集贸市场。金字塔底座直径为130米、高30米，顶部神庙早已荡然无存，据估计，修建这座大金字塔需要80万个劳动日（man-days）。这可能是前古典时期中部美洲最大的金字塔。学界对于奥尔梅克人是否建立了"城市"，持有不同意见，有的认为他们所建立的更像是礼仪中心，而非真正的城市。然而，有一点可以肯定，奥尔梅克这种"广场-金字塔式"的设计模式和建筑风格，后来为其他很多民族所仿效，成为中部美洲文化的一个显著特色。不过，西半球这些城市与东半球早期社会的城市有所不同，主要用作礼仪中心，居住者主要是贵族、祭司和直接为他们服务的手工业者，固定居民的人数并不多。大部分人群分散居住在周边的村落里。只有在特定的日子，人们才从四面八方聚集到礼仪中心从事宗教活动，或者到集市上交换货物。

奥尔梅克的另一文化特色表现在它所创建的早期历法、文字符号和球戏等文化习俗上。1939年，在拉文塔出土了一块公元前6世纪的纪念碑（考古编号为13），石碑画面表现的是一个正在向前行走的男子，值得注意的是他的身旁刻有4个图形符号。尽管人们尚未能明确地解读这些图符，但它们显然是用来说明这名男子的某种行为意向的。因此，学者确认这些图符是属于一种"文字"的符号，13号碑被文字学家作为中部美洲最早文字的证明。在特雷斯萨波特斯出土的一块石碑（编号C），正面刻有美洲豹形象，背面为"点""横"组成的数字，竖行排列，经破译，这组数字所表示的意思为"公元31年"。这可能是迄今发现的古代美洲可读出具体年代的最早纪年。此外，奥尔梅克人创始的260天为一年的宗教历法（卓尔金历）和象征光明战胜黑暗、正义战胜邪恶的球戏（当地出产橡胶树，取胶汁制成实心球），以及血祭（在身体某一部位放血祭神）或人祭等宗教文化习俗，皆为其他民族所传承，成为中部美洲文化的重要象征。也有学者提出，球戏仪式可能来自更早的奥克斯文化，在其他早期文化中也可找到某种更早、更原始的文字符号，说明它们并非都是奥尔梅克人所首创。据此，一些考古学家认为，可以把"奥尔梅克"看作一个文化交流区而不仅仅指某个民族，因为中部美洲的很多文化要素无疑是通过奥尔梅克得以扩散和流传开来的。这也就是为什么学界广泛认同奥尔梅克文化是这个地区所有文明的共同源头，可以被称作中部美洲的母体文化。

公元初，中部美洲文明进入了古典时期。所谓"古典"时期，是指文明发展的很多标志性特征，都较充分地显现出来的时期。灌溉在农业上广泛应用，人口增多，大城市形成了；建筑、制陶、纺织技术得到很大提高，并创立了天文学、数学和文字书写系统；祭祀中心石砌金字塔代替了早期的土墩，神庙宏伟，装饰讲究；战争加剧，武士阶层兴起。于是，一些地区形成了实力强大的国家，如墨西哥南部的蒙特阿尔万（又称阿尔万山）、中部的特奥蒂瓦坎。在尤卡坦和中美洲的玛雅地区，则兴起了众多的城邦国家。中部美洲达到了最大的繁荣。

蒙特阿尔万遗址位于瓦哈卡中部，其起源可追溯到公元前500年左右，为萨波特克人所建。在那里，除了建于山顶的宗教中心外，山坡上看到的众多建筑物说明那里曾经有过相当大的城市居民点。各种碑文上出现的形式较为复杂的文字中，有日期、地名以及其他象形文字，这证明了萨波特克人具有高度的文化水平。[1]

特奥蒂瓦坎是古典时期最具影响力的文化中心，位于今墨西哥城东北50千米处。这里的自然环境与奥尔梅克大不相同，它位于海拔2 000米的一个山谷地带。源自周围高山的泉水形成了几个大湖，草木茂盛，物产富饶，不断吸引人群在此定居。特奥蒂瓦坎兴起于公元前200年，公元200年进入鼎盛时期，在中部美洲称雄近千年之久，存在时间比同时代的罗马帝国和后来的大唐帝国还长。

特奥蒂瓦坎是奥尔梅克文化的继承者，但是，它在吸收前人先进文化的同时，在城市建设、政治经济和文化上都有自己

---

[1] （英）莱斯利·贝瑟尔主编：《剑桥拉丁美洲史》，第一卷，中国社会科学院拉丁美洲研究所组译，经济管理出版社1995年版，第8页。

新的建树和贡献，这些贡献使美洲古代文明达到了一个新高度。

特奥蒂瓦坎在文明发展上的贡献，首先表现在它继承并发展了"广场-金字塔式"的建筑模式和风格，创造了美洲前所未有的"都市文化"。对于特奥蒂瓦坎，迄今我们尚知之甚少，连这个辉煌的都城为何人所建，国名叫什么也不清楚。13世纪重新发现它的阿兹特克人以为偌大城市不可能是人造的，故把它称为"特奥蒂瓦坎"，意为"众神之城"。这是一个包括宏伟金字塔和宫殿庙宇的巨大建筑群，一条长达4千米纵贯南北的"亡灵大道"(Avenida de los Muertos)成为整个城市建筑的中轴线。北端为月亮金字塔，底部呈长方形，长170米、宽150米。在月亮广场西南角，有一座美洲豹神庙和"格查尔鸟蝴蝶宫"，皆因石柱上分别雕刻有美洲豹和格查尔鸟(quetzal)及蝴蝶而得名。耸立于大道中部东侧的太阳金字塔，方形塔基底边为225米×222米，6层塔身高63米，表面皆以石板铺设，244级台阶直通顶端，为古代美洲最大的金字塔。尽管高度不及埃及胡夫金字塔，但占地面积与后者相当。大道南端是一组以克查尔科阿特尔(羽蛇神，Quetzalcoatl)金字塔神庙为中心的建筑。金字塔分7层，呈"斜坡-层阶"结构，即各层的坡面和竖面相间，使之更富有变化。羽蛇是这座建筑物装饰的突出主题。以雄浑的线条雕刻成的巨大蛇头，在墙面和梯道上投下一个个阴影。蛇头涂成本色，蛇的眼睛用打磨的黑曜石镶嵌，在阳光下散发出威严的光芒。宫殿、学校、住宅分布于大道两旁。虽然没有资料表明整个城市事先有一个精心设计的总体规划，但从建筑物和道路的有序布局可以看出,这些宏伟的公共建筑是按照某种宗教仪式的要求规划和建造的。美洲古文明史专家乔治·C. 瓦伦特认为:"特奥蒂瓦坎这样的宗教中心,代表了某种文化所能达到的最高成果。"[1]

其次,特奥蒂瓦坎创建了一个政治经济实力强大的国家。如果说,对于奥尔梅克人是否建立了国家尚有不同意见,那么,对特奥蒂瓦坎就不再有什么疑问了。城市中有专为统治者建造的宫殿,祭司执掌大权,社会等级分明。横贯南北的亡灵大道与东西走向的大街把城市分成四大块,祭司和贵族占据了离金字塔最近的地段。那里远离喧闹的市场,宅邸富丽堂皇,大厅的墙壁和石柱上装饰着精美的浮雕,色彩缤纷的各种雕像从地面一直延伸到大厅的顶部。非凡的气派,让人可以想见当年宅邸主人养尊处优的生活。距离礼仪中心较远的平民区,街巷较狭窄,为清一色的单层平房,但那里也不乏带围墙的大院,内有宽阔的天井和排水设施。门类众多的工匠有自己的专属区,占据了城市的很大面积。考古新发掘表明,这座古城并不是原先想象的仅仅是一个宗教中心,而是一个综合性大都市,城内有400家石器作坊、150家制陶作坊,还有泥塑木刻作坊和皮革作坊,以制作黑曜石工具和黑色、咖啡色陶器闻名,至少有1/3的居民从事非农耕职业。白天,来自各地的人们在熙熙攘攘的集市上进行交易;晚上,城里人回到自己舒适的寓所,外地人则只能住在专门划

---

[1] (美)乔治·C. 瓦伦特:《阿兹特克文明》,(美)苏珊娜·B. 瓦伦特修订,朱伦、徐世澄译,商务印书馆1999年版,第66页。

定的区域内。这是一个有着多种职业区分的繁华的都市社会，全盛时期人口可能高达 20 万，城市面积有 20 平方千米，堪称古代世界最大城市之一。

早期考古学曾认定特奥蒂瓦坎是一座和平城市，因为在城市里没有发现任何军事防御设施。但后来的研究表明，随着特奥蒂瓦坎的强盛，它常常通过武力把被征服的部落迁入城内，或者强迫他们纳贡称臣。公元 5 世纪，军事主题在特奥蒂瓦坎的壁画和陶器上出现得越来越频繁。有画面显示，一些特奥蒂瓦坎武士身穿铠甲，这是一种能够抵御弓箭、长矛的棉制护身铠甲，在后来阿兹特克的军队里被广泛使用。随着战事的发生，产生了越来越多的俘虏，被用作祭神的牺牲品。公元 150 年庆祝羽蛇神庙落成时就进行了人祭，众多的尸体与他们除武器外的装备一道，都埋在了金字塔的下面。军事征服促进了中部美洲各族间的文化交流。

然而，与军事征服相比，商业交换，尤其是远程贸易，对当时的文化交流可能起到了更为重大的作用。特奥蒂瓦坎是黑曜石的重要产地。黑曜石为火山喷出的熔岩，又称火山玻璃，呈黑色或褐色，为西半球在未发明铁器的情况下制作实用刀具和军事武器的最好材料，也是宗教仪式"血祭"中不可缺少的器具。特奥蒂瓦坎凭借对黑曜石资源的垄断，它的贸易网延伸至很远的地区。有统计表明，当时特奥蒂瓦坎集中了墨西哥谷地人口的 50%～60%，其统治地域、政治影响（如建立政治同盟）和贸易活动遍及中部美洲广大地区，一些重要城市如玛雅的卡米纳尔胡尤、蒂卡尔和萨波特克的蒙特阿尔万，都在它的影响之下。

最后，在文化方面，可以更多地看到特奥蒂瓦坎对奥尔梅克文化的传承，如它的历法和球戏都接受了奥尔梅克的影响。但是，特奥蒂瓦坎在文化上也不乏自身的渊源和创造。考古学家在一次清理太阳金字塔遗址时，意外发现了一个入口。一条长长的隧道通向塔的正中心下方，那里原来是一个天然大洞穴，附近还有不少祭祀用品。在古代印第安人眼里，洞穴是生命之源，也是接近神灵的通道。这表明，特奥蒂瓦坎的先民很早就生活在这个地方，这个洞穴是他们最初的祭祀地。太阳金字塔最初是在这个洞穴基础上层层添土加高而建成的，而整个城市也是以它为核心建造起来的。可见特奥蒂瓦坎人的宗教思想并非完全接受外来的，而是在本地原始宗教基础上发展起来的。大量石刻显示，特奥蒂瓦坎崇奉特拉洛克神和羽蛇神，还把特拉洛克奉为保护神。特拉洛克分男女两种形象，男性主管雨水，称"雨神"；女性主管河水、湖水，称"水神"。他们将整块石材雕刻成一座高达3米的水神像，重168吨，现陈列在墨西哥国家人类博物馆的门口。神灵被人格化，带有一双环状大眼睛的雨神，据说取自美洲豹形象。这些神灵究竟为谁所首创，学界尚无定论，但可以肯定的一点是，这些神灵随着特奥蒂瓦坎政治和经济影响力的扩大而得到传播，最后成为中部美洲各民族所普遍崇奉的共同神灵。

据研究，特奥蒂瓦坎人将奥尔梅克人的最初文字符号发展为一整套的文字系统，但在城市衰败时，大量文字资料都被毁灭，仅有一部分石刻上的书写样本保存下来。[1]

公元8世纪，特奥蒂瓦坎迅速衰落，城市变成一片废墟。这个曾经盛极一时，先后与罗马帝国、大唐帝国在东西半球并肩而立的美洲文明古国，为什么在历时千年之后突然衰亡，至今仍是一个谜团。有学者猜测："其原因看来是北方敌对的游牧部落入侵，或者是生态环境发生剧烈变化，使这一地区水源干涸。"[2]

公元1000年前后，中部美洲文明进入了后古典时期。经济继续发展，人口不断增长，陶器、纺织品的数量也大大增多了，但技术上并没有明显的进步，艺术上失去了昔日的光辉。贵族和平民、富人和穷人分化加剧，战争频仍，武士阶层迅速壮大。战神上升为主神，盛行血腥的人祭。托尔特克、米斯特卡、阿兹特克在不断对外扩张中崛起为新的强国。

托尔特克文化是后古典时期的重要代表。托尔特克文化兴起稍晚，为公元9世纪从北方进入墨西哥中部高原的托尔特克人所创造，公元10世纪开始进入繁荣期。文化主要发祥地图拉，位于今墨西哥城西北64千米，兴盛时城市面积为13平方千米，人口达6万。托尔特克人耕种的作物除了主要食物玉米外，还有可可、棉花、菜豆、辣椒、甘薯和木薯。拥有庞大的军队，富有战斗力。农民除了种地外，还要服兵役，跟随武士出征。文化上受

---

[1] Karl A.Taube, *The Writing System of Ancient Teotihuacan*, Center for Ancient American Studies; James C. Langley, *Symbolic Notation of Teotihuacan: Elements of Writing in a Mesoamerican Culture of the Classic Period*, Oxfordshire:BAR, 1986.
[2] （秘）欧亨尼奥·陈-罗德里格斯：《拉丁美洲的文明与文化》，白凤森等译，商务印书馆1990年版，第41页。

到特奥蒂瓦坎的影响，建筑和雕刻有很多表现出战争内容。建筑采用廊柱，在柱上刻有武士像或蛇形纹，武士和象征战争的美洲豹、鹰、蛇成为雕饰的主题。图拉城是纺织、制陶和黑曜石加工的重要中心，人们能织出从最薄的亚麻布到最厚的丝绒等多种纺织品。托尔特克人与墨西哥海湾沿岸地区保持着密切的关系，与远至1 500千米之外的玛雅城市奇琴伊察在建筑设计和艺术主题上有很多共同之处。在国王托皮尔辛（Topiltzin）统治时期，最为繁荣。托皮尔辛把自己的名字改为克查尔科阿特尔。后来，托尔特克发生内讧，托皮尔辛被迫离开，去了遥远的东方。他离开时表示，多年之后，他要回来收回他的王位和领土。他所预言回来的时间正好是1519年，那年西班牙人来到阿兹特克帝国的领土。有学者认为，阿兹特克国王蒙特苏马以为，西班牙人就是预言要回来收复王位和领土的克查尔科阿特尔。这个神话传说极大地帮助了西班牙殖民者对阿兹特克帝国的征服。但是，对于这种说法，也有学者提出不同意见。[1]托皮尔辛-克查尔科阿特尔离去之后，托尔特克陷入了危机，继承他王位的一些国王无力应对。危机的根源模糊不清，可能是严重的干旱造成粮食减产和饥荒，或许托尔特克人注重于从被征服地区榨取贡赋、忽视农业也加剧了这一困境。一系列的暴动反映了托尔特克的经济和社会困难。1174年，托尔特克最后一位国王维尔马克（Huemac）自杀身亡。1224年，图拉陷落。

---

[1] 关于这一问题的争论，参见 Camilla Townsend, "Burying the White Gods: New Perspectives on the Conquest of Mexico," *American Historical Review*, Vol. 108, No.3, 2003, pp. 659-687。

瓦哈卡谷地的萨波特克人在文化和政治上衰退之后为米斯特卡人所取代，他们新建了蒂兰顿戈和特奥萨夸科等新的市镇，并重建了萨波特克人的一些著名城市和堡垒。米斯特卡人是中部美洲最先掌握冶金技术、精心制作出近乎完美的黄金首饰的民族之一。金、银、铜以及（在某种程度上）锡等金属制品约在公元950年传入中部美洲。米斯特卡人也以其历史著作而闻名，有少数作品流传下来，使我们看到远至公元692年时的史料，这些史料记述了瓦哈卡各个不同社会的政治史和统治者家系。[1]

然而，中部美洲地区文明中，成就最大且最有特色的，还是玛雅文明和阿兹特克文明。接下来的两章，将探讨这两大文明的兴衰和成就。

---

[1]（美）谢里尔·E.马丁、（美）马可·瓦塞尔曼：《拉丁美洲史》，黄磷译，海南出版社2007年版，第25页。（英）莱斯利·贝瑟尔主编：《剑桥拉丁美洲史》，第一卷，中国社会科学院拉丁美洲研究所组译，经济管理出版社1995年版，第12页。

第二章

玛雅文明

进入玛雅古城奇琴伊察中心广场，迎面抬头望去，在宏伟的库库尔坎金字塔的底部，屹立着两尊巨石雕成的羽蛇神头像。头像近一人高，张着血盆大嘴，伸出长长的舌头，形象灵动，狂野吓人。每年一到春分（玛雅历法5月1日）和秋分（玛雅历法9月1日），当阳光照射到金字塔西边时，一个奇观就出现了：北边高出塔体的梯道侧面墙上，呈现出一道由"光"和"影"交织而成的巨大波浪，其上端与神庙门廊羽蛇石柱尾部相连，下端正好与底部这个巨型蛇头相接。随着太阳西斜，波浪形光影晃动，犹如一条金光闪烁的巨蛇从天而降。对玛雅人来说，这是一个重要的时刻，因为它预示着新的一年将会给他们带来丰收和好运。直到如今，当地玛雅人仍保留这一文化习俗，在春分或秋分这一天举办盛大集会，成千上万的游客也会从各地赶来争睹这一世界奇观。

玛雅是古代美洲最富神秘色彩的文化，奇琴伊察的"光影蛇形",仅为其中的一例。[1]人们都会想知道:那些隐蔽在热带雨林中,把天文历法和建筑艺术巧妙地相结合的金字塔与庙宇,表现了玛雅人在数学、天文、物理以及工艺等文化科技方面怎样的非凡智慧?

一、湮没在丛林中的古老文明

玛雅文明发源于中部美洲文化区的中心地带,分布在墨西哥(尤卡坦半岛、恰帕斯、塔巴斯科)、危地马拉、伯利兹、洪都拉斯和萨尔瓦多等地,总面积达32.4万平方千米,鼎盛时期人口总数达800万~1 000万。这是古代美洲唯一延续3 000余年而没有中断并发明了文字书写系统的印第安文明。但是,玛雅文明在公元15世纪欧洲人到达前已走向衰落,最后又经殖民者的摧毁性打击,那些宏伟的金字塔、殿堂、石雕和碑林统统湮没在莽莽丛林之中而长期不为人知。

19世纪以来,一些西方探险家和学者不断踏上这方土地,开始重新揭开玛雅文明的神秘面纱。尤其是近一个世纪来,他们通过考古发掘和对玛雅文字的成功解读,逐步拼接了古老文明的碎片,使玛雅文明在世人面前越来越清晰地显现出来。

依据地理分布,玛雅文明可以被划分为三大区——南部高地、中部低地和北部平原。文明中心在这三个地区由南向北的依

---

[1] 2007年,墨西哥奇琴伊察玛雅城邦遗址、秘鲁马丘比丘印加遗址与我国长城一起入选为世界新七大奇迹。

次演进，大体反映了古代玛雅文明发展的三个不同阶段。

公元前2000年至公元300年为玛雅文明形成期，这也是中部美洲文明的前古典时期。那时，南部太平洋沿岸、危地马拉高原和中部佩滕（Petén）地区，出现了众多的聚居村落，人们建起由土台、祭坛和石柱组成的早期祭祀中心。玛雅文明的起源实际上先于奥尔梅克文明，但它又是在接受奥尔梅克文明影响之后开始繁盛起来，并在公元前1000年前后，形成了独具特色的玛雅文化。公元1世纪，位于危地马拉高地的卡米纳尔胡尤（Kaminaljuyú，在玛雅语中意为"古老的地方"），由原来一个小聚落发展为在南部居支配地位的城邦，成为前古典时期玛雅文化的重要中心。城市面积达2平方千米，人口上万。人们在这里发现了公元前700年的灌溉系统。玛雅由于控制黑曜石的生产和贸易而拥有巨大的财富，统治范围远及20千米以外的地区。另一个重要中心埃尔米拉多尔，位于佩滕地区北部，是一个贸易中心，兴盛于公元2—3世纪，发展为中部低地地区最强大的城邦。遗址规模巨大，其中丹塔建筑群（Danta Complex）占地9万平方米，有的建筑物高达70米。

公元3世纪，文明中心从南部转移到以佩滕为中心的中部低地，玛雅文明进入古典时期。292年，蒂卡尔为纪念新国王的登基，竖立了第一块石碑，从那时起，蒂卡尔取代埃尔米拉多尔成为佩滕地区最重要的城邦。国土面积达25平方千米，人口6万。为统治者建碑之风很快普及开来，神灵崇拜为对统治者的个人崇拜所取代。通过这些石碑，蒂卡尔历时800年的王朝系列、39位国王得到了认定。石碑还显示，卡米纳尔胡尤和蒂卡尔等玛雅城邦曾经处在特奥蒂瓦坎的控制或影响之下。公元6世纪，蒂卡尔曾被卡拉克穆尔和卡拉科尔联盟打败，不久，又获得复兴。到公元8世纪，蒂卡尔城邦面积增至60平方千米，它的势力范围更扩大到方圆120平方千米，人口40万，成为地跨佩滕和伯利兹的区域性大国。据近年考古发现，曾打败蒂卡尔的卡拉克穆尔也是一个极有影响的城邦，一度成为地区霸主。这座城邦在30平方千米的中心地区建起了6 200多座建筑，规模甚至超过了蒂卡尔，控制范围达8 000平方千米，只是后来又败落下来。其他如西部城邦帕伦克，那里曾建立了一个著名王朝。帕伦克在国王帕卡尔统治时期达到顶峰。帕卡尔在615年从母亲萨库克那里继承王位，统治了近70年，直到683年去世。许多帕伦克的建筑物浮雕上记述了他的家世和他葬礼上的详尽的仪式。在一座金字塔神庙之下，留下了国王帕卡尔的陵墓，这也是玛雅最壮观的陵墓。东部文明重镇科潘创造的人物雕塑和著名的刻有象形文字的石头阶梯及金字塔神庙建筑群，其精美和宏伟程度不在蒂卡尔之下。古典时期的玛雅，经济发达昌盛，城邦互争雄长，文化绚丽多彩，呈现出一派繁荣景象。

公元9世纪，兴盛了2 000余年的玛雅城邦普遍衰落，象征昔日辉煌的金字塔庙宇、宫殿、纪念碑以及田园家舍，最终全部湮没在热带林莽之中。玛雅文明突然衰败，是世界历史上的一个谜团。根据研究，学界认为，古典时期玛雅文明的衰落是人口过多、自然灾害、战争等多重因素造成的。为了腾出土地种植农作物，为了制作做饭用的木炭，为了挖空树干做成独木舟，为了制造陶器烧火，等等，玛雅人大量砍伐树木，由此造成土壤流失，贫瘠的土地和其他农业资源养活不了不断增加的人口。在环境恶化的同时，又遇上了严重的干旱，由此造成农作物减产，食品短缺。在许多遗址发现的骨骼都显示出平民营养不良。在这种情况下，平民和贵族之间、城邦和城邦之间爆发了冲突与战争，战乱不断，由此造成许多城邦瓦解。

当玛雅古典城邦整体衰落之时，北部低地即尤卡坦半岛又兴起了一些新的城邦，玛雅文明进入后古典时期。曾经流行的纪念碑不见了，文字更多雕刻在楣梁和门柱上。玛雅人不再突出对个人的崇拜，奢华墓葬以及壁画和陶器上的宫廷场景也消失了。雕塑和绘画中个人权威为群体形象所代替。可见玛雅文明在北部的复兴再一次表现出了它的生命力，其建筑及艺术形式虽不及古典时期那样雄伟壮丽，却显得更加典雅精致。

位于尤卡坦北部的奇琴伊察，是后古典时期玛雅最强大的城邦，一度也成为中部美洲地区影响最大的国家之一。公元9—10世纪进入繁荣期，其核心区人口达5万，势力范围遍及北部广大地区。奇琴伊察由于控制海上贸易和附近优质食盐生产而拥有巨大的财富和权力。这一点可以通过从当地一口圣井中所打捞出的丰富工艺品得到证明：有来自巴拿马和哥斯达黎加的金制圆盘与珠宝，来自南部低地帕伦克等城市的碧玉雕刻，来自西部墨西哥的铜制品，还有远至今新墨西哥的绿松石。这些珍品可能是通过贸易获得，或各地送来的贡物。奇琴伊察崇奉羽蛇神、查克穆尔神,建筑设计采用廊柱,宣扬武士和战争场面,显示了一种托尔特克的文化和艺术特征,因而被称为"玛雅-托尔特克"样式。[1] 除奇琴伊察外,后古典时期影响较大的城邦还有乌斯马尔、玛雅潘等。玛雅潘是一个巨大的、修有城墙的城市,尤卡坦半岛的大部分地区都要向居住在这座城市的玛雅统治者缴纳赋税。但是,到15世纪,一系列的暴动推翻了玛雅潘的统治,1441年,这座城市也被摧毁。此后玛雅文明陷入全面的衰败,到西班牙人到来时,再也没有出现一个统一的政治实体或组织。

二、各自称王的城邦

玛雅人在文化上是一个共同体,不同族群在建筑、历法、文字、艺术形式以及宗教思想和世界观等方面,表现出很大的一致性。但是,他们在政治上从未形成统一的国家。既没有形成如特奥蒂瓦坎或蒙特阿尔万那样唯一的统治中心,也没有建立如阿兹特克和印加那样的帝国。相反,玛雅地区形成了数量众多的城邦;大小城邦林立,在政治上各自独立又相互依存,这是玛雅地区政治格局的重要特点。这种差别,显然是地理因素造成的。在一些半干旱的、辽阔的高原盆地中,形成了集中定居的社会,容易产生大帝国,如阿兹特克帝国。而在低地的热带雨林地区,树木丛生,河流纵横,形成了自然边界,出现了分散性定

---

[1] Teresa Rojas Rabiela (Directora del Volumen), *Historia general de américa latina*, Vol. I, Ediciones UNESCO, 1999, p. 193.

居的社会。这种地理环境,不适合统一的大帝国的形成,取而代之的是众多城邦或王国的并存。玛雅人的城邦就是在这种环境中形成的。[1]

考古发现表明,到前古典时期晚期即公元前后,玛雅地区已出现了比较完备的国家形态;到古典晚期即公元7世纪和8世纪时,一批实力雄厚的国家形成了。这些国家都是以城市为基础发展起来的。城镇星罗棋布,较大城市有200座,人口一般在2万以上,至少有20座超过5万人,有的甚至达到10万人以上。一个城市往往就是一个国家。它们政治上独立,文化上各有创造,但也常常通过战争或联姻建立朝贡和贸易关系,形成一个强大的政治联盟。遗存的石刻铭文证明,势力强大的城邦,由5个不同等次的城镇所组成,从中心城市到次中心城市再到较小的城市和乡镇,最后是分散的村落。国家所控制的地域大大超出了中心城市的范围。古典晚期的蒂卡尔就是这样一个强大国家。它不仅控制了瓦夏克通这样的大城市,而且控制了次级城市埃尔皮鲁、再次级城市纳库姆和贝珠卡尔,从原来25平方千米、6万人口的城邦,发展为地区性大国。地理位置对城邦实力影响甚大。地处贸易交通要道或自然环境好,经济实力和政治影响就大,弱小城邦就会与之结成联盟。城邦热衷于勒石刻碑,碑上所刻城市的徽号和铭文,表明了这些城邦之间从属或同盟的关系

---

[1] (美)林恩·福斯特:《中美洲史》,张森根、陈会丽译,中国大百科全书出版社2011年版,第23页。关于集中式定居和分散性定居的区分,参见(英)马修·雷斯托尔、(美)克里斯·莱恩:《殖民时代的拉丁美洲》,刘博宇译,上海人民出版社2023年版,第16—18页。

和发展历史。

玛雅城邦实行与宗教紧密相结合的专制神权政治。国王在玛雅语中被称为阿昊（Ajaw），被视为神的代表，能够与上天的神灵沟通，同逝去的祖先对话，他集最高统治者与宗教权威于一身，具有超凡力量。考古发现了很多古典时期的石碑和统治者大型雕像，也有的属于前古典时期晚期，说明从前古典时期晚期开始，偶像崇拜发生了从神到人的转变。很多壁画和雕刻呈现了国王出席盛大庆典、接受贡品和处置俘虏的场面，显示了统治者个人的无比尊严和权威。王位实行家族世袭，同一家族往往可以统治一个国家几百年。

由于缺乏资料，我们对玛雅社会具体阶级结构尚知之甚少。但是，学者认为，正如玛雅广泛存在宗教祭祀的金字塔一样，玛雅也形成了社会的权力金字塔。国王处于金字塔的顶端，其下是贵族组成的统治集团，包括祭司、官吏和高级武士。各级官吏协助国王掌管全国劳动人口，征收贡赋，长途贸易活动也操纵在他们手中。祭司集团构成玛雅社会的中心，他们通晓占星术和历法，可以同神灵沟通。他们主持宗教仪式，指导农事活动，为社会制定种种制度和行为准则，自然享有很高的社会地位。贵族长子继承父位，幼子常常充当祭司。祭司要通过专门的培训，他们代表了玛雅社会的知识阶层，玛雅文字依靠他们传承，玛雅文明要由他们来延续。贵族阶层的人数约占社会总人口的 10%。

社会分工精细，一批专业人员出现了。他们属于社会中等阶层，主要有建筑师、书吏、画师、乐师、陶工、雕刻工、玉石工等。个人从事这类技术性工作时，就可能拥有从较低阶层上升到较高阶层的机会。

社会中数量最多的是普通农民，他们居住在郊外简陋的草房子里，一般以家族为单位，由酋长直接管辖，有义务向国王缴纳贡赋，并提供各种劳动。玛雅法令规定禁止平民佩戴贵族们所喜爱的珠宝贝壳及奇异的羽毛。处于社会最底层的是奴隶。奴隶来源包括生而为奴者、战俘和盗窃罪犯。在战争中被俘的贵族往往被用作祭神的牺牲，有的一般战士也会沦为奴隶。奴隶可赎身。当前，尚不清楚奴隶在玛雅人口中的比重，也没有发现他们在生产中占有重要地位的迹象。

三、无所不在的神灵

随着农业定居生活的发展，玛雅宗教体制和仪式逐渐完备，并形成了复杂的宗教观和宇宙观。

1953年，在帕伦克遗址铭文金字塔内，人们意外地发现了一座公元7世纪时国王帕卡尔的陵墓，在尖顶形的墓室里，放置着一具巨大的石棺。更令人惊奇的是，在长约3.8米、宽2米、重达5吨的石棺盖板上刻有精致的浮雕，正是这幅雕刻画，形象地描绘了玛雅人神秘主义的宇宙观和宗教观。

在玛雅人的观念中，茫茫宇宙分为上、中、下三界。上界为天堂，是太阳、月亮、星星、诸神活动的空间。天有13重，每层各有神灵主管。天际星座的变化就是上界神灵活动的体现。下界为地府,分9层,每层也有自己的神,地狱的最底层由死神阿·普切(Ah Puch)掌管。人类生存的大地处于天堂和地府之间的中界。大地是一个平面,沿东西南北方向分成4个部分,犹如梅花瓣的结构,其中央有棵高大的神树,它的根深入地府,枝叶蔓延至天堂,把上中下三重世界连接起来。上天的神灵借助于神树下达人间,帮助除魔消灾。人死之后,灵魂也通过神树或升入天堂,或下到地府。地府里到处充满险恶,死者只有跨过血河,战胜食人的蝙蝠、美洲豹等各种怪兽,才能复生,或找到通向天堂之路。石板画上的帕卡尔,正沿着大神树徐徐下沉,他身着玉米神衣衫,佩戴太阳神标记,表示在落入下界后,他会像玉米神那样再生,像太阳神那样在夜晚沉沦之后,于黎明重新升起。

玛雅人是多神论者,不仅相信上界下界有众多神灵,也相信人世间的万事万物充满神性。神灵无处不在,无时不随,包括年龄、性别以及各行各业,连每一天和每个数字,都有自己的保护神。太阳神是历日"阿豪"(Ahan)这一天和数字"4"的保护神,玉米神是历日"坎"(Kan)和数字"8"的保护神。白天过去,夜神就会前来接替,所谓岁月流转,就是由这些神灵不断轮替而走向永恒。已知可叫得出名字的神至少有166位。他们崇奉的主要神灵,有天神、太阳神、雨神、玉米神、月亮女神、北极星神、商旅之神、战神、死神和羽蛇神等。其中雨神、羽蛇神以及呈半倚半躺状、专门接受活人心脏的查克穆尔神是外来神灵,只是有的称呼不同,如羽蛇神在玛雅人那里称作"库库尔坎"。神的形象通常是人身兽形或半人半兽,说明玛雅人把人类世界与超自然世界融为一体。

玛雅人以城立邦，到处兴建城市，而每座城市实际上是一个宏大的宗教祭祀中心。祭祀中心最引人注目的建筑物是高大巍峨的金字塔。与埃及尖顶锥形金字塔不同，古代美洲为层阶式金字塔，平顶，顶部建有神庙，所以又称为金字塔台庙。金字塔周围还建有宫殿、庙宇、球场以及众多的石碑、石柱和祭坛，这一切构成了一个神圣的礼仪场所。玛雅人管金字塔叫作"山"，在他们看来，"山"连天接地，是神灵的居所。为了把各路神仙请进城里的"山"来，玛雅人对金字塔神庙的设计和施工都极为精心，每座金字塔和庙宇殿堂都成了艺术杰作。位于危地马拉热带雨林的蒂卡尔遗址，建于292年，是玛雅古典时期最重要的政治和祭祀中心。这里散布着3 000多座建筑和200多个石碑、石柱。其中最具特色的是位于中心广场的6座金字塔神庙，为公元7世纪到8世纪的建筑物，造型别致。4号金字塔神庙高达70米，一条倾斜60度的石阶直达顶端，可能为玛雅地区最高建筑物；门楣、横梁上有精美木刻，所表现的宗教仪式场面充分显示了玛雅鼎盛时期的辉煌。位于尤卡坦的奇琴伊察为后古典时期玛雅文明中心，那里建有金字塔、武士庙、廊柱、球场和天文观象台等。著名的库库尔坎金字塔神庙就位于城市广场的中心。金字塔高30米，最上层建有6米高的方形神庙。塔的四面建有梯道，每个梯道为91级台阶，总共为364级，加上最上层的平台，正好是一年365日的数字。这座神奇的建筑物，使奇琴伊察几百年间成为八方来客的朝拜中心。

祭祀仪式庄重而多样，主要包括舞蹈、血祭和球赛。对古代玛雅人来说，舞蹈不单是一种娱乐，更主要是表达其宗教信仰的方式。表演者身穿各式服装，打扮成不同神灵。舞蹈常常与放血仪式结合进行，人们一边起舞，一边用利器（通常用带倒钩的黄绍鱼骨或黑曜石片）刺破自己的舌尖、嘴唇、面颊或阴茎，让鲜血流在树皮纸上供神。也有用活人祭献的记录，砍下战俘的头颅，将喷涌而出的鲜血抹到神像的脸上。玛雅人认为，神创造人类的过程充满艰辛，经历一次又一次的失败，最后用玉米粉和自己的鲜血捏成面团，才完成了对人的创造。因此，人类就应该知恩图报，用自己的鲜血来滋养神灵。王公贵族的鲜血尤为珍贵，可以滋润宇宙中心的神树，打开通往超自然世界的大门。血祭仪式通常在王位继承、王储出生以及重大节日庆典时举行。

在玛雅地区，当发生连年大旱时，人们会挑选美貌少女投入井中向神灵求雨。在奇琴伊察，有一口专门用于祭祀的"圣井"，位于库库尔坎金字塔神庙的正北方向，由一条宽6米、长30米的堤道相连接。在后来的考古发掘中，人们从井里打捞出很多金银珠宝，还有多具少女的尸骨。

祭祀仪式中最为庄重的活动，可能要算球赛了。球赛常被称作"球戏"（Ball Game），其实，在通常情况下，它并非体育娱乐活动，而是庄严祭祀仪式的组成部分，表现为生与死的残酷较量。

在祭祀中举行球赛，原是印第安人的一个古老传统，但在玛雅地区发展得最完备，流行最广泛。玛雅一些较大的祭祀中心，几乎都建有球赛场，仅奇琴伊察就有7个，有的至今保存完好。其中一个位于奇琴伊察中心广场，与美洲豹神庙紧邻，长168米、宽70米，可能是中部美洲地区最大的球场。场地两边建有高墙，墙的中央各设一竖式石环，以球投入环内决定胜负。比赛用球由实心橡胶做成，大小并不完全一致，一般为直径20厘米，重约8磅（约3.6千克）。比赛方式也不尽相同，有的采用单人对打，也有2~4人为一组，以团队形式开展的比赛。不过，有一条规则必须得到严格遵守，就是参赛者不得用手或脚，而只可用前臂、膝部和臀部击球。所以，身体的这些部位常用富有弹性的皮革保护，甚至使用木制和石制护垫，以免受伤。比赛中依靠身体这些部位，要把几千克重的实心球击入环内，实非易事。然而，当一方有幸击球入环，败方领队将被斩首，或开膛挖心祭献神灵。奇琴伊察球场上的一块浮雕描绘了献祭的场景。一位战败者单膝跪地，鲜血正从他脖颈中喷出。而获胜者一手执刀，一手拎着战败者的头颅。[1] 然而，在玛雅人中，活人祭献，尤其是挖心献祭的方式，似乎并没有像后来在阿兹特克那样流行。

用以人祭的多为战争中俘获的敌方贵族头领，这也可从浮雕或绘画中得到印证。画面上的参赛者，装束非凡，头戴象征某种动物或神形象的华丽头饰，上面还插有格查尔鸟的珍异羽毛。比赛时，随着球员的奔腾跳跃，头饰上的羽毛上下晃动，伴

---

[1] 根据目前资料，存在不同观点。既有认为是胜者被斩首的，也有认为是败者被斩首的。换言之，现在可以确认，球赛和人祭存在紧密联系，但何者被献祭，尚存争议。

以观众的呼喊声和鼓乐声，场面极为热烈和壮观。但一旦比赛结束，败北一方就会泰然走向祭坛，光荣地走向死亡。

球赛作为一种文化习俗与玛雅人是如此休戚相关，它甚至成为玛雅创世神话《波波尔·乌》(*Popol Vuh*)的重要内容：在远古时代，有两个"球戏"好手在下界被死神杀害，他们是一对双胞胎兄弟。死神把哥哥的尸体埋葬在被害的球场上。哥哥的两个儿子也是双胞胎，这就是著名的孪生英雄乌纳普（Hunahpu）和希巴兰克（Xbalanque）。他们长大后也成了击球好手，而且机智异常。一天，兄弟俩与下界死神赛球，设计杀死了死神，并让自己死去的父亲从球场裂缝中站了起来。重获新生的父亲表现为破土而出的玉米神。于是，真正的创世过程由此开始。此前，神灵曾用泥土造人，随后又用木头造人，但都没有成功。直到双胞胎英雄在下界打败死神并战胜各种恐怖力量后，神灵才终于获得了创造人类的原料——"玉米"。最后诸神用自己的鲜血同玉米混合而成的面团成功地创造了人类。这个创世神话，寓意深刻地将自己民族的诞生与主要作物玉米联系起来。[1]

四、玉米的故乡

作为美洲古文明基础的玉米，起源于中部美洲高原。但这种印第安谷物究竟发源于中部美洲的哪个地方，至今尚没有确切

---

[1] Michael D. Coe, *The Maya*, Seventh Edition, Thames & Hudson, 2005, pp. 65-66.

的答案。考古发掘证明，从墨西哥高地到玛雅丛林均有早于公元前3000年的玉米花粉被发现，[1]这说明玉米可能是在中部美洲多个地区同时得到培育的，而玛雅丛林是其中一个重要的发源地。而且，将玉米从野生刍草培育成可适应干旱和湿热等多种自然条件的不同品种，经历了比东半球谷物要漫长得多的演化过程，其间，生活于地形复杂多样地区的玛雅人，无疑为此做出了自己的重大贡献。

玛雅人大部分生活在热带森林地区，在那里，玉米种植曾采取一种典型的烧林耕种的原始方法。他们以石器和木棒为工具，但耕作十分讲究农时。中部美洲地区一年分旱、雨两季，旱季（10月至次年4月）伐木烧林，雨季（5月至9月）播种除草。一般先要用石斧把树木砍倒，等晾晒干燥，4月放火烧荒，5月，随着雨季的到来，用尖头木棒掘土播种。烧荒被认为是农事活动的神圣时刻，由祭司选定日期，统一行动。玉米品种甚多，大穗玉米需六七个月才能成熟，小穗玉米两三个月即可长成。土地经过两三年耕作就变得贫瘠，需另换新的地段。等到附近的土地全部用遍以后，就得抛弃原来的村落，另找新的居住地。显然，这是一种粗放型农业。

直到20世纪60年代，有一种比较流行的观点，认为玛雅人的耕作方式完全停留在刀耕火种的原始农业阶段。然而，这一观点无法解释如此落后的耕作方法怎能养活玛雅地区高度密集的

---

1 （美）林恩·V.福斯特：《探寻玛雅文明》，王春侠等译，张强校，商务印书馆2007年版，第135页。

人口。新的研究表明，传统观点是在对古典时期定居方式和农业情况知之甚少的情况下所设想的一种假说。事实上，在前古典时期，玛雅聚落中心就修建起了规模巨大的水利灌溉工程，玛雅人在实行粗放型农业的同时，已经采取了集约的生产方式。20世纪80年代，宇航探测系统透过茂密的森林，首先在危地马拉和伯利兹的热带雨林地区发现了玛雅人在公元前1000多年前修建的水利灌溉网。沟渠纵横交错，规模甚大，经实地勘测，平均宽1~3米，深0.5米，主要用来排水。危地马拉和伯利兹地区是古代玛雅文明中心，前后有众多城邦在这里兴起，它们都重视水利工程建设，有的开凿的运河长达几十千米。

玛雅人针对不利的自然环境，主要采取了两种改进方法：一是在丘陵坡地上垒石填土，建造人工梯田；二是在沼泽地区挖沟排水，积土造田，形成人工台田。在湿热多雨地区，他们多采用后一种方法。挖河开渠，用淤泥垫高地面，地上播种，水中养鱼，独木舟往来其间，还便利了交通运输。通过精耕细作，有的地区的玉米一年可收获两三季。由于玉米能够被大量生产和储存，因而无论是高地还是低地，玛雅人都能以此维持全年生计。

美国莫里斯·斯特格达博士通过对尤卡坦地区所做的农业调查，破译了玛雅文明的一个重要奥秘。玛雅每户农民完成一年的玉米种植，从播种到收获只需190天，而他所收获的玉米是他和他全家人一年所需的两倍，其中还包括了家畜饲料。多余的玉米除留作种子，还可以用于交易，换取生活日用品。玛雅家庭平均为5口人，如果仅仅为满足全家温饱之需（在哥伦布之前没有大家畜，还可省下这部分谷物），那么仅用上述农时的不到一半，即不足3个月的时间就可以完成。余下来的空闲时间，有9~10个月，可以被用来从事非农事活动。这一调查材料有力说明了玉米生产对美洲古文明的意义，它从一个重要角度解释了玛雅人为什么能够动用这么多劳动力来从事宏伟的金字塔庙宇、殿堂和精美艺术品的创造。玉米这一印第安谷物是如此奇妙，那么，对于玛雅人"玉米造人"的神话故事，我们就不难理解了。

玛雅人以玉米为主食。他们已知道把玉米加工成精细食品，具体做法是：先将玉米粒浸泡在石灰水里，泡软后，用石碾盘磨细。磨细的玉米粉可以用来制作烤薄饼，这是他们的传统主食，也可以加蔬菜或肉类，做成美味的馅卷。玛雅人除玉米、木薯、甘薯等粮食作物外，还栽培了西红柿、辣椒、豆类、木瓜、菠萝等菜蔬瓜果。经济作物方面有棉花、烟草、可可、蓝靛等。

贸易在玛雅社会占有相当重要的地位。玛雅地区被大海和高山包围，看上去环境似乎比较闭塞。实际上它地处墨西哥和中美洲之间，是南北物流必经的通道。他们建立了内陆和海上贸易线路，把中部墨西哥和中美洲联结起来，形成了一个沟通东西南北的贸易网络。每个市镇都建有用于集市贸易的广场。布、蜜、蜡、黑曜石武器、盐、鱼乃至奴隶，都成为交换的商品。尤卡坦缺少金属制品，多从墨西哥等地输入。交易中用可可豆当作媒介论价，如一只兔子值10粒可可豆，一个奴隶值100粒，实际交易多以实物交换方式进行。小商贩主要在集市上做买卖，长途贸易则为贵族所控制，他们既是商人，也是派向邻国或盟国的大使。南部高地城邦，如卡米纳尔胡尤、查尔丘阿帕，主要控制了制作工具和武器的黑曜石资源，北部低地城邦，如昆切、奇琴伊察、玛雅潘，主要控制了食盐资源。从奇琴伊察每年出口的上等食盐就达 3 300～5 500 吨，主要靠独木舟从海上运输。独木舟宽可达 2.5 米，长的可容纳 25 名划手。长途贸易要雇用很多背夫，投入大，但获利也大。哪个城邦控制了贸易通道，它就拥有财富和权力，因而，贸易往往影响着经济政治中心的建立和转移，成为玛雅文明发展的重要因素。

五、智慧之光

在古代美洲文明中，以玛雅文明最为光辉灿烂。尤其是数学、天文历法、文字书写以及建筑和艺术方面，突出显示了古代玛雅人非凡的聪明才智。

玛雅人可称为古代卓越的数学家和天文学家。[1] 他们是世界历史上最早发明了数学"0"和位值概念的民族。在东半球的文明古国中，最早发明"0"的是印度人，最初用实心小圆点"·"表示，后来演化成为小圆圈"0"。印度人创造的后来所称的"阿拉伯记数法"，成为科学史上的一颗明珠，经阿拉伯人传入欧洲时，已进入公元 11 世纪。但大洋另一边不为世人所知的玛雅人，却早就谙熟了数学上这个奇妙的"0"，他们对"0"的使用要早

---

[1] Robert J. Sharer & Loa P. Traxler, *The Ancient Maya*, Sixth Edition, Stanford University Press, 2006, pp. 100-118.

于印度人，比欧洲人更要早1 000余年。由于有了"0"的概念，他们所采用的一种"点—线"记数系统，在计数和运算上就变得极为简明而高效。与世界上多数民族的十进制不同，玛雅人是二十进制，不同数位代表不同数值。创造了"0"以及数位数值的观念，就使得用一个相对小的简明符号来表示一个较大数值成为可能，因此玛雅人在天体观察中能够精确地进行天文数字式的运算，就不会令人觉得不可思议了（附图：玛雅记数法）。

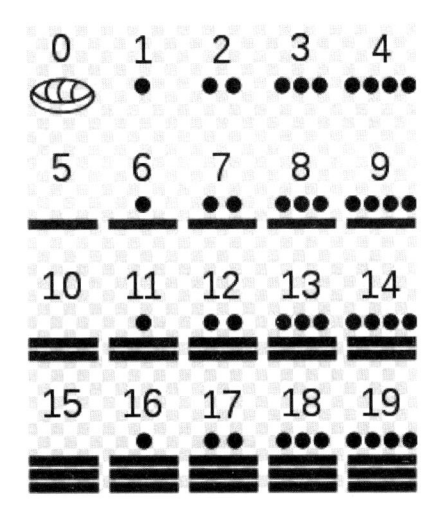

玛雅人把数学能力展现得最为极致的领域是天文学，他们由此创立了古代美洲最为精确的历法。在玛雅人的宇宙观中，时间是一个重要概念，他们把时间看作循环往复的周期。吉凶祸福被认为是在神灵支配下不断重现的现象，只要掌握历法与天文学周期，就能够未卜先知，预测未来，确定为安然渡过灾难所

要举行的各种祭祀仪式，求得风调雨顺，过上太平日子。于是，他们在祭祀中心兴建了高大的天文观象台，用来观察太阳和月亮的周期、月食与日食以及金星与火星的运行。广场上的神庙和其他建筑物都经过精心设计，它们组合起来也可被用于天文观察。祭司们将天文观察所得以雕刻绘制或书写的方式记录在公共建筑、陶制器皿和古抄本上，形成了玛雅历法体系。神的概念逐渐转化为具体的历法概念。在许多情况下，玛雅人所采用的计算结果远比旧大陆同时代人创制的历法更为精确。

根据农业和宗教活动的需要，玛雅历法分太阳历和礼仪历。"太阳历"（亦称阿布历）主管农业周期，以 13 天为一周，20 天为一月，365 天为一年；一年分 18 个月，外加 5 个禁忌日。太阳历主农事，按农时命名各个月份，如"楚恩"（播种月）、"摩尔"（收割月）、"托克"（烧荒月）等。根据玛雅太阳历计算出的太阳年长度是 365.242 天，与当今天文学家所得出的结果之间的误差仅为 17 秒。"礼仪历"（亦称卓尔金历）支配日常事务，以 260 天为一年，有 20 个神灵轮流来主司，大体也可以看作 20 天为一个月，一年分为 13 个月。这样，260 天正好一轮。上述两种历法相配轮转，为 52 年一个大轮回。因此，凡经 52 年，玛雅人就要大兴土木，在原有的金字塔上再建一个大金字塔，以示天地之复始。

为了确切记录历史年代，玛雅还采用了"长纪年"历法。这是一种新的纪年体系。玛雅人很早就意识到要有一个固定的时间点作为他们编年史的起点，最后确定了以玛雅历"13·0·0·0·0,

4阿豪8孔姆库"为纪元的起始。其意义正如以耶稣生日为公元纪年起点，创立了按年代顺序延续的纪年方法。经学者换算，这个日期合公元前3114年8月11日。在玛雅南部太平洋沿岸，人们发现有石碑使用长纪年历法记载了公元前36年的一个日期，这是迄今所知的长纪年历法的最早实际运用。玛雅人有立柱纪年的习俗，每隔20年，有时几年就立一个新的石碑柱。这些纪年柱实际上就是古代玛雅的编年史。这些石碑柱上的日期及有关人物和事件的记载，使得把湮没在原始丛林中的遗迹变成一部确切可考的历史成为可能。

玛雅文明的伟大成就，还表现在他们创造了真正的书写体系。[1] 考古发现，早在公元前400年，玛雅人已有了自己最初的文字。到公元初年，形成了相对完备的文字系统。玛雅人的文字很可能受到了奥尔梅克人的影响，但即便如此，也是玛雅人将它发展成新世界中最为丰富和复杂的象形文字书写系统。从字形上看，玛雅人的文字是一个个方块的图形，有点像中国的印章。图形上一部分是意符，一部分是音符，可以准确记录下人们讲述的话语。俄罗斯科学家提出了一种理论，可以将玛雅文字中最常见的表音的符号与现代玛雅人语言中最常用的音素进行类比，用计算机来加速玛雅文字释读的过程。根据帕伦克石碑上的铭文，我们甚至可以知道当年历代国王的玛雅语称呼。正如玛雅语言学者琳达·谢勒和戴维·弗赖德所说，玛雅书写体系是"一

1　Robert J. Sharer & Loa P. Traxler, *The Ancient Maya*, p. 134.

种能够忠实记录作者语言中声音的所有细微差别、意义和语法结构的丰富而有高度表现力的文字"。[1]

玛雅文字雕刻绘制在陶器、石碑、石柱、门楣等上面，也大量书写在纸上。著名的科潘"象形文字梯道"，高达30米，在90级阶梯上刻有2500个象形文字。玛雅文献表述内容相当丰富，涉及天文、历法、宗教、神话、历史、统治者的生平和世系以及武士和工匠生活等许多情况。识字和书写技能为祭司所专有，而文字没有成为民间使用的普通书写文字，这也是玛雅文字很快失传的原因。纸由经石灰浸泡的无花果树皮或鹿皮压制而成，折叠或用绳子串联成书。在16世纪初西班牙殖民者征服尤卡坦半岛时，玛雅古书抄本几乎被烧毁得一干二净，现仅残存的手稿，依据其收藏地分别被称作《马德里古抄本》、《巴黎古抄本》和《德累斯顿古抄本》，近30年还发现了一部，收藏于美国的一个俱乐部，被称为《格罗利尔古抄本》。

玛雅创世神话《波波尔·乌》现今所留存的本子，是用西班牙语记录并编纂的，原有玛雅文献已毁。另一部玛雅文献《契兰·巴兰》(Chilan Balam)内容包括宗教仪式、天文历法、神话故事和编年史。它最初用尤卡坦玛雅语创作出来，后来由学会了西班牙语的祭司用拉丁文记录下来，因为殖民者禁止使用玛雅文字。这是玛雅人巧妙利用异族文字保存自己历史文化的例子。大量玛雅文献被烧毁，幸好很多铭文刻在石碑上，保存了珍贵

---

[1]（美）谢里尔·E.马丁、（美）马可·瓦塞尔曼：《拉丁美洲史》，黄磷译，海南出版社2007年版，第15页。

的历史记录。现存的玛雅文字已有 90% 被释读,随着研究的深入,玛雅历史将更清晰地展现在世人面前。

　　玛雅的艺术成就,突出表现在样式繁多的建筑物的丰富造型和装饰上。奇琴伊察是后古典时期最宏伟的城市。在这里可以看到两种不同的建筑风格:一种是典型的玛雅风格,另一种则带有托尔特克风格的影响。由于托尔特克人的影响,神庙使用了羽蛇神形状的石柱作为装饰。迄今为止已经发现了七座金字塔和一座巨大的城堡。它的列柱廊可能是供军事法庭和宗教会议使用的,约由 1 000 根圆柱组成,环绕在一座露天广场的周围,广场大概是当作市场使用的。虽然玛雅人——特别是在受托尔特克影响的时期内——建造了一些圆形的建筑物,但是他们还不知道使用拱形。[1] 玛雅建筑室内的墙壁上通常都有绘画,一些绘画保留到现在。其中最著名的是 1946 年在墨西哥恰帕斯州的博南帕克发现的壁画。该壁画绘于公元 800 年,位于一座有三个房间的小建筑物的内墙上。画中描绘的故事始于一场仪式性的舞蹈,继之以一场为获取祭祀牺牲品而发动的军事远征,然后是一个战斗的场面,最后是举行的人祭、典礼和舞蹈活动。与建筑艺术相得益彰的是雕刻和绘画。在礼仪中心,各种雕塑和绘画随处可见,庙宇殿堂的梁柱、门楣布满了刀法圆熟和彩色绚丽的画面。玛雅地区盛产石灰石,这种石材易于切割加工,也方便进行雕刻,在建筑物上做成各式装饰。陶器和古抄本也留下了很多精美

1　(秘)欧亨尼奥·陈-罗德里格斯:《拉丁美洲的文明与文化》,白凤森等译,商务印书馆 1990 年版,第 266 页。

图案和人物故事。

随着 16 世纪西班牙殖民者的征服，玛雅文明被摧毁了，但是直到今天，仍有 1 000 多万玛雅人在他们祖先生活的土地上生活着。在危地马拉、洪都拉斯、伯利兹和墨西哥的恰帕斯、尤卡坦，玛雅人虽然使用 24 种不同的语言，但他们共同继承着 2 000 多年来延续下来的传统。有的族群仍然使用古老的玛雅历法，有些玛雅人通过口头世代相传，将玛雅人的传统继承下来。

第三章

阿兹特克文明

一场精心组织的战斗正在进行：奥斯丁、奎奇克军团里的2 000名战士遵照命令匍匐在地，屏息隐蔽于茂密的草丛中。每人手里紧握着盾牌和武器，两眼密切注视着前方。当敌人全部进入伏击圈时，他们一跃而起，向对手猛扑过去，结果大获全胜。敌方无一人漏网，一些人被杀死，大多数当了俘虏，被送往神庙的祭坛。

这是一份阿兹特克古抄本上所记载的一次成功的伏击战。阿兹特克原是北部边缘地区一支游猎部落，尚武好战，其成员个个勇猛异常。12世纪初，他们从荒蛮的住地出发，一路征战，攻城略地，最后占据了墨西哥高原的心脏地带，建立起中部美洲最后一个强大国家——阿兹特克帝国。

一、阿兹特克的崛起

1224年，位于墨西哥谷地边缘的图拉陷落，托尔特克国家瓦解，为中部美洲北部边境以外的部落进入墨西哥谷地打开了大门。首先深入以前的托尔特克人版图的是奇奇梅卡人。奇奇梅卡人在军事和政治上统治了这块地区，但是接受和吸收了托尔特克人高层次的文化，这些原来的食物采集者和狩猎者逐渐接受了农业、城市生活，接受了托尔特克人的宗教、历法和艺术。奇奇梅卡人极愿与托尔特克王室和贵族的后裔通婚。这些入侵者在墨西哥谷地最低部的湖区建立了一系列国家，其统治者都宣称自己是托尔特克的继承人。1260年建立的特斯科科（Texcoco）王国很快脱颖而出。一个半世纪后，在国王内萨瓦尔科约特尔（Nezahualcoyotl）在位期间（1418—1427），特斯科科文明达到了顶峰。[1]

最后一批来到墨西哥谷地的奇奇梅卡部落中，有一支是阿兹特克人，又称墨西卡人。大约在公元1100年，他们在四名祭司和一名妇女的率领下离开故乡，经过近100年的漂泊，于1195年前后到达墨西哥谷地。他们声称自己来自北方的阿兹特兰（Aztlan），所以就被称为阿兹特克人。阿兹特兰意为"七个传奇洞穴所在的地方"，是墨西卡人记忆中祖先的家乡。在这里，他们从属于一个统治集团，他们称该集团是阿兹特兰的统治者和贵族，把自己说成是平民，带有"农奴"的性质，不得不为当地

---

[1] Benjamin Keen, *A History of Latin America*, Fourth Edition, Houghton Mifflin Company, 1992, p. 13.

的统治者工作和向其纳贡。他们的部落神（也是战神）威齐洛波奇特利（Huitzilopochtli）告诉他们，他们的神特查维特尔·特奥特尔已为他们找到了一个享有特权的地方，目的在于把"他的人民"从被征服中解放出来并使他们繁荣昌盛。这位神曾宣布："在那里（希望之乡）我会使你们成为该地全体居民的统治者和贵族……你们的平民百姓将向你们纳贡。"[1] 来到墨西哥谷地时，阿兹特克人仅仅是由7个氏族（Calpulli，"卡尔普伊"）组成的部落公社，势力弱小。他们发现丰饶之地皆被他族占有，只得在特斯科科湖西岸一处沼泽地区暂时栖身。当时墨西哥谷地兴起了一些颇具实力的国家，主要有库尔瓦坎、特斯科科和特帕内克等。阿兹特克人到达时，正遇上各国间战事不断的时期。阿兹特克人作为后来者，为求得自身的生存与发展，就依附于库尔瓦坎。库尔瓦坎是托尔特克人后裔建立的国家，他们把一处遍地毒蛇的荒凉之地给了墨西卡人，想借这些毒蛇来消灭他们。据记载，墨西卡人看到蛇很高兴，津津有味地把这些蛇吃了个精光。

1325年，阿兹特克人同库尔瓦坎发生了冲突，遂逃至特斯科科湖中一个长满芦苇的小岛居住，该岛位于一个群岛之中。后来几经变迁，这里成了今天墨西哥城的所在地。据记载，他们在一块空旷地停留了下来，因为他们发现在两股泉水的交汇处，有一只叼着蛇的雄鹰傲然屹立在一处巨石间的仙人掌上。这正是战神威齐洛波奇特利启示他们最终定居之地，这个岛就是神赐

---

[1]（英）莱斯利·贝瑟尔主编：《剑桥拉丁美洲史》，第一卷，中国社会科学院拉丁美洲研究所组译，经济管理出版社1995年版，第14—15页。

的家园。多少年的漫漫征途终于结束了。于是，他们立即动手在此筑城建国，并将其命名为特诺奇蒂特兰。

特诺奇蒂特兰建成大约50年后，阿兹特克人挑选了自己的首位国王（称为特拉托阿尼，Tlatoani）。1375—1395年担任国王的阿卡马皮奇特利（Acamapichtli）是库尔瓦坎家族中一位妇女的儿子。阿卡马皮奇特利开始统治时，阿兹特克人仍向强大的特帕内克人纳贡，以此换取后者对自己的保护，并作为特帕内克人对外征讨的一支"雇佣军"，在此过程中，阿兹特克武士们的作战经验不断丰富。阿卡马皮奇特利在位期间，宗教仪式（包括人祭）受到高度的重视。他认为，神给阿兹特克人带来好运，所有民众都要参加宗教仪式庆典活动，向神表示感谢。他还在特诺奇蒂特兰城内实施了多项建设工程，下令用土填充沼泽，增加岛屿面积，拆除城内用芦苇搭建的房子，修建石砌的房屋。与此同时，阿兹特克人开始在首座金字塔原址上修建更高更大的石砌建筑。阿卡马皮奇特利为阿兹特克王朝奠定了基础。[1]

1395—1417年，阿卡马皮奇特利的儿子威齐利威特尔（Huitzilihuitl）继位。威齐利威特尔迎娶了特帕内克国王的女儿，此举使得特帕内克减少了要求阿兹特克人缴纳的贡赋，但阿兹特克人仍然要派武士参加特帕内克的征战。威齐利威特尔统治时期，阿兹特克军队开始使用30英尺[2]长的独木舟，可载十几

---

[1] （美）芭芭拉·A.萨默维尔：《阿兹特克帝国》，郝名玮译，商务印书馆2015年版，第32—33页。
[2] 1英尺约等于0.305米。——编者注

人。阿兹特克人用独木舟运送士兵，大大提高了军队的战斗力。1417—1426年，奇马尔波波卡（Chimalpopoca）在位。[1]1427—1440年，第4任国王伊斯科阿特尔（Itzcoatl）在位，励精图治，开创了阿兹特克历史上"变革与征服"的时代。他着手营造庙宇，创建祭祀中心和宗教等级制；改组政府，设置新官阶，加强军事首领的权力；扩建城市，修筑堤坝，把小岛同陆地连接起来；振兴武功，进行对外征服和扩张活动。其中最重要的事件是1428年与特斯科科和特拉科潘（Tlacopan）结成"三国联盟"，并依靠联盟的力量于1430年一举击败了强大的特帕内克人。从那时起阿兹特克人第一次真正获得了独立地位，开始创建帝国。按照协定，这个联盟的三方在形式上是平等的伙伴关系，阿兹特克和特斯科科可分得属国所缴纳贡品的40%，而特拉科潘获得20%。但阿兹特克逐渐凌驾于其他两方之上，甚至插手安排其他两个盟国王位的继承人。三国同盟实际上由阿兹特克充当盟主，故又称"阿兹特克联盟"。三方联盟的建立成为阿兹特克历史发展的重要转折点。通过不断的征战活动，阿兹特克不仅扩展了自己的势力范围，而且广泛吸取了周围民族的先进文化，从而创造了集中部美洲文明大成的阿兹特克文明。

伊斯科阿特尔于1440年去世，后继者蒙特苏马一世才略过人，征战中屡战屡胜，长驱直入昔日奥尔梅克人的墨西哥湾沿海地带和米斯特卡人的瓦哈卡地区。他还主持建设工程，广揽各

---

[1] （美）芭芭拉·A.萨默维尔：《阿兹特克帝国》，郝名玮译，商务印书馆2015年版，第37页。

地出色的建筑师和艺术工匠来改建特诺奇蒂特兰城。昔日的茅屋被拆除了，代之以按总体设计建造的美观的石屋和各种宏伟建筑物。蒙特苏马一世成为帝国的实际创始人。

阿兹特克人在其迅速崛起过程中，很看重思想意识和舆论宣传的重要性。他们为自己刻意编造了一套光荣的历史，宣称自己是有"高贵血统"的托尔特克人的后代，还不时到特奥蒂瓦坎遗址（把该城说成托尔特克人所建）朝拜，而把有关自己早期卑微起家和落魄往事的记录，统统加以销毁。

阿兹特克的最后60年是其社会和文化发展的鼎盛时期。到第8任国王阿威佐特尔（Ahuitzotl）执政时，阿兹特克联盟已成功征服了四周包括多种不同语言的众多民族和国家，势力范围扩及今墨西哥全境及中美洲部分地区，幅员辽阔，统治人口1 000万~2 500万，历史上称阿兹特克帝国。

1502年，最后一位国王蒙特苏马二世即位，他停止了对外扩张活动，致力于内部治理。蒙特苏马二世早年是一个勇猛的武士，后被尊奉为太阳神的代表，深信天命。他即位时西班牙殖民者已在西印度群岛登陆，正处于繁荣昌盛期的阿兹特克帝国即将面临灭顶之灾。1517年，殖民者开始入侵墨西哥，1521年占领并彻底捣毁了特诺奇蒂特兰城。

二、威震四方的专制帝王

阿兹特克是一个以神权政治为特征的专制国家。国王既是大祭司，行使最高宗教职能，又是最高行政长官和军事统帅，拥有至高无上的地位和无比的尊严。

每天清晨，上百名文武官员在宫廷等候见驾，被召贵族要先卸下身上的羽毛、玉石和黄金等贵重佩饰，脱鞋赤脚，然后俯身低视，向前觐见国王。离开时，他们则要面向国王，俯身后退，直到拐角处方可转过身来。宫中设有专门的豪华御膳大厅，食物精美，侍者成群，仅允许四位大贵族陪坐两侧。对此，墨西哥著名考古和历史学家伊格纳西奥·贝尔纳尔评述道："宫廷在豪华排场和实行专制方面，并不比亚洲的王朝逊色。"蒙特苏马的权势让当年亲历其境的科尔特斯深为震惊，早期殖民者留下了很多有关记载。科尔特斯认为阿兹特克就是一个帝国，在他致国王的信中甚至表示蒙特苏马"其光荣不亚于德意志皇帝！"。[1]

国王是终身制，但不是世袭君主。继承者由贵族议事会在同一家族或世系中（如同姓兄弟、儿子、侄子或异姓兄弟）选举产生。贵族议事会从部落议事会演化而来，由氏族首领组成，初为7个氏族，后来发展到50个。每个氏族内部设立4名头领，分别掌管宗教、行政和军事等各项事务。原来的氏族或部落议事会带有较大的民主性，但到在特诺奇蒂特兰立国后，这些氏族首领都变成世袭贵族，贵族议事会也减为4人，全由国王的近亲组成。因此，君主形式上由议事会选举产生，实际上为家族世袭，

---

[1] Hernan Cortes, *Letters from Mexico* (Second Letter, 1520), A. R. Pagden, ed., Oxford University Press, 1972, p. 48. 又参见（西）贝尔纳尔·迪亚斯·德尔·卡斯蒂略：《征服新西班牙信史》，上册，江禾、林光译，商务印书馆1988年版，第203—208页。

阿兹特克已成为一个专制集权国家。这显然与摩尔根等学者所得出的结论很不相同,摩尔根认为阿兹特克等中部美洲印第安社会仅仅是有血缘关系的部落群体,有时结成民主性的部落联盟,并没有发展成王国或其他类型的国家。这一观点在我国学术界产生过很大的影响。

阿兹特克人虽建立了国家,国王拥有最高的权力,然而,这个国家却是建立在以血缘为纽带的氏族组织的基础上。这一点,显然又不同于西方早期史学家关于"类似欧洲封建王国"的描述。实际上,阿兹特克人所建立的,乃是不同于西方而更类似于东方历史上的那种专制政治模式。氏族,阿兹特克称作"卡尔普伊",实行土地公有制。以村社为生产单位,土地分配给各家族耕作。土地由长子继承,但只有使用权,次子结婚时,可以获得新的份地。土地三年不耕种,村社有权收回。氏族成员可以在公共土地上打猎、捕鱼和砍柴。氏族的土地还划出一定地段用于缴纳贡税,用作宫廷、庙宇和战争开支,由氏族成员共同耕种。无论在平时还是战时,都以公社为基层单位,一旦发生战争,氏族首领就成了军事指挥官。全民皆兵,成年男子人人是战士。

在特诺奇蒂特兰建国后,全城被分为4大区,各氏族分片居住,氏族聚居区就变成了不同的街区。氏族成员很多不再从事农耕,而成为手工艺人或商人。农村则仍旧保持着村社形式。各氏族独立自治,有自己的保护神、神庙和祭司,还有学校。到西班牙入侵时,社会基础发生了变化,很多地方已不再是单一的氏族群体，地域关系开始取代血缘关系。

整个帝国范围内并没有建立起统一的行政管理制度，官僚体系并不成熟。据统计，曾有489个属地处于帝国统治之下，国王仅在这些城镇设置一名收税官，向被征服民族征收贡赋。据《门多萨手抄本》显示，贡品种类繁多，数量庞大，按地区分别列项，每个地区的赋税负担一清二楚。海湾沿岸的托克特佩克国每年所承担的贡赋计有9 600件披风、1 600件女式外套、200车可可、16 000个橡胶球及其他物品。另一个被征服的边远城市每年缴纳的贡品，包括纺织品、盔甲盾牌、绿宝石项链、胭脂红染料、金砂以及羽毛王冠等。[1]运送队伍分水陆两路，人扛船载，不绝于道。统治者除了自身享用外，还把其中部分贡物托付给官方认可的商人，由他们到遥远地区交换贵族们需要的奢侈品。

阿兹特克社会实行严格的等级制度，形成了贵族和平民两大阶级。《佛罗伦萨古抄本》关于贵族和平民的描述，尊卑贵贱，泾渭分明。有一段对贵族子弟的培养教育的描述，其中写道："你们说话应十分缓慢，深思熟虑……也不应大声喊叫，以免被视作蠢货，不知羞耻；乡巴佬（种田人），真正的乡巴佬……"[2]

贵族阶级包括祭司、军事领袖和行政首领，占人口的5%~10%。祭司被认为是神的代言人，通晓天文、数学，负责记录本族历史和传说、占卜消灾治病。军事精英享有崇高的社会

---

[1] Manuel Aguilar-Moreno, *Handbook to Life in the Aztec World*, Oxford University Press, 2006. p.132.
[2] 《佛罗伦萨古抄本》，第6册，第14章，转引自（英）莱斯利·贝瑟尔主编：《剑桥拉丁美洲史》，第一卷，中国社会科学院拉丁美洲研究所组译，经济管理出版社1995年版，第24页。

地位，重要官吏经常从有功武士中选拔。贵族、功勋武士及某些家族（如商人）可以从国王那里得到大量土地和贡赋的赏赐，出现了私人占有土地的现象。随着不断对外扩张，私有地产数量快速增长。

平民阶级由劳动者组成，包括农民、工匠和商贩。从事长途贸易的商人，身为平民但享有特殊地位，居住在首都的单独街区。商人在阿兹特克的扩张过程中发挥了重要的作用，他们在贸易过程中对当地的资源、防务情况首先了解，然后向阿兹特克国家报告，有时商人还充当间谍。如果商人被杀，这往往成为阿兹特克发动进攻的借口。处于社会最底层的是奴隶，有的从事家务劳动，也有的被用作活人祭祀。奴隶来自战俘和罪犯，也有因债务或穷困沦落为奴的，一旦偿清债务或合约期满，即告自由。在阿兹特克，奴隶制和奴隶买卖比其他印第安人要流行得多，但阿兹特克使用的通常是家内奴隶，在生产活动中不占重要地位。

三、血腥祭献

在宗教上，阿兹特克继承了中部墨西哥千百年来的信仰和习俗。他们崇奉的神灵主要有：创造神特洛克-纳瓦克（Tloque-Nahuaque）、雨神特拉洛克、玉米神希洛内（Xilonen）、羽蛇神克查尔科阿特尔以及太阳神托纳蒂乌（Tonatiuh）等。但战争之神威齐洛波奇特利，被尊奉为主神。威齐洛波奇特利原是慈善的大地之神，给世人带来肥沃的土地。后来，不断征战的阿兹特克人渐渐把他演变成一个好战的、嗜血成性的凶神，要求人们定期举行血祭，提供人的鲜血和心脏。血祭原是中部美洲各族一个比较古老的宗教习俗，阿兹特克人把它发展到登峰造极的地步。

阿兹特克人认为，是神创造了太阳、宇宙以及人类本身，他们为此耗尽了精力，这种恩惠必须时时给以回报。如果神得不到他们应得的东西，宇宙就难以维持运转，世界就会终结。于是，祭献便成了他们宗教生活的重要内容。献给神的祭品有食物、动物、贝壳和香料，但最珍贵的是人的鲜血。虔诚的善男信女们不时在神灵面前用龙舌兰或鱼骨刺破自己的舌头、大腿或身体其他部位，让鲜血流淌在纸或草球上加以焚烧，披头散发的祭司更是天天在自己身上放血，满脸满身血迹斑斑。

阿兹特克人对血祭的热情，在很大程度上来自对威齐洛波奇特利的崇敬。14世纪时阿兹特克人在军事上的节节胜利，使他们确信这是战神的庇佑，随着军事胜利的增多，祭司就要求奉献更多的鲜血和心脏来抚慰神灵。

对活人剖腹挖心，是血祭仪式中最令人惊心动魄的一幕。牺牲者事先要沐浴净身，有时还要穿上特殊的服装。他们在金字塔底部排列成行，由一位祭司带领，沿着被先前牺牲者的鲜血染红的台阶拾级而上，在塔顶上等待他们的是另外5位祭司。祭司们穿着华丽服饰，面部和双手涂成各种不同的颜色，其中一个手持锋利的黑曜石刀。当献祭者被迫起舞之际，祭司们会迅速走上前去，将其仰面按倒在凸起的祭石上。接着，紧握尖刀的大祭司手起刀落，剖开献祭者胸膛，娴熟地掏出他的心脏。仍然跳动着的心脏被高高举向空中，呈现给太阳神。

随后，祭司把心脏放入一个神圣的容器中，作为对众神的祭品。尸体迅即被移开，从陡峭的金字塔台阶上滚落下来，而从一旁经过的其他祭献者仍继续同样的死亡之旅。这一切都进行得那么肃穆有序，因为在阿兹特克人看来，活人祭祀并非一种残酷的行为，而是代表着生命的重生，是保证世界和生命永存的不可缺少的庄重仪式。

阿兹特克人认为，世界是以大循环方式存在的，每52年被看作一个大轮回。一座迄今保存完好的著名"太阳历石"，形象地反映了阿兹特克人的宇宙观和宗教观。按照阿兹特克人的解释，自创世以来，世界经历了五个时代的轮回，每个时代都以一个太阳为代表。一个轮回，就代表一个太阳纪。历石中央刻着太阳神托纳蒂乌，周围4个方块，代表已经消失的前4个太阳纪，那4个太阳纪分别被美洲豹、飓风、火雨和洪水毁灭。当一个轮回周期接近末尾时，太阳会变得很不稳定，而且很可能不再升起，世界随之就会终结。这时只有人的鲜血可以滋养和支撑太阳，确保雨露滋润，万物生长，使人类得以生存下去。这就是为什么代表当今第5个时代的太阳神托纳蒂乌，总是伸出长长的舌头，等待着子民们奉献鲜血和心脏。

用作活人祭献的有时是罪犯和奴隶，有时是挑选出来的美女和儿童，但通常是来自战争中的俘虏。武士，特别是贵族将领们的鲜血为神灵所偏爱。因此，战争对于阿兹特克人来说，不仅来自开疆拓土、增加财富的需要，而且被赋予宗教上某种神圣意义。

从宗教文化又衍生出了独特的军事文化，这表现在阿兹特克举国上下终日浸沉在对战争的狂热之中。阿兹特克古抄本上记载了一首歌颂战场的诗[1]，这位诗人饱含深情地写道：

> 神鹰为浓浓的烟雾所笼罩，
> 美洲豹发出惊人的咆哮，
> 火焰般的热血喷洒在神圣的战场上。
> 闪光的珠宝散落满地，
> 耀眼的羽毛随风飘摇，
> 杀声震天，这里是王公贵族献身捐躯的地方。

这个全民皆兵的民族，所有男子从小就要接受军事训练。大约到了10岁，他们的头发就被剃光，只在后脑留出一绺，作为将来取得"战士"称号的第一步。15岁他们开始学习使用武器并参与敌情侦察和军事运输方面的工作。等到和5个与他一样的新手共同抓获了一名俘虏时，俘虏用于祭献，他们所留那一绺头发方可剪去。此后，他们可以留齐耳长发，表示已成为一名光荣的战士。但在日后的战争中他们只能依靠独自行动，

---

[1] 转引自（美）戴尔·布朗主编：《灿烂而血腥的阿兹特克文明》，万锋译，华夏出版社、广西人民出版社2002年版，第89页，文字有改动。诗中神鹰、美洲豹为阿兹特克精锐军团和武士的名称，珠宝、羽毛是贵族服饰的标识。

不可再指望得到他人的帮助，也不可随便去帮助他人。战争中还要学会擒拿格斗活捉敌人的本领，因为四肢伤残的俘虏不适合用于祭祀。第一次抓获一名无伤残的俘虏时，他就会得一件绣有蝎子或花卉的披风。抓到第二个俘虏的奖赏，为镶有红边的披风，有了第三个俘虏，就可穿上带有珠宝的精制披风。当在他名下有了4名俘虏时，他就获得了一个显著地位，有权享受一份附属国的贡品，在军事会议上占有一席之地，或者被委派去管理村社子弟学校。详尽的法律规定了他依据军功而享受的相关服饰和特权。

最优秀的战士被选拔到军事精英阶层，授予雄鹰、美洲豹武士头衔。他们统一着装，穿戴象征雄鹰和美洲豹的头盔和服饰，装备最好的武器。这种特殊的身份表明他们已成为太阳神托纳蒂乌的忠诚仆人，从而也享有更多的特权。他们可以纳妾，在王宫进餐，出席由国王主持的军事会议。在特诺奇蒂特兰大神庙里所发现的一个陈设讲究的雄鹰大厅，就是他们当年享有无比荣耀的见证。此外，本章一开头提到的奥斯丁、奎奇克军团同样也功勋卓著，由他们组织的突击队赢得了许多著名的战役。这些身经百战的武士也是战场上出色的指战员，成为阿兹特克军队所向无敌的保证。然而，他们地位的上升也带来风险，特殊的装束使他们成为对手想捕捉用于祭献的主要目标。

为满足宗教祭祀的需要，阿兹特克人还创造了一种特殊的战争形式，名曰"花战"。他们所发动的战争有一个奇特之处，即打仗不注重消灭敌人的有生力量，因为如果把敌人杀死或砍伤，就不能用作祭祀。于是，"花战"便应运而生。所谓"花战"，就是在相对和平时期旨在捕捉俘虏用于祭献的一种战争形式。战前，两国共同商定交战的时间（一般在庄稼收获之后）和地点，开战时互不使用弓箭、标枪这些杀伤性武器，使用刀剑，也不以利刃伤人，仅用木把或刀背把对手打昏。这样，就可保证交战中获得无肢体残缺的完好祭品。"花战"还有另一个目的，就是让青年战士得到更多训练的机会。

在阿兹特克人眼中，没有什么比捐躯沙场或献身祭坛更加荣耀的了。因此，武士们非常坦然地面对死亡。在阿兹特克人的宗教观念里，也有天堂和地狱之分，但能否升天堂不是看一个人在世时的行为道德，而是依据死亡的方式。战死沙场或献身祭坛的武士以及分娩中死去的妇女，都会升入天堂。妇女分娩是生产下一代武士，为此死去同样被视为无上光荣。有记载表明，有些武士在战场上被俘，即使给他们自由也不想离去，而甘愿作为神的牺牲品。

四、水上田园

需加说明的是，阿兹特克人对血祭的热情，并不意味着他们仍停留在未开化的原始落后的生活状态。定居于特诺奇蒂特兰的阿兹特克人，创造了以精耕农业为基础的发达的都市文明。发达的都市文明与血腥祭献看起来存在着巨大的反差，但二者在阿兹特克人那里，却得到了惊人的协调和统一。从血祭中得到抚慰的神灵，为维系帝国统治提供了精神保证，而农业和商业的高度发展以及巨额财富积累，成为帝国生存的强大的物质基础。

阿兹特克人发达的都市文明，在经济生活方面，突出表现为他们创建了精耕农业"水上田园"和覆盖中部美洲广大地区的商业贸易网络。

定居于墨西哥谷地的阿兹特克人以农业为基础，玉米是他们的主要食粮。阿兹特克人从游牧部落进化而来，以石器为工具，耕作技术相对落后，但定居后很快学会了先进的生产方法。从第4任国王伊斯科阿特尔开始，他们就重视农业生产技术的改进，发展了集约农业。首先是兴修水利，大力建设灌溉系统。他们所居住的岛屿面积较小，且受到带咸味的湖水的侵蚀，农业的发展受到地理条件的局限。阿兹特克人修筑堤坝将淡水和咸水分开，并有效阻挡雨季泛滥的洪水，同时开渠挖沟，引淡水入城，发展排灌渠道。这项水利工程前后持续了10多年。另一项重要工程是建造人工田园"奇南帕"（chinampa），在湖面上用排筏铺垫淤泥，建造成一个个浮动小岛，然后用木桩加以固定。人工园地通常呈长方形，大的达200平方米。也有的直接打木桩围湖造田。在这种水上人工田园，阿兹特克人在每次播种前可以很方便地就近挖取淤泥肥田，使之一年四季都可种植庄稼和果蔬。他们就是用这种方法，将易遭水涝灾害的沼泽之地改造成大片肥沃良田。使用的尽管是简单的生产工具，却大大增加了农业产量。主要作物除玉米外，还有豆类、南瓜、马铃薯、棉花、龙舌兰等。其中龙舌兰是其特产,可以酿酒。龙舌兰的纤维用于搓捻绳索,叶子则用来盖屋顶。阿兹特克人同其先人一样,很少饲养家畜,饲养较多的是狗和火鸡。[1]

农业的发展促进了手工业的兴盛。各行各业出现了专门的街区,工艺技术也大为提高。数量众多的手艺工匠完全从农业生产中独立出来,生产金、银、铜、宝石、皮革类制品以及纺织物、羽毛装饰、陶器等各种工艺品。手工业者组织了行会,各行有自己的保护神。工匠职业可能是代代相传。

商业活跃,市场繁荣。商人住在单独的街区,设有行会,信奉自己的保护神。从事远程贸易的商人,长途跋涉可持续数年,足迹远至今天的巴拿马。特诺奇蒂特兰设有多个集贸市场,其中最著名的要数特拉特洛尔科大市场。市场划分为不同的交易区,供商人们经营不同的商品,金银宝石、羽毛饰物、衣物用品、纸张工具、家禽海鲜和粮食水果,应有尽有,还有奴隶出售。市场设有专人管理,买卖兴隆而秩序井然。据记载,这个市场可以容纳上万人,在市场里走一圈并弄清待售商品的话,需耗费两天的时间。[2] 然而,商人虽然富有,却因为不属于贵族阶层,同样不被允许穿华丽的衣服。

---

[1] (秘)欧亨尼奥·陈-罗德里格斯:《拉丁美洲的文明与文化》,白凤森等译,商务印书馆1990年版,第43页。
[2] (西)贝尔纳尔·迪亚斯·德尔·卡斯蒂略:《征服新西班牙信史》,上册,江禾、林光译,商务印书馆1988年版,第210—212页。

五、中部美洲文化的集大成者

比起古老的玛雅人，阿兹特克是一个年轻得多的印第安民族。阿兹特克文化是在200年间吸收和融合其他印第安民族的文化而形成的，成为中部美洲文化的集大成者。

首都特诺奇蒂特兰这座壮丽的水上城市为阿兹特克人的一大杰作。阿兹特克人继承特奥蒂瓦坎的城市设计风格，把特诺奇蒂特兰建成了古代世界的大都会。特诺奇蒂特兰实际上由特诺奇蒂特兰和另一个面积更小的特拉特洛尔科两个小岛组成。人们取土填湖，不断扩大面积，到1519年达到了13平方千米。有三条10米宽的石堤，将陆地与湖中心的岛城连接起来。石堤每隔一定距离就留一横渠，渠上架设吊桥，可随时收放，以防外敌入侵。全城建有10余千米长的长堤，以防雨季湖水泛滥，并有两条石槽从5千米外的山上引泉水入城，供生活和灌溉之用。城内街道、广场设置整齐，花园式房舍鳞次栉比，建筑宏伟。整个城市不是随意发展起来的，而是经过精心规划，显得对称而有规则。殖民者初到时，面对城市一派繁荣景象，感到无比惊讶。一位士兵在他后来的回忆录中写道：

> 湖面上船只无数，来来往往，满载着食粮和各种商品。城市与水上其他城区房舍之间，架有桥梁，或以独木舟相通。庙宇、宫殿像城堡和塔楼那样巍然耸立，令人赞叹不已……我们到过世界上许多地方，有去过君士坦丁堡，有

走遍意大利和罗马，但一个城市竟然如此繁华而又井然有序，乃是见所未见！[1]

由金字塔、庙宇、祭坛、宫殿、广场组成的宗教祭祀中心，成为这座城市的心脏。在一张特诺奇蒂特兰早期地图上，可以发现，这个宗教中心几乎占据了城市总面积的三分之一。四条大道把城市分成四个大区，每个区又建有自己的神庙群。据统计，全城金字塔神庙至少有40处，拥有祭司5 000人。其中，最有代表性的建筑是位于中心广场的金字塔大庙。塔基长100米、宽90米，塔高达50余米，两条设有114个石阶的长长梯道，通向塔顶上两座并列的神庙，红庙供奉着战神威齐洛波奇特利，蓝庙供奉着雨神特拉洛克。这是进行加冕、献贡、献祭的神圣场所。大庙周围建有羽蛇神庙、国王宫殿和贵族学校。这些建筑物的四周以雉堞围墙环绕，与城市其他部分隔离开来。

当时特诺奇蒂特兰有多少人口呢？各方估计大不相同，一般认为在15万~20万。[2] 这实在称得上是世界性的大城市。因为，那时欧洲只有巴黎、那不勒斯、伦敦和米兰4个城市的人口略多于10万，而西班牙最大城市塞维利亚，才4.5万。西班牙殖民者表现出如此惊讶之情，就不足为奇了。

阿兹特克人不仅是出色的建筑家，在雕刻艺术上也有所创

---

1 （西）贝尔纳尔·迪亚斯·德尔·卡斯蒂略：《征服新西班牙信史》，上册，江禾、林光译，商务印书馆1988年版，第213页。译文稍有改动。
2 Benjamin Keen, *A History of Latin America*, Fifth Edition, Houghton Mifflin Company, 1996, p. 14.

造。太阳历石重 24 吨，直径达 4 米的圆盘形平面上刻有阿兹特克人的创世故事，图案精美，含意深刻，为石雕艺术的代表作。大地女神科阿特利库埃石雕，高 2.52 米，是一个由巨蛇、豹爪、獠牙、羽毛和人的头颅组成的复合体，采用虚实结合的手法，为大型石雕的优秀典范。

阿兹特克制定了相当精确的历法。"太阳历"，一年 18 个月，一个月 20 天，另加 5 天，共 365 天。"圣年历"，一年 13 个月，一个月 20 天，共 260 天。与玛雅人的历法一样，这两种历法也是每 52 年重合一次。阿兹特克人的文字仍属图画文字，但已含有象形文字成分。他们用榕树纤维造纸，除纸张外，还使用鹿皮和棉布，留下了一批古抄本，内容包括宗教历法、儿童课文、历史纪事和贡赋清单等。阿兹特克人在音乐、舞蹈上也有相当的水平，会制造铜、黄金饰品，能使用各种草药治病。

阿兹特克人重视教育，设立专门学校。学校分两类，一种名为"青年之家"，用于普通教育，由氏族开办，青年到了 15 岁都要进校接受义务教育，由本族长老讲授道德品行、宗教礼仪和文化艺术等。所有青少年男子都需接受严格的军事训练，由武士任教官，人人有机会在战场上一展才能。另一种高一级的学校，专为贵族子弟开办，教授天文历法、占星术、法律规范等专门知识，培养祭司及各级行政军事层面的领导人才。还有专门培养女祭司的学校，她要同时学习纺织和羽毛编织技艺。

第四章

印加文明

19世纪，一批来自欧洲的探险者踏上秘鲁这片古老的土地，其中一人无意间在高山深谷中发现了一条印加古道，其工程之宏伟令目睹者惊叹不已。随后，探险者们在巨石墙下、丛林深处、急流狭谷和茫茫沙漠上发现了一条又一条这样的古道。古印加人劈山开道，逢水架桥，他们修建的古道连接起来竟然有1.8万千米长，构成了贯通南北4 000千米疆土、四通八达的道路网。主干道皆以石块铺设，宽度有的可容8名骑手并驾齐驱。在欧洲殖民者到达前，印加人连骡马都未曾见过，奔驰在这些大道上的，是仅靠两条腿的王家信使。但他们选自精壮青少年，经专门训练，奔跑之快足可称为"飞毛腿"。大道上每隔三四千米就设置一处驿站，飞毛腿信使就在那里时刻待命，以远处海螺声为号，用接力形式传递国王下达的命令和各项重要信息。通过这条大道，国王可及时调兵遣将，迅即扑灭某地发生的骚乱。秘鲁太平洋沿海与位于安第斯山上的首都库斯科，相距三四百千米,那里打捞的鲜鱼,两天之内即可穿林涉水,越过高山峻岭,变成国王餐桌上的美味佳肴。

发达的道路网折射了当年印加帝国威震四海、治理有方的盛世景象。那么,这个长于管理的古代美洲帝国是怎样建立起来的呢?

一、前印加时代的安第斯文明

除中部美洲文明外,美洲古代文明另一个重要繁荣中心是安第斯文化区,它起源于今秘鲁北部沿海河口,约2 000年前形成北部沿海和安第斯中部的的喀喀湖(Lake Titicaca)地区南北两大繁荣中心,最后为印加所统一。受地理条件的阻碍,中部美洲和安第斯两个文明中心基本上是各自独立发展的,相互之间缺乏交往,但是,这并不能阻挡一些农作物和技术的缓慢扩散与传播。玉米从中部美洲传入安第斯地区,而安第斯地区的冶金技术则向北传到了中部美洲。

安第斯山脉平均海拔约为4 000米,寒冷少雨,土质瘠薄。只有山岭峡谷之间,气候凉爽宜人,土地可用于耕作。早在公元前6000—前5000年,就已有人在这里居住,开始了农耕生活,木薯、马铃薯等块根、块茎作物在这里得到最早的栽培。美洲羊驼的驯养遍及高原山区。考古发现了公元前3000年左右的礼仪广场和建筑物,说明那时已经有了村落集体祭祀活动。

新考古材料证明,安第斯文化的起源不在高地上,而是在沿海。人们主要从事捕鱼和采集，并以南瓜、利马豆和其他农作物为补充。丰富的海洋资源支持了人口的增长和大型社区的聚集。至约5 000年前，沿海地区已出现了复杂的社会。在沿海沙漠地带苏佩河谷地区，所谓的"卡拉尔文明"在这里发展起来，考古发现了公元前3000年左右的大型礼仪广场和建筑物。[1] 人们种植豆类、辣椒、葫芦和各种水果，很大程度上依靠捕鱼，[2] 种棉花编织渔网。但我们没有发现这里种植玉米和土豆。卡拉尔古城遗址上的金字塔，底部长160米，宽150米，塔高18米，塔顶平台建有宫殿、宅第，据科学测年，房子建造年代为公元前2627年，正好与埃及建第一座大金字塔的时间同期。那里还出土了迄今南美最早的基普（quipu，结绳记事）。这一重大发现可能把拉美古文明兴起时间向前推进2 000年，构成上下五千年的文明发展史。

公元前1800年，随着农业的进步和陶器的出现，安第斯地区开始进入文明形成期。纺织和冶金技术发展起来，尤其是城市发展的加快，劳动专业化程度的提高，促进了文化艺术的繁荣和新社会组织形式的出现。查文和帕拉卡斯的兴起是最为明显的例证。

查文文化因发祥地查文德万塔尔（Chavín de Huantar）而得名。它位于秘鲁北部高地，兴起于公元前1000年，公元前

---

[1] Colin Renfrew, Paul Bahn, *The Cambridge World Prehistory, Vol. 2, East Asia and the Americas*, p. 1070；（美）布赖恩·费根：《地球人：世界史前史导论》，方辉等译，山东画报出版社2014年版，第509页。
[2] 洪堡洋流为秘鲁沿海带来丰富的渔业资源，使其盛产鳀鱼（沙丁鱼）、鳕鱼等。秘鲁鱼产量至今仍居世界前列。

400—前200年达到极盛时期。作为遗址中心的老神庙是以石块砌成的U字形祭坛,围住一个沉降式庭院。神庙高15米,分三层,有梯道相连,呈金字塔形。这个老神庙远近闻名,吸引远近来客到此朝圣。查文文化因精湛的石雕艺术而闻名。石柱、石碑和墙壁上多刻有半神半兽的浮雕,显示出对美洲豹的崇拜。多处雕刻正面站立、手执权杖的魔杖神,这个形象为查文文化的重要象征,后来广泛出现在安第斯文化区。祭祀中心建筑物的规模和内容,说明它已远远超越了村落式的局部范围,形成了一种新型的政治组织——以神权政治为特点的早期国家。在工艺方面,查文人采用模具制作陶瓶,掌握冶炼焊接技术,制造金、银、铜合金,艺术上形成了对后来有广泛影响的查文风格。查文文化作为安第斯核心区的早期文明中心,安第斯考古学前辈胡里奥·C.特略认为它是"安第斯文化的发源地"。[1]

公元前400年,随着水利灌溉技术的利用和气象知识的进步,各地区提高了对不同自然环境的适应性,各显其能,开始了区域发展时期。它们结合自身资源优势,发展了制陶、纺织或冶金技术,生产出精美异常的工艺品,庙宇、宫殿和各种公共工程纷纷涌现。公元前3世纪至公元1世纪,安第斯文明进入了全盛期。除文化的多样性外,区域发展时期的共同特点是社会发生了明显的阶级分化,政治组织趋于成熟,以宫殿和神庙为中心建立了不同规模的地方性国家。其中文化成就最高、影响最大

---

[1] (英)莱斯利·贝瑟尔主编:《剑桥拉丁美洲史》,第一卷,中国社会科学院拉丁美洲研究所组译,经济管理出版社1995年版,第68页。

的国家有北部沿海的莫奇卡（Mochica，也译作莫切）、南部沿海的纳斯卡（Nazca）。

莫奇卡国力强盛，为当时南美影响最大的国家。于公元1世纪开始创建的大型金字塔太阳神庙，耸立在高达18米的土墩上，土墩底边长228米、宽136米。神庙高23米，面积达103平方米。有人统计，这个建筑物大约用1.43亿块由模子制作的风干土坯砖砌成，工程浩大。莫奇卡人熟练掌握了冶金技术，懂得用铜制造合金，该地区有铜制斧头、矛尖和掘土棒尖头出土。人物头像造型的陶瓶，线条流畅，神态栩栩如生，成为莫奇卡文化的一大特征。有些陶器作品生动表现山上冶炼金属、妇女工场纺织和贵族狩猎等日常生活和劳动场景，为研究早期安第斯社会提供了宝贵的资料。

纳斯卡文化在形成时间上早于莫奇卡文化。这里没有大型庙宇、宫殿出土，但纺织技术达到了很高的水平，织物精美绝伦。纳斯卡人尤其擅长利用当地出产的矿物染料配色，五彩缤纷，颜色多达100余种。统治者们通过精美图案来显示自己高贵的社会地位。纳斯卡人还在荒漠土地上创造出令人惊叹的"纳斯卡地画"。这些地画很大，只有从空中才能窥其全貌。地画绘制的有鸟、螃蟹、花，有只鸟400英尺长、300英尺宽。学者们一度认为这些线条图是根据天文现象设计的，但新近的研究指出，这些线条图是指向水源的。[1]

---

[1] （美）谢里尔·E.马丁、（美）马可·瓦塞尔曼：《拉丁美洲史》，黄磷译，海南出版社2007年版，第21页。

经过地区性发展，列国争雄，有的通过扩张和兼并发展成为强大国家。大约公元5世纪前后，在安第斯地区先后兴起的强国有瓦里（Huari）、蒂亚瓦纳科（Tiahuanaco）和奇穆（Chimú）。随着蒂亚瓦纳科势力的壮大，安第斯核心区的文化中心由沿海转移至高原地区。

蒂亚瓦纳科兴起于安第斯高原的的喀喀湖畔，人口达2万~4万。遗址上建有金字塔、神庙和平台，主要建筑由数吨以至上百吨重的巨石砌成，石块间用青铜条或铆钉固定。著名的"太阳门"就坐落在这里。它整体高约3米，门楣以整块巨石建成。上面刻有精致浮雕，中央刻着创世神维拉科查，头部光芒四射，两旁分列48个有翼人像。陶器工艺有长足进步，名为"科勒"的敞口杯在当时广为流行。公元9世纪初，蒂亚瓦纳科向外扩张，攻城略地，建立了蒂亚瓦纳科帝国。

公元6世纪，以秘鲁阿亚库乔城附近为中心的瓦里帝国兴起，其范围向东延伸400英里，向南抵达库斯科高原。瓦里帝国的都城也叫瓦里，既是祭祀中心，也是行政中心，居民多达3.5万人，居住在由狭窄的街道分隔开来的有围墙的矩形大院内。瓦里帝国用结绳记事（被称为"基普"）来记录和传递信息，与后来的印加人类似。[1]

蒂亚瓦纳科衰亡后，强大的奇穆国在沿海地区兴起。奇穆以昌昌（Chanchan）为首府。昌昌占地12~15平方英里，在其发

---

[1] （美）谢里尔·E.马丁、（美）马可·瓦塞尔曼：《拉丁美洲史》，黄磷译，海南出版社2007年版，第23页。

展的鼎盛时期人口可能接近 10 万。城市四周环绕着高耸的砖墙,城内有房屋、街道、庙宇、金字塔和水库。所有这些建筑物均自成群落,形成若干个小城堡。仍然屹立的墙壁上刻着高浮雕,图形与当时的壁毯织物相似。[1] 通过利用高度发达的水利技术和建造巨石覆盖的灌溉沟,奇穆人使 50%~65% 的沿海谷地可耕地成为良田。如此巨大的水利和公共工程要求使用大量人力,奇穆人首领实行了一种被称作米达(mita)的征募制度。这种制度影响深远,不仅为后来的印加人,而且为西班牙殖民者沿用。[2]

二、从小部落到大帝国

14 世纪中叶以前,印加还是秘鲁高原的小部落,百余年间从一个无名之辈迅速崛起,最后创建了古代美洲最强大的帝国之一。

印加人自称是太阳神的后裔,"印加"一词在印第安克丘亚语中就是"太阳之子"的意思,原是对自己部落首领和国王的尊称,后被用来泛指整个部落和国家。印加文明分布于今秘鲁、玻利维亚、厄瓜多尔及智利和阿根廷的一部分,中心是秘鲁南部的库斯科地区。

在中部美洲,大规模的考古发掘和保留的古文字抄本,为

---

1 (秘)欧亨尼奥·陈-罗德里格斯:《拉丁美洲的文明与文化》,白凤森等译,商务印书馆 1990 年版,第 267 页。
2 (美)克里斯蒂娜·胡恩菲尔特:《秘鲁史》,左晓园译,东方出版中心 2011 年版,第 10—11 页。

研究玛雅和阿兹特克的历史提供了基础；而在安第斯地区，虽然缺少文字记录，但当年欧洲亲历者的记述以及印加王室后裔的回忆[1]，加上近年考古所发现的风格特异的陶器和编织物，使印加及其以前的文明史逐渐为后人所了解。

据记载，印加人早年居住在秘鲁南部高原的的喀喀湖地区，是一个以狩猎为生的小部落。大约在12世纪，他们向北迁居于库斯科峡谷。那里海拔高达3 400米，虽地处热带气候却凉爽宜人，先后有上百个小部落在这里生息繁衍。这些部落分属克丘亚、艾马拉（科利亚）、莫奇卡和普基纳（乌鲁）四大语系。操克丘亚语的印加部落，仅占据库斯科谷地小块地盘，相比要落后许多。根据传说，一个名叫曼科·卡帕克（Manco Capac）的人建立了库斯科城，他和妻子玛玛·奥柳是太阳神创造的最早儿女。曼科·卡帕克成为印加开国君王。在15世纪以前，印加人的活动范围局限于库斯科城周围地区，最高组织形式是部落联盟，所谓"国王"实际上是大酋长。到1438年第9代国王帕查库蒂继位后，印加才开始强盛起来，印加历史也由先前的片断民间传说变成具体可考的真正历史。[2]

帕查库蒂·尤潘基（Pachacuti Yupanqui，1438—1471年在位）是印加历史上一位最有名望的君主。15世纪初，外族入侵，国王维拉科查和长子逃入深山避难。身为次子的帕查库蒂在危急

---

1 重要代表作如（秘）印卡·加西拉索·德拉维加：《印卡王室述评》，白凤森、杨衍永译，商务印书馆1993年版。
2 Brian S. Bauer, *Ancient Cuzco: Heartland of the Inca*, University of Texas Press, 2004, pp. 76-80.

关头挺身而出，奋起迎敌。1463 年他联合其他克丘亚部落，率军与入侵者展开决战，取得了决定性胜利。据印加人对这次战役的描述，在关键时刻，连城内的石头都在帕查库蒂的命令下变成了战士。战争结束后，这些石头被收集起来放置在城里的神社中。[1] 这一年成为印加编年史上第一个有确切记载的年份，也是他登上印加王座，开创印加发展新时期的开始。

帕查库蒂不仅是骁勇善战的英雄，而且是一位卓越的组织者和政治改革家。帕查库蒂，在克丘亚语中就是"大地震撼者"或"变革"的意思。他采取种种措施，加强集权统治：大力推崇太阳神，把太阳神庙变成全印加的圣殿；在全国范围推广克丘亚语，让被征服民族学习印加人的母语，要求从婴儿开始人人会讲；重新规划首都建设，把库斯科建成军事战略要地和全国政治经济文化中心。帕查库蒂的统治，奠定了印加帝国大业的基础。

继帕查库蒂之后的图帕克·尤潘基（1471—1493 年在位）和瓦伊纳·卡帕克（1493—1525 年在位）继续对外征讨，开拓疆土。1476 年，印加帝国兼并了大国奇穆，接着北进夺取基多，南向攻取纳斯卡地区，穿过阿塔卡马沙漠，到达今智利中部。瓦伊纳统治时期，印加帝国达到了它的极盛期，其疆域南北绵延 4 000 千米，面积相当于法国的 6 倍，人口达 1 000 万。这个强大的美洲帝国，被后人称为"新世界的罗马"。

---

[1] （美）克里斯蒂娜·胡恩菲尔特：《秘鲁史》，左晓园译，东方出版中心 2011 年版，第 18 页。

1531年，瓦伊纳死后，[1]长子瓦斯卡尔与异母弟弟阿塔瓦尔帕争夺王位，爆发内战。1532年，阿塔瓦尔帕取得了王位，但这场内战使双方都遭受重大伤亡，印加国力大为削弱。同年，西班牙殖民者入侵印加，翌年，杀害阿塔瓦尔帕，占领库斯科，印加帝国灭亡，南美最辉煌的文明在殖民者铁骑下宣告终结。

三、一个管理有方的帝国

印加人创建了古代美洲历史上空前强大的帝国。这个帝国拥有庞大的人口，他们原属于不同部族且分散居住在生态环境各异的广大区域，地跨今天秘鲁、玻利维亚、厄瓜多尔、智利和阿根廷。印加统治者对这个纷繁复杂的社会进行了有效的治理。

印加帝国建立了一个庞大的官僚体系，实行高度中央集权化统治。印加帝国的正式名称叫"塔万廷苏约"（Tahuantinsuyo），意为"四方联为一体的区域"。他们以首都库斯科为中心，按东南西北分成4大区，即东部安蒂苏约、西部孔蒂苏约、北部钦查苏约、南部科利亚苏约。根据这样设计，对外占领的土地随时都可包括进来，表现了他们无限扩张的野心。大区之下设若干行省（Wamani，瓦马尼），省之下设县（Saya，萨亚），每个县由若干村社组成。

高居社会权力结构顶端的是印加国王，被称为"萨帕印加"。

---

[1] 一说瓦伊纳死于1523年。

他以太阳神化身自居，主持各种重大宗教仪式，掌握宗教、立法、行政和军事的各项大权。他的话就是法律，谁也不得违抗，各级官吏皆由他任命，全国20万大军由他统领。掌管大行政区的长官叫卡帕克·阿普，是地位仅次于印加王的最高官吏。国王和四个大区长官，组成"最高理事院"，为帝国最高行政机构。其下设置从万户、千户、百户到十户的各级官员，将国家权力的触角伸展到社会的最基层，建立了高度等级化的权力金字塔。此外，还有国王指派的"巡视官"遍布全国各地。如此严密的组织管理，使国王得以牢固掌握全国的政局和动态，包括从十户长逐级呈报上来的每月出生和死亡的男女人数等最新信息。印加帝国被称为有史以来世界上最成功的集权国家之一。

高级官吏为王族成员所垄断，王族包括国王的兄弟、子嗣及原印加12个氏族的成员。他们被称为"生来的印加人"。王族实行内婚制，以保证继承人血统的纯正。他们地位显赫，喜爱佩戴一种大的耳环，西班牙殖民者由此把他们称作"大耳朵"。[1] 也有一些归顺的国君，被赐予印加人特权，担任了高级职务。

对于被征服的国家和地区，印加帝国一般采取"间接统治"的方式将它们纳入帝国体系。甘愿归顺的君主，通常原地留任，但要将儿子送到库斯科接受王家教育，以示忠诚；学成返回故里，子承父位，为帝国效力。对于征服后不服从统治的国家和地区，则实行"移民制度"。具体做法是把较早归顺并效忠印加

---

[1] Benjamin Keen, *A History of Latin America*, Fifth Edition, Houghton Mifflin Company, 1996, p. 35.

国王的村落,集体迁入那些存在反叛隐患的新征服国家和地区,并相应地把那里部分村落强迫迁往统治相对稳定的地区。一些有专业手工技艺的族群,常被集体迁往库斯科统一安置。帝国力图以此确保对广大征服地区的控制,以及促进印加语言、宗教、政治法规以至生活方式的推广和统一。

在社会基层,则广泛保留了传统的氏族制度。地方行政单位以村社"艾柳"(ayllu)为基础。土地名义上归印加王所有,实际上由村社支配和使用。一个村社通常由相邻的多个村落所组成。这些村落有的纵向分布于不同的生态区,高山上放牧羊驼,湿热低地种植作物。土地分配采用"三分法",即把全部土地分为太阳田、印加田和村社田。村社成员先要耕种神庙的太阳田和王室的印加田,收获物归神庙或入国家粮仓,这样做就相当于完成了向国家缴纳贡赋。最后耕种村社的土地。村社田,按人口平均分配给每个家庭耕作,不得买卖,可以继承。收获物归各户所有,不必再向上缴纳,但一小部分用作公共储备,以应对各种紧急需要。

印加在古代美洲以具有完善的社会保障体系而出名。国家设立各种储备库,保存以劳役形式征收的粮食、衣服、棉花以及其他各种物资,供王室及军事支出,同时也用以救灾济困。孤寡老人的土地由村社成员共同耕种,他们的生计得到了保证。印加由此被描绘成一个"人人有衣穿,没有乞讨穷人"的社会。[1]

---

[1] (秘)印卡·加西拉索·德拉维加:《印卡王室述评》,白凤森、杨衍永译,商务印书馆1993年版,第305页。

然而，印加帝国对自己的子民们的控制却十分严厉。老百姓被编组管理，并按年龄加以分类，如16~20岁的被称为"候选王家信使"，20~40岁的被称为"武士"。凡20~50岁的男子都要承担国家分派的各种形式的劳役，并通过一种"米达制"在全国范围内统一调配，为帝国提供源源不断的劳动力。"米达"，意思是轮换，根据规定，每个村社都要按比例抽调成年男子轮流服役，如修建庙宇、筑路、修渠、开矿以及充当贵族仆役等。有一种宫廷仆役——指派一个村社专门负责宫内某项杂务，如当轿夫、厨师等——若有过失，全村同罪。帝国拥有庞大军队，士兵也通过米达制选拔。阿兹特克主要向臣民征收贡赋，而印加帝国主要通过实行劳役聚敛财富。这种劳役制度对广大村社农民来讲是沉重的负担，但造就了帝国的繁荣。此外，另有一种从事特殊差役的"亚纳科纳"（yanacona），最先是把战败部落降为世代为奴，后来变成从战败部落中挑选精壮青年，以纳贡的形式献给印加族权贵服劳役。

帝国的有效治理，最集中反映在印加"王家大道"的修建上。帝国疆域辽阔，地区间多有高山大河相阻隔，交通极为不便。这既不利于疆土的统一，也不便于日常的管理。因此，印加在发动对外征讨的同时，就动用大量人力修筑道路。往往路修到了哪里，哪里就被归属于帝国统治之下，有的为大军所征服，有的则闻"路"丧胆，不战而降。这样，一条条道路被连接和延伸，最后印加人建成了贯穿全境、全长约1.8万千米的大道，随之也完成了统一大业。这些道路很大部分是瓦里人、奇穆人等在几个世纪以前陆续修建的，然而，正是印加帝国修复、连接和延长了这些道路，最终以库斯科为中心，将帝国境内所有城镇连为一体。

主干道有两条，一条为高原大道，从今厄瓜多尔，穿过秘鲁、玻利维亚至阿根廷和智利，另一条为沿海大道，从通贝斯沿海岸直至智利中部。两条主干道之间又有无数支线，形成四通八达的道路网。每隔三四十千米，建有"坦博"，用于储备粮食和武器以供随时调用；每隔三四千米设有驿站，驻年轻力壮信使，以接力方式快速传递信息。道路宽度依地形不同而不同，有的干道宽达六七米，逢高山开隧洞、建梯道，遇狭谷急流，则架缆绳编织的悬桥，山道边沿修护墙，沼泽之地筑堤道。那些横跨深谷、高悬在急流奔涌的河流之上的吊桥，有的跨度甚至长达 90 米。指定的附近村社负责维护，利用山区到处生长的藤条，定期更新，确保道路畅通。印加大道的规模和工程难度可以与罗马帝国和同时代欧洲的任何道路系统媲美，曾亲赴美洲实地考察的亚历山大·洪堡称印加大道为"世界最伟大的工程"。印加帝国借此传达命令、调迁军队和物资，对于巩固帝国统治、促进地区间的经济和文化交流起到了很大的作用。

就这样，一个幅员辽阔而政治统一、经济一体和文化趋同的强大帝国在安第斯地区创建起来。

四、至高无上的太阳神

随着全国范围内政治上的统一,印加帝王也力图实现宗教上的统一。太阳神被奉为主神,太阳神崇拜实际上成了印加帝国的国教。与玛雅和阿兹特克相比,印加的宗教文化具有两个明显的特点:一是太阳神崇拜成为全国最广泛的宗教信仰;二是国王被说成是太阳神的直接化身,以此强化神权政治。

在安第斯地区,每个部落最初都有自己的信仰,其中最为流行的是瓦卡崇拜。瓦卡(huaca),是指受崇拜的圣地或圣物,通常与神话传说中的某个地点或物体相关联,如洞穴、山峰、泉水、河流、湖泊,或者一块石头、一件先人遗物等。自然界的日、月、星辰,更是他们重要的崇拜对象。生活在高寒山区的印加人,把太阳神称作印蒂(Inti),视为自己部落的保护神。

印加人在征服安第斯地区后,大力提升了太阳神的地位。根据印加人的创世传说,最早的一位创世神,叫维拉科查,正是他在的的喀喀湖创造了大地、人类及其他一切生命,还创造了包括太阳、月亮和星辰在内的诸神灵。维拉科查也是人类文明的创造者和传播者。在完成了这一切创造之后,他即隐身而去,让其他神灵管理世界。这些神灵以太阳神为首,于是,太阳神就代表维拉科查掌管世界。

太阳神是印加人的祖先,印加国王就成了太阳神在人世间的代表,那么,印加国王就成为神圣不可侵犯的了。

印加人在宗教上的这个重大转变,发生在帕查库蒂执政的年代。帕查库蒂在军事上奠定帝国基业的同时，大力推行宗教方面的改革。他的一个重大举措是在库斯科和全国各地大力兴建太阳神庙，作为帝国精神上统一的重要象征。他修建万神殿，允许供奉被征服各族的神灵，但宣称太阳神印蒂具有至高无上的地位。首都库斯科被视为"离太阳最近的城市"，印加人在这里兴建了最为壮观的太阳神庙。

神庙由一个主殿和几个配殿组成，全部用打磨过的巨石建造。殿堂采用大量金箔装饰，故又有"金宫"之称。主殿供奉着太阳神像，这是一张拟人化的面孔，雕绘在一个巨大的金盘上，占据了整整一个墙面。每天当太阳升起，神像就会发出耀眼的光芒，令人肃然起敬。在太阳神像之下是历代印加王的木乃伊，他们作为太阳神的子孙被一一供奉在用黄金打造的御椅上。同样精心建造的配殿分别是月亮神、金星神、雷电神和彩虹神的圣堂。在太阳神庙之旁，有一座"黄金花园"。园中鲜花盛开，飞禽走兽，栩栩如生，也都是用黄金和白银制作的。这座古代美洲最为壮观的建筑后来被殖民者夷为平地，无数艺术珍宝也被洗劫一空，太阳神庙坚实的巨石地基上盖起了圣多明各教堂。

太阳神庙附近还设立了"贞女院"，生活在这里的，是为太阳神印蒂的祭祀礼仪服务的少女们，她们被称为"太阳贞女"。这些少女在8岁就从各地挑选而来，集中于首都贞女院中，进行统一管理和教育。她们的职责是守护太阳神的圣火，让它永不熄灭，她们还要学习多种技艺，为王宫、贵族和祭司编织精美的衣服饰物，酿造玉米酒，制作各种食物和祭品。她们终身幽居在高墙深院内，要求严格保持童贞，其中长得美丽的贞女将被选送入宫，或用作牺牲，献祭太阳神。有时，她们也被帝王用来与外族统治者联姻，以结成某种联盟。仅库斯科，太阳贞女人数就多达 500 人。

在太阳神庙经常要举行大型祭祀仪式。安第斯地区也盛行杀生祭祀，但多数情况下，采用动物来取代活人做牺牲品。祭品有羊驼和豚鼠，其他还有纺织物、古柯叶或地方农产品。印加社会是否存在人祭？西班牙亲历者的记述中，并未有过这方面的记载，印加人也没有书写文字可供查考，这使得后人对他们人祭习俗的细节了解甚少。但考古发掘证明，活人祭献在不少场合，仍被保留下来。当国王去世或新君即位时，要求用儿童献祭；在为重大军事胜利举办的庆功典礼上，被俘的武士也被用来作为祭献品；当发生瘟疫、饥荒或其他自然灾害，也需要举行人祭。那些太阳贞女，一旦被选中与太阳神成亲，就要在庆典仪式中被活埋或用绳子勒死，以献神灵，通常还有实物陪葬，如精美衣服，着装的金、银、铜和贝壳人像，羊驼小雕像以及陶器等。儿童和太阳贞女被献祭前，人们有时会先将他们用玉米酒灌醉，或使用迷幻药使其昏迷。举行与战争有关的人祭仪式时，人们经常咀嚼古柯叶和某种仙人掌，有时也使用烟草。

在印加帝国末期，一个叫作坦塔·卡尔瓦的姑娘被选为太阳神的新娘。她是一位地方酋长的女儿，当时年仅 10 岁。而为此感到庆幸的是她的父亲。因为他可以享受到崇高的荣誉，以此提高自己在地方上的地位，并有权把自己的职位传给儿子。最后，在举行有国王参加的盛大庆典后，卡尔瓦被活埋在她家乡的一个山顶上。令后来的西班牙传教士惊奇的是，在她死去100年之后，她的族人仍到埋葬她的山上，为她献祭羊驼和豚鼠，祈求她保佑一方平安。

印加人盛行祖先崇拜，并且有着特殊的仪式。如像古代埃及那样，他们把死者制作成木乃伊，使其穿上盛装，佩戴首饰，放置在特殊的建筑物或山洞里。国王的木乃伊受到特殊的尊重，被供奉在太阳神庙里。喜庆的日子，人们就把"他们"请出来参加庆典，为"他们"献上美酒佳肴，甚至在出征时把"他们"抬到战场上，祈望"他们"保佑旗开得胜。安第斯山区气候寒冷干燥，这些木乃伊以及用以层层包裹的纺织物和陪葬物，得以长久地保存下来，成为供我们了解印加历史文化的珍贵文物。

五、发达的梯田农业

印加人生活在自然条件十分严酷的安第斯地区。这里，大部分区域山高谷深，地处热带却又旱又冷，不利于农业的发展。但印加人继承山地民族的优秀传统，在前人的基础上，大力垒石造田，筑渠引水，使整个山坡变成了出产丰盛的层层梯田，发展起来了以梯田为主要特色的集约型农业。

建造梯田的一般做法是，在山脚下先用石块垒起三道墙，正面一道，两边各一道，墙体略向内倾，以增强承受力，然后向墙里填土，直到与墙齐平。第一层梯田建好后，再建地块较小的第二、第三层,层层往上,直至山顶。底层面积最大,有的可达几百英亩[1],到上面最小的只能种两三行玉米,充分利用了每一寸的土地。与之相配套,印加人凿石修渠,建起了规模宏大的水渠和地下管道,引山顶上不断融化的雪水进行灌溉;在峡谷间架设引水槽渠,有的槽渠长达1 400米。这样大规模的梯田工程,没有统一的组织动员是不可能完成的。古代南美的梯田,有许多今天仍在发挥其功能。

耕作工具十分简单,尖头包有金属片的掘土棒是他们的主要生产工具。但他们讲究施肥,山区使用羊驼粪、人粪;沿海地区用鸟粪作为肥料。沿海无人居住的小岛上,历年形成的鸟粪堆积如山,是一种高效有机肥,印加人很早就加以开发利用。施肥和灌溉弥补了生产工具方面的不足,使农业达到了集约化的水平。

农作物品种甚多,印加人因地制宜培植不同作物。在沿海河谷地带和有灌溉条件的山区,多种植玉米;在缺水的山地,多种植马铃薯、木薯和红薯等块茎、块根作物。安第斯高原是美洲薯类作物的发源地,山区印第安人历来以此为主要食粮。其他作物有菜豆、木瓜、辣椒、花生以及棉花、烟草、古柯等。

帝国建有牧场,饲养小羊驼和大羊驼。如同农业用地的分配方法,牧场用地亦一分为三,但农民每户最多只能饲养10只小羊驼或大羊驼。大羊驼,又被称为秘鲁羊,似鹿大小,高4英

---

[1] 1英亩约等于4 047平方米。——编者注

尺，可驮物100磅，是南美山区的主要载运工具，其肉可食，毛用于纺织。小羊驼，高3英尺，不能载重，仅供肉食和纺织。大羊驼是古代美洲唯一可用作驮畜的动物。

在帝国严格的统制经济体制下，贸易很不发达，没有货币流通。食物、衣料以及其他生活必需品的交流和分配，都由国家所控制，这些物资都存放在按战略需要设置的仓库里。民间有集市贸易，山区和沿海地区的人们互相交换物品，但数量很有限。印加社会没有乞讨者，但民众的生活甚为简朴清贫，少有剩余之物可用于交换。农民住在简陋的茅屋里，男人穿无袖齐膝衣衫，妇女着齐踝筒裙，自纺自织，过着自给自足的生活。

六、安第斯山上的文明之花

在百余年间崛起的印加人，是一个甚至比阿兹特克还年轻的印第安民族。印加文化融合了安第斯地区各族先进文化传统，续写了新的辉煌。

印加人以善于营造"巨石建筑"著称。所用石块重达数吨乃至上百吨，石块之间不施灰浆，随形就势，咬合紧密。建筑物几乎没有装饰，只为方便搬运，加工时在石块表面留有瘤状突出部，这倒成了印加巨石建筑的一个特殊标志。

巨石建筑的代表作，除太阳神庙外，还有马丘比丘城堡和萨克萨瓦曼城堡。

马丘比丘，在克丘亚语中意为"老峰"，这座城堡距库斯科

75千米，位于安第斯山脉两个山峰间的山脊上，地势极其险峻。东、西、北三面为悬崖峭壁，仅南面一条崎岖小道可供出入。一条依山而建的带城壕的高墙与外界相隔，城门位于山脊的高处。城内有一个长方形的中心广场，四周还有几个较小的广场和许多阶梯或平台。广场周围建有宫殿、庙宇、住宅、仓库，各种建筑不下200处。门窗和壁龛呈梯形，表现了典型的印加风格。建筑材料为当地的花岗岩，墙体厚重，房屋之间有石道相通。在较低山坡上开有层层梯田。印加人擅长利用地形变化，把建筑结构与安第斯山自然景色融为一体。这是南美安第斯山上最富神秘色彩的古迹。通过对文物、遗骸和书画记载的研究，目前的观点认为，马丘比丘是印加王帕查库蒂的一个度假地，很可能从来未有过很多人口，而且很可能在这个国王去世后就被废弃了。在1911年夏天美国耶鲁大学历史学教授海勒姆·宾厄姆三世（Hiram Bingham III）在印第安人向导的带领下到达这里以前，马丘比丘一直不被外界注意，而现在它成了秘鲁最热门的旅游目的地之一。[1]

另一座是著名的萨克萨瓦曼城堡，建于库斯科城北200米高的小山上，为首都的主要防御工程。这个建筑群上下三道围墙，每道墙高18米，外道墙长达550米，均以巨石砌成。用于建堡的巨石中有一块高8米，厚3.6米，重约200吨。城堡顶部平台上有房舍、塔楼以及应急用的粮仓等建筑。令人惋惜的是，西班

---

[1] （美）克里斯蒂娜·胡恩菲尔特：《秘鲁史》，左晓园译，东方出版中心2011年版，第32页。

牙殖民者拆除了萨克萨瓦曼城堡的顶部,将小块石头用于他们在库斯科修造建筑物,仅留下了石块过于沉重而难以搬移的底部。在今天的遗迹中,尚存的石块结合得十分紧密,连一块刀片也插不进去。[1]

印加在金属冶炼和加工方面,在古代美洲位居前列。他们会冶炼铅、锡、铜、银、金及这些金属的合金,但不知用铁。工匠们掌握了铸造、锻造、压模、焊接和镶嵌等多种技艺,广泛使用铜器和青铜器。用金、银、铜打制首饰,用铜、青铜制成刀、斧、剑等生产工具和军事武器,皆有很高的工艺水平。

在纺织、制陶、文学音乐等多个领域,印加也都有自己的创造。纺织品花色多样,做工精细。沿海地区用棉花为原料,山区多用羊驼毛纺织,尤以光洁柔软的小羊驼毛为优。纺织物图案多样,色彩丰富,有时配以羽毛,更加绚丽多彩。陶器制作,在磨光、色彩及人物和动物造型方面都有新的创造,带有图案花纹的尖底陶瓶为一大特色。

帝国设立培养专门人才的学校,以王室贵族(包括被征服地区的贵族)子弟为对象,传授印加的天文历法、典章制度、军事知识和各种工艺技艺。学制长达4年,他们学成之后充任各级行政官员、武士或祭司。祭司被尊称为"阿毛塔"(Amauta),意为智者、哲人。[2]

---

[1] (秘)欧亨尼奥·陈-罗德里格斯:《拉丁美洲的文明与文化》,白凤森等译,商务印书馆1990年版,第268页。
[2] 秘鲁共产党创始人马里亚特吉,把他所创办的刊物定名为《阿毛塔》。

古代秘鲁人是否有文字系统，尚是一个疑问。学者认为曾有过某种图画文字。现在我们只知道印加人有一种被称为"基普"的结绳记事法。在一条稍粗的横绳上系上一条条细绳，颜色不同的绳子上打着各种结，用以记录各种物品的数字乃至重大事件。人们需要接受高等教育才能记录并"阅读"基普上的信息。依靠基普，他们把偌大帝国范围内的人口物资管理得井井有条。

印加历法分太阳历和太阴历，太阳历一年365天，太阴历一年354天，一年均12个月。

印加人在医学方面积累了丰富的知识，熟知的草药达600种之多，常用药材有奎宁、古柯、地黄等。他们尤以外科手术见长，这可能同经常发生战争有关。他们使用铜制小刀开颅，用从古柯叶中提取的可卡因或奇恰酒作为麻醉剂，可以熟练地从受伤的头部取出碎骨片。他们制作的木乃伊，至今保存完好。

在古代美洲核心区，最后形成了玛雅文明、阿兹特克文明和印加文明。它们都继承了古代美洲悠久的文化传统，因而具有一些共同的特征。但它们各自又是沿着不同路径发展起来的，呈现了不同的特点。玛雅充分表现了古代美洲人的智慧，在文字、数学、天文历法和建筑方面的成就令世人称奇；阿兹特克崇尚武功，以此建立起一个军事强国；而印加则凭借其管理才能在安第斯高原创建了古代美洲的大帝国。

第五章

新旧大陆两大文明的汇合

1506年5月20日,克里斯托弗·哥伦布穷困潦倒地死于西班牙的巴利亚多利德。在塞维利亚的陵墓上,铭刻着下面的词句:"为卡斯蒂利亚王国和莱昂王国／哥伦布发现新大陆功不可没"。[1] 可是,直到生命的最后一息,哥伦布也没有明白自己曾冒着艰难险阻、四次航行到达的是什么地方,更不会想到,他的航行会给世界带来什么样的巨大变化。

15世纪末和16世纪初,在大西洋两岸,存在着四个大帝国。一边是阿兹特克帝国和印加帝国,另一边是西班牙和葡萄牙。它们兴起的时间都不是太久,都建立了高度的中央集权,都处于领土扩张之中。它们代表了两种完全不同的人类文明,但相互之间一无所知。1492年哥伦布的航行,终于使这两大文明汇合,由此也拉开了一个崭新的历史时代的序幕。

---

[1] (秘)欧亨尼奥·陈-罗德里格斯:《拉丁美洲的文明与文化》,白凤森等译,商务印书馆1990年版,第52页。

一、哥伦布和美洲的"发现"

1415年,摩洛哥港口城市休达(Ceuta)被葡萄牙人攻陷。休达是一个著名的穆斯林贸易中心,商队从这里穿越沙漠到达廷巴克图(通布图的旧称),与尼日尔盆地的黑人进行易货贸易,带回象牙和黄金。参与夺取休达的葡萄牙亨利王子希望,通过占领这个非洲据点,不仅可以获得黄金,还能到达传说中东方的基督教统治者约翰长老的土地,与这个统治者结成同盟,对穆斯林形成合围之势。

对休达的征服标志着葡萄牙的扩张已越出了半岛的范围,伊比利亚半岛上从穆斯林手中收复失地的运动演变为向海外的殖民扩张。但是,葡萄牙对休达的征服并未达到亨利王子所期望的目标。北非的穆斯林顽强反抗,葡萄牙的人力、物力资源又太少,根本无力打通前往黄金产地和约翰长老的王国的通道。

既然陆路不通,就走海路。1419年,亨利王子在葡萄牙东南端多山的圣文森特角的萨格雷斯建立了总部,在这里召集了一批航海专家和科学家。在附近的拉各斯港口,他开始建造更结实、更大的船,配有罗盘和天体观测仪。1420年起,他派出一艘艘船只在非洲的西海岸不断探险,要求每一位船长都要搜集关于海流、风向等的资料,并且要比上次航行的行程更远。大约在1418年或1420年,他们驶抵马德拉群岛;1427年,葡萄牙人航行至亚速尔群岛,1432年占领该群岛;1434年驶至博哈多尔角。1460年亨利王子去世以前,这群航海家已航行到3 000英里之外几内亚湾的非洲海岸,经营利润可观的金粉和奴隶贸易。1488年,巴托洛梅乌·迪亚斯绕过了好望角,打开了通往印度的水上航线。

并非所有人都认为绕道非洲是通往神秘的东方的最佳路线。1474年,佛罗伦萨科学家保罗·托斯卡内利给葡萄牙国王写信,劝说国王派船直接横渡大西洋到达东方,他认为这条西行路线比通过几内亚航行的路线要短。此信引起了一位意大利航海家克里斯托弗·哥伦布的关注。经过仔细研究,哥伦布坚信,横渡大西洋,可以很容易地从欧洲到达东方的日本和中国。其实,哥伦布过低估计了地球的周长,过高估计了亚洲的面积和向东延伸的幅度。当时的欧洲,凡受过教育的人都相信地球是圆的,在这一点上,没有人对哥伦布提出异议,但对欧洲和亚洲之间的海上距离,有人认为比哥伦布估计的要长。事实证明,哥伦布的反对者是对的。1484年,住在里斯本的哥伦布请求葡萄牙国王约翰二世资助他向西航行,但一个专家委员会在听取了哥伦布的计划后,建议国王予以拒绝。

在葡萄牙碰壁后,哥伦布来到西班牙,请求西班牙王室的资助。当时的西班牙,实际上只是卡斯蒂利亚和阿拉贡两个王国结成的联盟。1469年,卡斯蒂利亚国王亨利四世的妹妹伊莎贝尔和阿拉贡国王约翰二世的儿子费尔南多结婚。1474年,亨利四世去世,伊莎贝尔宣布自己为卡斯蒂利亚女王;1479年,约翰二世去世,费尔南多继承阿拉贡王位。这样,伊莎贝尔和费尔南多就成为卡斯蒂利亚和阿拉贡的共同统治者。这两位君主在促成两个国家统一的同时,加紧完成收复失地的事业。1492年,穆斯林在伊比利亚半岛的最后一块阵地格拉纳达最终陷落,受胜利所鼓舞的伊莎贝尔女王终于被哥伦布说服,同意资助他进行向西穿越大西洋的航行。在格拉纳达郊外的圣菲,哥伦布与王室达成协议,他被任命为所有新发现土地的世袭总督与总管。他还被封为世袭的海洋舰队司令。如果成功,他所获得的回报包括在他管辖的范围内有权任命司法(并非行政的)官员,并享有易货贸易所得利润的1/10。[1]

于是,1492年8月3日,哥伦布率领三艘船——"平塔号"、"圣马利亚号"和"尼尼亚号"——从西班牙的帕罗斯港启航,经过两个多月的艰苦航行,于10月12日在巴哈马群岛登陆,"发现"了美洲,新旧大陆的两大人类文明终于实现了首次汇合。

哥伦布继续航行,首先到达了古巴北岸,他认为这是日本的一部分。继续行驶后,到达一个岛屿,哥伦布将其命名为伊斯帕尼奥拉(小西班牙),这就是今天的海地岛。在这里,西班牙人兴奋地发现了冲积的黄金和黄金饰品,当地土著人以此与西班牙人交换小饰品。1493年1月,哥伦布携带几个被他绑架的土著人启程回国,向国王报告他的发现。他声称,"我发现了许多有无数居民的岛屿",那里有肥沃的土壤、优良的港湾、繁茂的植物、清澈的淡水、鲜美的水果和奇异的鸟类,当地的土著"极其坦率和可靠,而且对他们拥有的一切东西显得异常慷慨大

---

[1] (英)莱斯利·贝瑟尔主编:《剑桥拉丁美洲史》,第一卷,中国社会科学院拉丁美洲研究所组译,经济管理出版社1995年版,第154页。

方",很乐意用黄金交换他的船员拿出来的随便什么廉价首饰。哥伦布还发现这些居民胆怯羞涩,"容易顺从",没有自己的偶像崇拜。[1]

如果说,哥伦布第一次航行时,王室仅希望他像葡萄牙人那样建立贸易据点、从事转口贸易的话,那么,1493年他带回西班牙的消息,使王室决定对原计划进行修改。贸易与探险虽然仍是重要目标,但王室同时决定,在新世界按照收复失地运动中形成的传统进行全面的征服,坚持主权要求,传播基督教,进行移民与定居,并且对那里的土地和人民广泛进行统治。[2]

1493年,伊莎贝尔和费尔南多请求教皇亚历山大六世颁布一系列训谕,将哥伦布已发现和即将发现的土地授予卡斯蒂利亚,并在亚速尔群岛和佛得角群岛以西100里格[3]处画出一条假想的连接南北极的线,此线以西属于西班牙的探险范围。但葡萄牙国王约翰二世认为,这种划分威胁了葡萄牙在南大西洋的利益以及其绕过非洲到达东方的航线。在葡萄牙的压力下,1494年,西、葡之间签订了《托尔德西里亚斯条约》,将分界线西移至亚速尔群岛和佛得角群岛以西270里格处。葡萄牙获得此线以东发现和征服的特权,西班牙获得此线以西的同样权力。在划分给葡萄牙的东半部世界,1497—1499年,瓦斯科·达·伽马终于发

---

1 (美)谢里尔·E. 马丁、(美)马可·瓦塞尔曼:《拉丁美洲史》,黄磷译,海南出版社2007年版,第68页。
2 (英)莱斯利·贝瑟尔主编:《剑桥拉丁美洲史》,第一卷,中国社会科学院拉丁美洲研究所组译,经济管理出版社1995年版,第156页。
3 在海洋里,1里格约合5 560米。——编者注

第五章 新旧大陆两大文明的汇合

现了到达印度的航路。1500年，佩德罗·阿尔瓦雷斯·卡布拉尔奉命率船队沿着达·伽马发现的路线前往印度，船队越过佛得角群岛后，离开非洲海岸西行，于4月21日在巴西登陆，并提出了对巴西的权力要求。后来发现，巴西正处于《托尔德西里亚斯条约》划归葡萄牙的那半个世界之内。不久，葡萄牙人在巴西沿海发现了丰富的巴西木，从这一木料中提取的红色染料正是欧洲新的纺织工业所需要的。葡萄牙王室将巴西木贸易权卖给了一位商人费尔南·德·诺罗尼亚，他于1503年派出船队载运巴西木。此外，巴西还承担着守卫西部通往东方的贸易要道的战略作用。

西班牙王室委托塞维利亚副主教兼卡斯蒂利亚委员会成员胡安·罗德里格斯·德·丰塞卡负责准备哥伦布返航伊斯帕尼奥拉的工作。这次，船队有17艘船，1 200人，不但有士兵、水手和冒险家，还有手工艺人和农民，但没有妇女。另外，还带有家畜、植物种子、工具等。由此看来，其目的除了与印第安人进行易货贸易外，更重要的是定居拓殖。

1493年底，这支船队回到伊斯帕尼奥拉岛。哥伦布在岛的北岸建立了一个居民点伊莎贝尔，然后继续航行寻找日本，从古巴岛的南岸一直几乎航行到西端。该岛如此之长，以至于他以为到达了亚洲大陆。1496年，他返回西班牙，他的弟弟巴托洛梅·哥伦布将伊斯帕尼奥拉岛上的居民点迁至南岸，将新定居点命名为圣多明各。

1498年，哥伦布进行了第三次航行，发现了特立尼达和奥里诺科河的河口。回到伊斯帕尼奥拉，哥伦布发现该岛处于一片混乱之中。西班牙殖民者贪得无厌的掠夺，迫使岛上和平的泰诺人进行武力反抗。西班牙人一夜暴富的愿望没有实现，对哥伦布兄弟不满，在罗丹的率领下发动暴乱。为平息暴乱，哥伦布不得不对暴乱者实行赦免，并向岛上的西班牙人分配土地和印第安人奴隶。与此同时，王室派弗朗西斯科·德·博瓦蒂利亚取代哥伦布，担任岛上的总督，并对有关哥伦布的指控进行调查，博瓦蒂利亚将哥伦布兄弟逮捕，并将其戴上镣铐押解回国。虽然伊莎贝尔女王立即将其释放，但哥伦布再也未能在新世界履行总督和总管的职责。

哥伦布依然梦想发现一条向西通往香料群岛的路线。1502年，他进行了第四次航行。但在伊斯帕尼奥拉岛，他没有获准登陆，于是他穿越加勒比海到达中美洲沿海，然后向南航行，来到了巴拿马地峡，后在牙买加登陆。1504年，哥伦布回到欧洲，1506年去世。

"美洲的发现是偶然的，是伊比利亚人在寻求新航路、渴求与东方进行直接贸易的过程中意想不到的副产品。"[1]然而，从更深层次的意义上讲，美洲的"发现"又是必然的。它是中世纪后期西欧社会经济发展对商品和市场的需求所推动的海外扩张的必然结果。如果不是哥伦布，也总会有人完成这一重大历史使命。对此，我国著名历史学家罗荣渠教授做过精辟的论述：

---

[1] （美）E. 布拉德福德·伯恩斯：《简明拉丁美洲史》，王宁坤译，涂光楠校，湖南教育出版社1989年版，第33页。

13、14 世纪以来，由地中海意大利诸城市所推动的商业资本主义繁荣，到 15 世纪扩大到大西洋沿岸，而随着葡萄牙、西班牙等王朝国家向民族君主国的过渡，西欧的商人也愈来愈强烈地想挣脱意大利人、阿拉伯人对东方贸易的重重限制，设法与印度、香料群岛、中国发生直接贸易联系。那些支持和鼓励哥伦布们航行的西欧封建君主奉行重商主义，采取各种措施鼓励本国商人出海，如授以海外贸易的专营特权，鼓励本国造船业，保护本国海外商业利益，支持开拓殖民地，以达到增加王室金库收入和壮大国力的目的。西欧君主之所以积极支持海外冒险事业还有制度性原因，那就是西欧封建性的领主经济结构多方面限制了君主对财富的榨取，而封建国家征税的权力又掌握在贵族把持的议会手中，因此新兴君主们为应付日益增长的财政需求，都力图开辟新的财源。[1]

葡萄牙、西班牙仅仅是由于有利的地理位置、较早形成了民族君主国家而走到了欧洲国家大规模海外扩张的前列。正是在这种内在的经济力量的驱动下，继哥伦布航行后，越来越多的探险家、殖民者涌入美洲，逐步完成了对这一新世界的殖民化。

欧洲在世界各地区势不可当的贸易和殖民活动与中国的闭关锁国形成了鲜明的对比。1405—1433 年，中国的航海家郑和

---

[1] 罗荣渠主编：《各国现代化比较研究》，陕西人民出版社 1993 年版，第 14 页。

七次下西洋。郑和的远航在时间上几乎比哥伦布要早一个世纪，郑和统率的船队规模比哥伦布的要大几十倍——郑和第一次航海有62艘船，28 000人，哥伦布第一次航海只有3条船，87名海员。然而事实是，最终发现新大陆的是哥伦布而不是郑和，欧洲新航路开辟以后随之而来的是大规模的海外殖民扩张，而中国郑和的远航在1433年皇帝下了一道命令后就立刻销声匿迹了。这种巨大的反差曾引起中外学者的广泛关注。其实，根本性的原因在于中国社会与西方社会的根本不同。中国高度集权的保守的经济结构表明，明王朝的经济政策是内向的，它的海外活动完全着眼于国内政治。下西洋主要是为了确保南洋海道的畅通，以重新确立海外册封制度，恢复洪武初年诸藩朝贡的盛况，遂满足封建帝王"君主天下""御临万方"的虚荣心。[1]正因为如此，中国和西欧在海外事业上的做法迥然不同：中国人航海的组织者和领导者郑和是一个宫廷的太监，而不是一家股份公司；郑和所筹划的航海活动要得到皇帝的批准，而不是为公司的股东谋求红利；郑和携带回国的是为宫廷提供消遣的斑马、鸵鸟、长颈鹿等，而不是能在国内市场上生利的货物。在中国，皇帝一道命令就结束了海上活动，这在欧洲却是完全不可思议的。当时，欧洲各国君主之间和股份公司之间都在进行激烈角逐，力争从他们的海外事业中攫取最大限度的利润。[2]

---

1 罗荣渠主编：《各国现代化比较研究》，陕西人民出版社1993年版，第14—15页。
2 （美）斯塔夫里亚诺斯：《全球分裂——第三世界的历史进程》，上册，迟越、王红生等译，商务印书馆1993年版，第31页。

二、美洲的殖民化与两大文明的冲突

哥伦布"发现"新世界之后，西班牙人继续寻找通往东方的航路。1513年，胡安·庞塞·德·莱昂勘察了佛罗里达海岸。同年，瓦斯科·努涅斯·德·巴尔沃亚穿越巴拿马地峡，到达太平洋沿岸。1516年，胡安·迪亚斯·德·索利斯发现了拉普拉塔河口。此后两年，弗朗西斯科·埃尔南德斯·德·科尔多瓦和胡安·德·格里哈尔瓦则在尤卡坦海岸航行。但只有费尔南多·麦哲伦最终找到了通向东方的航路。1519年，麦哲伦开始长途航行，1521年在菲律宾被土著杀死，胡安·塞瓦斯蒂安·德·埃尔卡诺最终完成了这人类历史上的第一次环球航行。这次航行最终证实向西可以到达东方，但同时证实，西行水路比葡萄牙人采取的非洲路线要长，也更为艰难。但与此同时，西班牙殖民者对墨西哥的征服揭示出，新大陆拥有的金银财富比西班牙期望从亚洲贸易中获得的财富要多得多。西班牙意识到，它不需要通往印度的路线。美洲不再被看作通往东方的障碍，而一下子变为了百宝箱。美洲成为西班牙殖民者关注的中心，对美洲的殖民征服迅速扩大。[1]

其实，西班牙对美洲的殖民征服与探索通往东方的航路是同时展开的，最初的征服集中于西印度群岛。1501年，尼古拉斯·德·奥万多被任命为伊斯帕尼奥拉的总督。1503年，他得

---

[1] （美）E.布拉德福德·伯恩斯：《简明拉丁美洲史》，王宁坤译，涂光楠校，湖南教育出版社1989年版，第34—36页。

到王室的批准，实行委托监护制。根据这种制度，一定数目的印第安人被"委托"给某个西班牙人（委托监护主），由他以及他必须聘请的教士向交托给他的印第安人传授基督教教义和欧洲文明要素，并且要保护印第安人。作为回报，政府授予他获得一定数量的劳动力、贡物或现金的权利。[1] 为了便于进行分派，印第安人被重新安置，由他们的首领负责为西班牙人提供劳力。与此同时，奥万多鼓励养牛、种植甘蔗。早在1493年，西印度群岛上就开始种植甘蔗，到1520年，伊斯帕尼奥拉岛上至少建立了28家糖厂。实行委托监护制的结果，加剧了岛上的印第安人死亡的过程。在20年的时间里，伊斯帕尼奥拉岛上的印第安人从几百万人迅速下降到2.9万人。[2] 为了保持劳动力的供应，岛上的殖民者一方面向邻近岛屿发动袭击，猎取印第安人奴隶，另一方面引进黑人奴隶。1505年，首批黑人抵达该岛。岛上人口的减少，还促使西班牙人向其他岛屿移居。1508年，他们开始向波多黎各殖民，1509年开始向牙买加殖民，1511年开始向古巴殖民。1514年，佩德拉里亚斯·达维拉被西班牙国王任命为巴拿马地峡的都督，他于1517年以叛国罪将巴尔沃亚逮捕并处死。两年后，达维拉建立了巴拿马城。

此后，分别以古巴和巴拿马为据点，形成了两个巨大的征服圈。1516—1518年形成第一个征服圈，从古巴席卷墨西哥

---

[1] （英）莱斯利·贝瑟尔主编：《剑桥拉丁美洲史》，第二卷，中国社会科学院拉丁美洲研究所组译，经济管理出版社1997年版，第223页。

[2] Benjamin Keen, *A History of Latin America*, Fifth Edition, Houghton Mifflin Company, 1996, p. 79.

（1519—1522），摧毁阿兹特克帝国，然后自墨西哥高原中部向南、北方向辐射，逐步征服了北美洲和中美洲。另一个征服圈始于巴拿马，1523—1524 年向北推进到尼加拉瓜，1531—1533 年取道太平洋往南，征服了印加帝国。征服者以秘鲁为基地，与来自委内瑞拉和拉普拉塔地区的殖民者共同完成了对南美洲的征服。[1] 在其中，尤以科尔特斯对阿兹特克帝国的征服和皮萨罗对印加帝国的征服最具关键性，也最有戏剧性。

1511 年，一艘西班牙帆船在牙买加岛外浅水区触礁沉没，20 余名船员登上救生艇，在海上漂流了 13 天，直到海风和洋流将他们带到了尤卡坦半岛岸边。他们一上岸，就被当地的玛雅人抓住，船长瓦尔迪维亚等人被当作人牲杀死，也有人因病而亡。只有赫罗尼莫·德·阿吉拉尔和贡萨洛·格雷罗两人侥幸逃脱。他们随后又被其他部落的酋长抓住，成了玛雅人的奴隶。两人此后走上了完全不同的人生道路。这是西班牙人在尤卡坦半岛上首次登陆，实际上源于一场海难事故。

1517 年 2 月，遵照古巴总督迭戈·贝拉斯克斯的命令，弗朗西斯科·埃尔南德斯·德·科尔多瓦率领 110 人组成的探险队，乘三艘船从圣地亚哥启航西行，抵达尤卡坦半岛，沿海岸航行到坎佩切湾。这是西班牙人第二次在尤卡坦半岛登陆。这支队伍与当地玛雅人发生了冲突，冲突中，1511 年因海难登陆、后来幸存的贡萨洛·格雷罗站在玛雅人一边，指挥作战。此时，

---

[1] （英）莱斯利·贝瑟尔主编：《剑桥拉丁美洲史》，第一卷，中国社会科学院拉丁美洲研究所组译，经济管理出版社 1995 年版，第 165—166 页。

他已经完全融入玛雅人，与玛雅人结婚，并育有三个孩子。战斗中，科尔多瓦身负重伤，返回古巴后不久去世。

1518年4月，胡安·德·格里哈尔瓦从圣地亚哥启航，沿着墨西哥海岸航行，先后在科苏梅尔岛、钱波通（Champotón）以及今韦拉克鲁斯对面的岛屿等地登陆。在与玛雅人的接触中，西班牙人收到了礼物，包括价值4 000比索的黄金和600多把铜斧。11月，格里哈尔瓦返回古巴。贝拉斯克斯收到礼物后很高兴，当即决定组织新的远征。

这次，贝拉斯克斯挑选了34岁的埃尔南·科尔特斯。科尔特斯，1485年生于西班牙埃斯特雷马杜拉的麦德林镇一个小贵族家庭。他于1504年来到伊斯帕尼奥拉岛，1511年，作为贝拉斯克斯的秘书出征古巴，此后在古巴经营农牧业并担任各种官职。得到贝拉斯克斯的任命后，科尔特斯热情高涨，以至于被贝拉斯克斯看成竞争对手，撤回了对他的委任。但是，科尔特斯决心已定，他抗命行动，匆忙离开古巴的圣地亚哥，驶往特立尼达，然后去哈瓦那。在那里，他获得了更多的资助和人手。1519年2月10日，科尔特斯率领11艘船扬帆驶离古巴，船上载有450人和16匹马。船队首先抵达尤卡坦半岛东海岸的科苏梅尔岛。在此，他遇到了8年前因海难流落到玛雅人中间的赫罗尼莫·德·阿吉拉尔。阿吉拉尔学会了玛雅语言，成了科尔特斯的翻译。接着，科尔特斯沿着尤卡坦半岛海岸，到达了波通钱（Potonchan），并在此登陆。科尔特斯率领的远征队击败了当地印第安人，夺取了市镇。玛雅人表示效忠，并赠送礼物，包括20名女子。其中有一位来自墨西哥中部地区，名叫马林切（La Malinche），是被贩运到玛雅地区充当奴隶的。她加入了科尔特斯的队伍，接受了西班牙人的洗礼后，被称为唐娜·马琳娜（Doña Marina）。马林切会说玛雅语，又会说纳瓦特语，这使她成为科尔特斯的翻译。后来，科尔特斯跟阿兹特克使臣和首领的最初几次交谈是通过两道翻译进行的：科尔特斯用西班牙语跟阿吉拉尔讲，阿吉拉尔用玛雅语讲给马林切，马林切再用纳瓦特语讲给阿兹特克人听。[1] 但是，她作为翻译的作用被夸大了。其实，墨西哥湾南部很多人都会说玛雅语和纳瓦特语，这两种语言很接近。至少有两个西班牙人在特诺奇蒂特兰陷落前就学会了纳瓦特语。[2]

在向阿兹特克首都特诺奇蒂特兰进军途中，科尔特斯的远征队先后经过托托纳克人、奥托米人、特拉斯卡拉人、乔卢拉人的村镇。这些村镇都是阿兹特克帝国的纳贡者，但都是被迫的。他们把西班牙人的到来看作反叛阿兹特克帝国的机会。科尔特斯巧妙地利用了这些村镇与阿兹特克帝国的矛盾，以及这些村镇之间的矛盾，同时伴以军事威胁，将这些部落争取到自己这一边。西班牙人首先对奥托米人进行了大屠杀，特拉斯卡拉人不想遭受同样的命运，选择与西班牙人结盟。而特拉斯卡拉人又与乔卢拉人是敌人，他们告诉科尔特斯，乔卢拉人是阿兹特克

---

1 （美）芭芭拉·A.萨默维尔：《阿兹特克帝国》，郝名玮译，商务印书馆2015年版，第64—65页。
2 （美）迈克尔·C.迈耶、威廉·H.毕兹利编：《墨西哥史》，复旦人译，东方出版中心2012年版，第98页。

人的盟友。在他们的鼓励下，西班牙人在乔卢拉进行了一场大屠杀，随即向特诺奇蒂特兰进发。此时的阿兹特克国王蒙特苏马二世则担心，如果对西班牙人进行抵抗，这会鼓励属地内的城镇起来反抗阿兹特克，削弱自己的统治。此外，阿兹特克人传统上通常在旱季，即每年的12月到次年的4月才进行战争，因为这时收获季节已过，有更多的士兵可用，食物充足，道路易行。但当科尔特斯到来的时候，正值9月，不是战争的季节，蒙特苏马的军队没有动员起来。于是，当西班牙人和他们的印第安人盟友，特别是特拉斯卡拉人，向特诺奇蒂特兰逼近时，蒙特苏马国王派出使者，向西班牙人赠送大量礼品，同时要他们返回。但是，科尔特斯决心已定，一定要进入阿兹特克帝国的首都。其实，他已没有退路，因为西班牙人此时完全依赖印第安人盟友的后勤供应，如果他后退，盟友就会抛弃他。

1519年11月19日，蒙特苏马和科尔特斯最终在特诺奇蒂特兰南方入口处的堤道上相会。蒙特苏马允许西班牙人入城并住在前国王所建造在城中心的宫殿里。但是，科尔特斯立即将蒙特苏马扣押为人质。

1520年春，古巴总督贝拉斯克斯派遣了一支舰队，包括19艘船、20门大炮、800名步兵、80名骑兵、120名弓弩手和89名火枪手，由潘菲洛·德·纳瓦埃斯率领，前往墨西哥捉拿科尔特斯并将他带回古巴。4月20日，纳瓦埃斯在圣胡安·德乌卢阿（San Juan de Ulúa）登陆。科尔特斯得知消息，留下佩德罗·德·阿尔瓦拉多以及80名士兵留守特诺奇蒂特兰，自己率

266名士兵前往海岸，大约在5月27日抵达纳瓦埃斯的营地，路上没有受到阿兹特克人的敌视。他在夜里发动了一场出其不意的袭击，抓获了纳瓦埃斯，招降了其部下。

科尔特斯不在特诺奇蒂特兰期间，阿兹特克人举行了一年一度的托斯卡特尔节（Toxcatl），特诺奇蒂特兰广场上人山人海。庆典正在举行时，阿尔瓦拉多堵住了广场的所有出入口，全副武装的西班牙士兵冲进广场，对手无寸铁的阿兹特克人进行了大屠杀。此举大大激怒了阿兹特克人。他们将西班牙人包围在王宫内，试图将其消灭。科尔特斯得知此事，急忙返回。6月24日，他们回到特诺奇蒂特兰，进城时没有受到阻拦。科尔特斯一旦进城，立即遭到围困。西班牙人每次试图突围都被打退，而且伤亡惨重。为恢复和平，科尔特斯将蒙特苏马带到一个屋顶上，让他令其子民停止攻击。但是根据西班牙人的记述，蒙特苏马被阿兹特克人扔来的石头砸中身亡，而据土著的说法，他是被西班牙人杀死的。6月30日午夜，西班牙人在暴风雨中开始逃亡。他们在冲击第二道关卡的时候被发现了，城中响起警报，乘坐独木舟的阿兹特克人对西班牙人全力拦截袭击，逃跑中的西班牙人有三分之二丧生，近千名跟西班牙人并肩作战的特拉斯卡拉人也一同丧命。1520年6月30日被称为"悲伤之夜"。最后，只有科尔特斯和一小队西班牙人逃了出来，向北行进。西班牙人逃亡途中遇到几次抵抗，但规模较小。可能是根据传统，阿兹特克人要为被杀的阿兹特克贵族哀悼四天，也可能是因为此时正值农耕季节，阿兹特克人没有动员起大批军队。但在奥通潘（Otompan），阿兹特克人的老盟友特斯科科人试图拦截西班牙人，双方发生了激战。西班牙人侥幸逃脱，最后到达特拉斯卡拉。

在特拉斯卡拉，科尔特斯重新组建军队，准备卷土重来。1520年9月，一场天花在墨西哥谷地蔓延，造成大约40%的人丧生。死者包括在蒙特苏马之后担任阿兹特克国王的奎特拉瓦克（Cuitlahuac）。在他死后，蒙特苏马的侄子夸乌特莫克（Cuauhtemoc）被推举为新的国王。1520年12月28日，科尔特斯率军再次起程，进军特诺奇蒂特兰。科尔特斯利用土著打造了12艘双桅帆船，用来横渡特斯科科湖。8 000多名土著将船拆开运到湖边重新组装。1521年5月30日，西班牙人将重新组装好的船只下水，用以攻击堤道上的阿兹特克人，拦截过湖装运给养的独木舟，切断了特诺奇蒂特兰与外界的联系。随后，科尔特斯命令印第安人盟友在前面开路，把遇到的房子都推倒，用倒塌的瓦砾填平水渠。当阿兹特克人反击时就撤退，由西班牙步兵和骑兵来歼灭阿兹特克人。通过这种办法，西班牙人每天夺下一点地盘，然后组建兵力进攻，第二天拿下更大阵地。阿兹特克人顽强抵抗，但是未能抵挡住西班牙人的进攻。[1] 1521年8月13日，争夺特诺奇蒂特兰的战斗结束，阿兹特克国王夸乌特莫克被俘，后被处决。特诺奇蒂特兰的陷落标志着阿兹特克帝国的消亡。越来越多的西班牙人移居过来，逐渐占据了整个墨西哥和中美洲。

---

[1]（美）乔治·C. 瓦伦特：《阿兹特克文明》，朱伦、徐世澄译，译林出版社2014年版，第248页。

阿兹特克帝国被征服后，西班牙人在南美的安第斯地区发现了"另一个墨西哥"，这就是庞大的印加帝国。

弗朗西斯科·皮萨罗是一个西班牙小贵族的私生子，大约在1478年前后生于埃斯特雷马杜拉的特里西略市。他年轻时入伍，曾参加西班牙在意大利的征战。1509年，皮萨罗来到美洲，他还是1513年瓦斯科·努涅斯·德·巴尔沃亚穿越巴拿马地峡到达太平洋沿岸的探险队中的一员。他听到传言说南方有非常富裕的文明大国，于是和他的合伙人迭戈·德·阿尔马格罗一起，计划远征。

1524年9月，皮萨罗从巴拿马城出发，踏上了首次向南探险之旅。一行大约80人穿越红树林密集的沼泽地，忍受着无数蚊虫的叮咬，艰难前行。但是，这次探险以失败而告终，不仅没有找到财宝，还有许多随行者因饥饿或因土著的袭击而死。

1526年11月，皮萨罗和阿尔马格罗率领2艘船、160人出发，进行第二次探险，到达今哥伦比亚的圣胡安河。阿尔马格罗返回巴拿马筹集资金、招募人员，皮萨罗留守。皮萨罗的舵工发现有只大木筏在河上漂流，上面有20名船工和许多乘客。这些人身穿棉服，佩戴精致的金、银首饰。西班牙人还看到镶嵌着宝石的酒杯、眼镜、精美的绣花棉布和毛料。行商们用手势指出黄金和宝石均来自遥远的南方土地。[1] 传言终于得到了证实。

为了筹集下一步探险的资金，1528年，皮萨罗回到西班牙。

---

[1]（美）芭芭拉·A. 萨默维尔：《印卡帝国》，郝名玮译，商务印书馆2015年版，第58—59页。

1529年在托莱多见到了科尔特斯。1530年初,在获得了所需的赠款,并被授予了总督职务和先遣官头衔后,皮萨罗带着四个兄弟和一个表亲返回美洲。1531年1月20日,一支由3艘船组成的探险队,载着180名船员和37匹马,离开巴拿马,开始了第三次探险。1532年11月,他们离开沿海地区的通贝斯,向高原地区挺进,逼近印加帝国北部的卡哈马卡(Cajamarca)。

此时的印加帝国,内战正酣。1518—1527年,天花蔓延至整个加勒比海地区和中美洲,并向南扩散到印加帝国。1525年,印加国王瓦伊纳·卡帕克死于天花。临死前,他指定儿子尼南继承王位,而这位继承人也很快死于天花。瓦伊纳·卡帕克的另外两个儿子瓦斯卡尔和阿塔瓦尔帕开始了王位争夺战。瓦斯卡尔在南部地区占据优势,控制着首都库斯科;阿塔瓦尔帕则在北部以卡哈马卡为基地。当皮萨罗的远征队到来时,阿塔瓦尔帕没有感受到什么威胁。当时,阿塔瓦尔帕在内战中占据优势,他想引诱西班牙人进入他的领土,然后一网打尽。而皮萨罗得知印加国王有一支庞大的军队驻扎在卡哈马卡时,不得不向士兵们发表讲话,鼓舞士气。1532年11月15日下午,西班牙人进入卡哈马卡。皮萨罗派人前往阿塔瓦尔帕的军营,邀请他第二天与西班牙人会面。11月16日下午,会面的时刻到来。阿塔瓦尔帕坐在一顶由80名贵族抬起的镶有宝石的轿子上,在数千名百姓的簇拥下来到卡哈马卡广场。十余名仆役在轿前打扫开路,以确保没有小石子使他们的国王遭受颠簸。在阿塔瓦尔帕一名将领的示意下,皮萨罗走向前,和他同行的西班牙神父维森特·德·巴尔维德一手拿着《圣经》，一手拿着十字架，向前对阿塔瓦尔帕宣讲基督教。在巴尔维德将《圣经》交给阿塔瓦尔帕时，这位印加国王将其扔在地上。此时，皮萨罗"举起了一块布，作为对印加人采取行动的信号"。一门早已布置好的大炮直接朝着印加人群射击，一直躲在广场两侧的西班牙士兵冲出来，用火枪对准印加人，大肆屠杀。皮萨罗和助手们迅速出击，将阿塔瓦尔帕擒获。在这场屠杀中，有 2 000 多名印加人遇难，而西班牙人未损一兵一卒。

由于印加军队无人指挥，陷入瘫痪，西班牙人获得了信心。皮萨罗要求阿塔瓦尔帕缴纳一笔赎金，阿塔瓦尔帕下令送给西班牙人满满一屋子的黄金和两屋子的白银。运载金银的队伍从帝国各地赶来，到 1533 年春天，皮萨罗得到了 150 万比索的赎金。而皮萨罗背信弃义，用捏造的罪名处死了阿塔瓦尔帕。

接着，皮萨罗在反对印加人的印第安人的帮助下，占领了库斯科，并把阿塔瓦尔帕的同父异母兄弟曼科·印加立为国王。与科尔特斯不同的是，皮萨罗没有将库斯科作为秘鲁的首府，而是选了沿海地区的利马。1536 年，曼科·印加领导了一场起义，进攻利马并围困库斯科的西班牙人达 8 个月之久。1539 年，无力将西班牙人赶走的曼科·印加撤退到库斯科以东的比尔卡班巴（Vilcabamba），又在那里坚持了 5 年的抵抗，最终被西班牙人暗杀。与此同时，阿尔马格罗和皮萨罗兄弟之间又发生了内战。直到 1548 年，西班牙国王派来的总督才结束内战，稳定局势。

西班牙对美洲的征服是新旧大陆文明接触以来最激烈的冲突。引人注意与思考的是，美洲的印第安文明虽然在培植农作物、建筑、天文历法、国家的组织等许多方面取得了卓越的成就，但是在外来文明的冲击面前，却迅速地瓦解了。人数不多的西班牙人凭借着不稳定的供应线在短时间内摧毁了强大的、拥有数百万人的阿兹特克帝国和印加帝国。但另一方面，美洲边缘地区的印第安人部落，如墨西哥北部游牧的奇奇梅卡人和智利的阿劳坎人，其文明发展的程度远低于阿兹特克和印加，却给西班牙的征服带来了严重的困难。奇奇梅卡人的抵抗制止了西班牙人从墨西哥中部往北推进，阿劳坎人与白人之间的战斗一直持续到1883年。

16世纪，西班牙战士和编年史家佩德罗·谢萨·德·莱昂（Pedro Cieza de León）注意到，印加帝国迅速瓦解，而西班牙人在征服哥伦比亚丛林"未开化"部落时却连遭挫折，他认为，原因在于这些较原始部落简单的社会和经济组织使得他们有可能在西班牙人进攻前迅速地逃离，并在其他地方重新建立村庄生活，而印加帝国的大量人口，作为国王的驯良臣民，在国王被俘并被西班牙人处死后，把国王的失败看作自身的失败，并很快臣服于新的西班牙主人。对他们来说，逃离肥沃的印加谷地，前往荒凉的、寒冷的高原地带，或者冰雪覆盖的山脉地区，那是不可思议的。[1] 谢萨的分析自然是很有见地的，但是并

---

[1] Benjamin Keen, *A History of Latin America*, Fifth Edition, Houghton Mifflin Company, 1996, pp. 76-77.

没有对庞大的印第安帝国的解体提出一个令人满意的解释。根据西方学者较全面的研究,至少有其他四个因素最终导致了这一结果。

第一,西班牙人的火枪和大炮,虽然从现代的标准来衡量是极其原始的,但是与印第安人的弓箭、木制的投枪和镖、弹弓,以及印加人顶端镶有石头和青铜的棍棒、阿兹特克人尖部镶有黑曜石的木剑相比,拥有决定性的优势。更有决定性的是西班牙人的马,这是一种印第安人从未见过的动物,西班牙人的骑兵,配有长矛和锁子甲,其威力堪与现代战争中的坦克相媲美。特别是,阿兹特克人和印加人习惯于大规模作战,他们尽管在人数上占据优势,但在开阔的空旷地带,却难以战胜西班牙只有50人的骑兵与步兵联军。跟随西班牙人到来的体形巨大的大驯犬,也使敌人大量伤亡。但是,对于欧洲人的技术优势不能过分夸大。科尔特斯的部下大多数只能以剑、长枪和刀武装,他所有的火器只是13支旧式步枪、10门青铜炮和4门轻型火炮。在克服了极大的困难之后,这些炮才被拖过森林运上山。火药在河流汊口和骤雨中浸湿,而且即使是在干的时候,旧式步枪的开火速度也比不上土制的弓。此外,印第安人是在熟悉的环境中作战,而西班牙人需要适应水土。[1]

第二,千百年来的与世隔绝,使得印第安人对于西班牙人传入的欧洲疾病缺少免疫力。入侵者带来的疾病,尤其是天花,成

---

[1] (英)莱斯利·贝瑟尔主编:《剑桥拉丁美洲史》,第一卷,中国社会科学院拉丁美洲研究所组译,经济管理出版社1995年版,第169—170页。

为西班牙人的有力盟友。天花在1518年袭击伊斯帕尼奥拉岛，1520年蔓延到墨西哥，又在征服者到来之前传播到秘鲁。天花的流行，不仅导致了大量印第安人死亡，而且印第安帝国的最高层如阿兹特克和印加国王也难以幸免，这大大瓦解了印第安人的抵抗斗志。但是，也应该看到，天花也使得西班牙人的印第安人盟友大量死亡，无疑削弱了征服者的力量。

第三，西班牙人处于欧洲文艺复兴时期，而印第安人仍处于石器时代，由此造成了两者在文化心理上的巨大差异。当然，征服者也部分是被宗教热情驱使的，但对西班牙人来说，战争是一门科学，欧洲的军事战略和策略已有几个世纪的积累，而对阿兹特克和印加人来说，战争带有很大的宗教因素。例如，阿兹特克人在战争中强调抓取俘虏以供奉其印第安神灵，而非在战场上将对手击毙。印第安人的战争还包括特定的仪式和传统，要求对即将受到攻击的对手给予警告。西班牙人却没有被这样的传统捆住自己的手脚。此外，对立的西班牙人和印第安人处于不同的处境之中，因而也存在不同的心态。对西班牙入侵者来说，向未知的领土进发，有可能获得巨大的财富和社会声望；如果回头，则面临着债务、耻辱，或许还有赞助者的惩罚。因此，西班牙入侵者往往意志坚定，勇往直前。相比之下，印第安人考虑的不仅仅是自己的性命，还有家人的生命、后代的地位、土地和灌溉工程的所有权等等。部分是出于这些顾虑，印第安人往往愿意向入侵者妥协。当然，他们不可能知道这种妥协将换来几百年的西班牙殖民统治。[1]

第四，印第安人内部的分裂是印第安帝国迅速瓦解的重要因素。当西班牙人逼近阿兹特克人的首都时，位于墨西哥谷地和海岸之间的那些城邦和村镇，都是一些独立的公社，虽然是阿兹特克帝国的纳贡者，但大多是被迫的。因此，有许多部落如托托纳克人，把西班牙入侵者的到来看作反叛的机会。尚未被阿兹特克帝国征服的印第安人，如特拉斯卡拉人，在一场恶战中领教了科尔特斯的力量，败给西班牙人之后则成了科尔特斯最忠诚的同盟者。[2] 在西班牙人对特诺奇蒂特兰的围攻快要结束时，居住在墨西哥湖南部一些岛屿上的索齐米尔科人绕过西班牙的船队，来到阿兹特克人面前，表示愿意与阿兹特克人一同反对白人。阿兹特克国王喜出望外，送给他们各种礼物，如精美的布匹和可可豆。可是当夜幕降临时，阿兹特克人被一场大乱震惊了，这些新来的盟友企图把阿兹特克妇女和儿童抢去当奴隶。最后索齐米尔科人全部被杀死或被捉住当了祭品。[3] 在印加帝国，皮萨罗到来的时候，阿塔瓦尔帕和瓦斯卡尔两个兄弟在其父亲瓦伊纳·卡帕克去世后为争夺王位进行了激烈的战斗，结果阿塔瓦尔帕获得胜利，他把瓦斯卡尔囚禁起来，并对支持瓦斯卡尔的王室成员和贵族大肆镇压。这一内讧使印加帝国遭到了严重

---

1 （英）马修·雷斯托尔、（美）克里斯·莱恩：《殖民时代的拉丁美洲》，刘博宇译，上海人民出版社2023年版，第143页。
2 （美）乔治·C. 瓦伦特：《阿兹特克文明》，朱伦、徐世澄译，译林出版社2014年版，第250页。
3 （美）乔治·C. 瓦伦特：《阿兹特克文明》，朱伦、徐世澄译，译林出版社2014年版，第266页。

的削弱，许多地方尸骸遍地，成为无人地带。另外，一些新近被并入印加帝国的部落，也站到西班牙人一边，力图以此重新获得独立地位。当然，他们最终发现，取代印加帝国的，将是一个更加残暴的压迫者。[1]

1　Benjamin Keen, *A History of Latin America*, Fifth Edition, Houghton Mifflin Company, 1996, p. 77.

第六章

多种族文明的形成

1511年圣诞节前的一个星期日,多明我会修道士安东尼奥·德·蒙特西诺斯正在圣多明各布道。他说:

> 我是沙漠里的一声呼喊。我是这座岛屿上荒漠之中基督的声音……我将要对你们讲的是你们绝对想象不到的最生硬、最严厉、最可怕、最危险的话……你们全体都犯下了死罪。你们对这些无辜的人施加暴行、实行独裁,因此将永无解脱之日。你们有什么权力和理由这样凶残地奴役印第安人?你们有什么权力对他们进行可憎的战争?难道他们不是人吗?没有正常的心灵吗?你们难道没有义务像爱自己一样去爱他们吗?……你们没有觉出自己在沉沉的迷梦中昏睡吗?[1]

---

[1] 索萨:《拉丁美洲思想史述略》,云南人民出版社2003年版,第75—76页。

蒙特西诺斯在布道中痛斥的对象是奴役印第安人的委托监护主,从中可以看出两种人类文明在相遇、碰撞过程中发生的历史悲剧。

美洲被"发现"和征服后,随即开始了新旧文明间冲突与融合的进程。在这一过程中,殖民者不仅向美洲移植了欧洲的文明,还通过输入黑人奴隶,将非洲文明的因素引进到美洲。但是,这三种文明形态并非平等、和谐地实现融合,作为强势方的欧洲文明的因素是占主导地位并强加于其他文明之上的,作为弱势方的美洲和非洲文明的因素是在被动地接受和适应的过程中保存下来的。经过冲突与融合,拉美地区形成了这一种独具特色的、多种族的文明。

一、殖民地文明的经济基础

当时,西班牙和葡萄牙对美洲殖民地推行重商主义政策。拥有金银是重商主义政策成功的重要标志,因此,增加本国的黄金和白银储备是葡萄牙、西班牙对殖民地政策的核心之一。科尔特斯对蒙特苏马的使者说:"我和我的伙伴害了一种心病,这种病只有金子才能治好。"这句话生动地说明了西班牙殖民者到达美洲之后渴求黄金的迫切心态。

在征服初期,殖民者采取了直接强取先前积累的大量贵金属的方式。在墨西哥,西班牙人从印第安人的宫殿、庙宇、坟墓和其他祭祀的地方掠取了大量的金银工艺品。其实,这些工艺品并非纯金和纯银的,而大多由铜银和铜金的合金制成,但它们的表面闪烁的金光和银光使其看似纯金和纯银。例如,在墨西哥中西部的塔拉斯科(大致相当于今天的米却肯地区),在西班牙征服以前,印第安人的冶金技术已达到较高的水平。塔拉斯科的宗教和政治中心积累了大量的此类工艺品,包括圆盾、头盔、手镯、杯子等。科尔特斯率领的殖民者将这些工艺品掠夺一空,并将其熔铸成银块运往欧洲。更著名的例子是秘鲁印加王阿塔瓦尔帕向皮萨罗的一帮冒险者支付的赎金。皮萨罗在征服秘鲁的时候,把印加国王阿塔瓦尔帕监禁起来,向他勒索巨额赎金:金子必须填满一间长达 22 英尺、宽 17 英尺和一人多高的房间,银子必须填满两间较小的房间。印第安人为了营救自己的国王,夜以继日地把黄金从四面八方运来,其中包括王室的宝藏和全国各地区庙宇中的金块、金饰以及金罐、金瓶、金杯等金属器皿,最终填满这三个房间的黄金计 13 265 磅、白银 26 000 磅,相当于欧洲半个世纪的生产数量,在当时这是一笔空前巨大的数目。然而,得到这些赎金后,皮萨罗不仅没有释放阿塔瓦尔帕,反而背信弃义,把他绞死了。

印第安人千百年来积累的金银被掠夺完毕后,西班牙人发动寻找金矿的行动。早在 1494 年,他们在伊斯帕尼奥拉岛南部就发现了金矿,后来又在其他地区相继发现了金矿。1501 年至 1519 年间,加勒比地区生产了价值约合 800 万比索的黄金。[1] 西

---

1 (美)E. 布拉德福德·伯恩斯:《简明拉丁美洲史》,王宁坤译,涂光楠校,湖南教育出版社 1989 年版,第 48 页。

班牙人征服墨西哥和秘鲁后，黄金生产从西印度群岛转移到美洲大陆：16世纪30年代末，人们在新格拉纳达的考卡河流域和马格达莱纳河流域发现了大的金矿产地，1541年在智利中部发现了金矿，1542年在安第斯山中段东部地区的卡拉瓦亚发现了金矿。从1500年到1650年，超过180吨的黄金被运往欧洲。

葡萄牙人在巴西发现金矿的时间较晚。1695年，葡萄牙人在巴西的今米纳斯吉拉斯内地发现了金矿，1718年在马托格罗索（Mato Grosso）的库亚巴河（Cuiabá）发现了金矿，1725年又在戈亚斯（Goiás）发现金矿。葡属巴西的黄金生产到1760年达到顶点，18世纪，巴西生产了3 200万盎司的黄金，是当时全世界黄金的主要供应地。

在西班牙美洲，黄金虽然在一些地区以相当大的数量被开采出来，但在产量和价值上远比不上白银。在墨西哥，1530年前后，靠近墨西哥城的苏尔特佩克和松潘戈的银矿被发现。1534年，塔拉斯科、特拉尔普哈瓦的银矿得到开采。1543—1544年，新加利西亚最西边的银矿——埃斯皮里图桑托——得到开采。随之而来的是向北扩张的大规模开采银矿的高潮：萨卡特卡斯（1546）、瓜纳华托（约1550）、松布雷雷特（约1558）、圣巴巴拉（1567）、圣路易斯波托西（约1592）。在秘鲁，1538年，贡萨洛·皮萨罗就开始开采位于波尔科的印加时代的老银矿，1545年在附近的波托西发现了所有银矿中储量最丰富的银矿。接着，人们在查尔卡斯发现了许多较小的银矿，1555年前后在卡斯特罗维雷纳又发现了一个较为重要的银矿。此外，1563年，人们在万卡韦利卡发现了水银矿。[1]

采矿技术最初比较原始。早期以开采露天矿脉和浅层矿脉为主，而在深层矿的采掘中，由工人将矿石用袋子装好，经坑道爬着背或拖到地面。16世纪末，技术有所改进，开凿平硐和水平巷道，进行联合开采，用水泵排除矿坑的积水，用绞盘提运矿石，绞盘用人力或畜力带动。[2]

白银的提炼技术有两种，一种方法是熔炼法。秘鲁是古代美洲冶炼中心和冶金技术的发源地，那里的印第安人最早发明了一种较先进的技术，叫"威拉（wayra）熔炼法"，掌握精湛冶金工艺的印加人一直采用这种方法冶炼铜、青铜和白银。其具体做法是，先用大石碾将矿石碾碎，然后把碎矿石和木柴一起放入小熔炉中熔化。熔炉呈圆锥形或金字塔形，通常只有一米左右高，安置在山上通风处。炉壁上开有多个气孔，便于炉膛进风。所谓"威拉"，在克丘亚语中就是"通风"的意思。借助风力，木柴或羊驼粪燃烧的温度足以将矿石熔化。西班牙人到来后，沿用了印第安人的技术，16世纪70年代初以前，波托西所有的白银都是使用这种技术生产出来的。墨西哥的熔炼法技术来自欧洲。1536年，在苏尔特佩克定居的德意志专家建造了粉碎机和熔炼炉。主要的熔炼装置是卡斯蒂利亚炉。炉子是一个中空的直立圆柱，直径约有3英尺，高4~6英尺，用石头或土坯砌成。

---

[1] （英）莱斯利·贝瑟尔主编：《剑桥拉丁美洲史》，第二卷，中国社会科学院拉丁美洲研究所组译，经济管理出版社1997年版，第109页。
[2] 郝名玮、徐世澄：《拉丁美洲文明》，中国社会科学出版社1999年版，第122页。

由人力或粉碎机粉碎的矿石同木炭一起放入熔炼炉冶炼。炉壁开有气孔，用于鼓风或放出炉渣和熔化的金属。风箱用水力或畜力通过齿轮和曲柄操作。

另一种方法是汞齐法。此项技术的发明者是来自塞维利亚的西班牙人巴托洛梅·德·梅迪纳。先把矿石粉碎成细砂状，再加入适量的盐、铜或锡，使矿石与水银充分混合，通过化学反应，从中提取白银。这种方法不仅可以大大提高产量，而且使低品位的矿石也能得到很好的利用。汞齐法依赖于水银的供应。西班牙美洲使用的水银主要来自西班牙南部的阿尔马丹、秘鲁中部的万卡韦利卡，以及位于今斯洛文尼亚的伊德里亚（当时属哈布斯堡王朝的领地）。一般说来，阿尔马丹供应新西班牙，万卡韦利卡供应秘鲁。这两者供应不足时，从伊德里亚补充。

汞齐法的采用大大提高了白银的产量，但它并未完全取代熔炼法。尤其是在水银短缺的时候，在高品位的富矿新发现的时候，在燃料充足的地方，熔炼法一直在采用。

白银生产构成了西班牙美洲主要地区殖民地时期经济的核心。正是对银矿的需求，导致了大庄园和大牧场的形成和发展，促进了手工业的发展，带动了城市的兴起。1670年，波托西的人口达16万，是新大陆上最大的城市。殖民地的经济生活在很大程度上是围绕着矿业运转的。但是，殖民地开采的白银，只有很少部分留在了新大陆。王室通过税收、贸易垄断等多种方式，使大部分白银流向了宗主国西班牙，然后又通过西班牙流向了以英国为代表的西北欧发达国家，因为西班牙本国工业欠发达，而英国有大量的制成品出售给西班牙。美洲白银大量流入欧洲,引起了欧洲的价格革命。美洲矿区的需求,为欧洲的工业提供了市场。欧洲人用来自美洲的白银购买东方的香料、支持向东方扩张的军队、向东方的统治者行贿,资助了欧洲人向东方的渗透。因而可以说,美洲的白银,直接推动了欧洲大国的崛起和工业化。此外,东亚地区,尤其是中国,对白银的需求,也成为刺激美洲白银生产的重要因素。通过连接美洲殖民地和菲律宾的大帆船贸易,大量白银流入亚洲,特别是中国。然而,美洲白银的流入虽然也在一定程度上刺激了中国某些地区的手工业生产和资本积累,却没有促使中国产生类似于欧洲的革命性变革。其中的历史根源,值得我们深思。

殖民地时期拉丁美洲的农业生产主要是通过以下几种形式进行的:印第安人村社、大庄园、小农场和种植园。

西班牙征服前,墨西哥中部高原分散生活着大量的印第安人,他们以农业为生,向土著贵族缴纳赋税。16世纪中期以前,西班牙殖民者对土地和农业活动没有兴趣。西班牙殖民者完成对墨西哥的征服后,将在西印度群岛上推行的委托监护制移植到墨西哥。委托监护主满足于从印第安人那里收取贡赋,征调劳动力。但是,这种制度持续的时间并不久。西班牙王室担心委托监护制将使殖民者获得太大的权力,削弱中央集权,因而试图削弱殖民者的权力;更重要的是,由于旧大陆传播而来的天花等疾病致使印第安人口大量减少,委托监护制带来的经济利益大大下降。到16世纪中期,墨西哥的人口下降了一半,殖民地经济出现危机,殖民者的实力也随之下降。这为西班牙王室在殖民地设立的官僚机构加强国家的权力创造了机会。16世纪50年代起,政府官员与传教士一起,将幸存的、分散在广大农村的印第安人集中在一起,建立村社,以加强管理,同时促进基督教的传播。被重新安置的印第安人原有的土地如果与建立的村社邻近,这些土地仍由他们所有;如果他们原来的土地距离村社较远,他们就在村社周围被授予新的土地。[1]

大庄园是应城市和矿区对农牧产品的需求而出现的。在16世纪中期以前,西班牙殖民者对土地和农业活动没有兴趣。大约在1550年以后,情况发生了改变。一方面,由于印第安人口大量减少,也由于王室采取措施,限制委托监护主的权力,委托监护权的经济价值大大下降了。另一方面,16世纪中期以后,新大陆的西班牙移民增加了,一些西班牙人市镇迅速扩大,对食品,特别是印第安人还不能立即提供的食品——如肉类、小麦、食糖、葡萄酒等——需求大增。与此同时,印第安人口的大量下降也空出了大量的土地。于是,西班牙殖民者要求王室授予土地,或非法占据土地,从事农牧业生产。1591年,王室颁布法令,凡非正当地从印第安人那里购买的土地和没有土地证的土地,都可以通过向国库交一笔费用而合法化。西班牙人在占据的土地上建立了大庄园,生产粮食或放牧牛羊,产品供应城市或矿区。

---

[1] 董经胜:《19世纪上半期墨西哥的农业发展模式与现代化道路》,载《史学集刊》,2012年第3期,第74—75页。

这样，到 17 世纪中期，由于政府对印第安人的重新安置和向西班牙人授予土地，在原来印第安文明的核心区，形成了这样一种农村社会结构：西班牙人的大庄园占有大片优良的土地，穿插于庄园之间的是大量的印第安人村社。村社内部的土地分配是不平均的，土著贵族一般拥有大量土地，普通村社成员拥有的土地不足以维持家庭生存的需要，他们只好向附近的庄园出卖劳动力。于是，商品性的庄园与印第安人村社之间形成了一种互相依赖的剥削关系。由于土地紧张，村社农民如果不在庄园劳动赚取工资，则难以维生；庄园如果没有来自村社的劳动力，也不可能维持生产。两者之间通过这种不平等的关系连接在一起，而这种关系对于双方都是必不可少的。

拉美很多地区被殖民者征服后，国王赐给征服者首领大面积的贡税区，后来将其发展为庄园。然而，也有一些征服者，特别是普通的士兵，只获赐了小块土地，这些土地单位保持原有的大小，或者久而久之反而被分割了，这些地产被称为小农场（rancho）。小农场的主人定居在这类土地上，像印第安人邻居一样生活，并且娶印第安人妇女为妻。这样一来，到殖民地末期，小农场主大都变为混血种人。据统计，1810 年，墨西哥拥有 6 684 个小农场，其中有 5 954 个位于中部高原各省，其余约三分之一在尤卡坦，还有几百个在瓦哈卡。[1] 小农场的产品主要面向地方性的市场，而非像大庄园那样主要面向大城市市场；小

---

[1] （美）乔治·麦克布赖德：《墨西哥的土地制度》，杨志信等译，商务印书馆 1965 年版，第 84—86 页。

第六章　多种族文明的形成

农场一般在市场产品充足、价格较低的时候出售其产品,而非像大庄园那样将产品囤积至市场短缺、物价飞涨时再出售,以牟取暴利。小农场主有时还在大庄园充当管家、仓库看管人、赶骡人等。[1]

"种植园"是指热带或亚热带地区的地产,"大种植园不同于大庄园,它是独立的经济单位,目的是为外国即欧洲消费生产大宗产品"。[2] 大种植园主要使用从非洲进口的奴隶,仅仅生产一种向欧洲市场出口的作物。最早的种植园是在大西洋的诸岛屿——亚速尔群岛、马德拉群岛、佛得角群岛和加那利群岛——种植甘蔗的过程中逐渐形成的,以后,这种经营方式又在巴西和西印度群岛的甘蔗种植园以及稍后南北美洲的烟草、棉花和咖啡种植园中得到进一步的发展。

根据重商主义原则,西班牙规定,殖民地只能同宗主国进行贸易,不能同任何外国进行贸易往来;殖民地之间的贸易,也受到严格的限制。王室将西班牙同其美洲殖民地的贸易指定给一小撮西班牙大商人。1503年,西班牙在塞维利亚设立了贸易署(Casa de Contratación),负责组织和控制往来于西班牙和美洲殖民地之间的人员、船只和货物。根据规定,西班牙的加的斯和塞维利亚成为与西属美洲通商的港口,韦拉克鲁斯和波托韦洛则被指定为美洲同西班牙通商的港口。在防止外国海盗袭击

---

[1] James Lockhart and Stuart B. Schwartz, *Early Latin America: A History of Colonial Spanish America and Brazil*, Cambridge University Press, 1983, p. 329.
[2] Stanley J. Stain and Barbara Stain, *The Colonial Heritage of Latin America: Essays of Economic Dependence in Perspective*, Oxford University Press, 1966, p. 40.

的王室军舰的护航下，每年有两支船队出航，一支船队（被称为 flota）于 4 月起航，驶往加勒比海地区和新西班牙，取道加那利群岛，经 60~80 天的航行后抵达圣多明各，卸下指定运到该港的船货，然后继续驶往韦拉克鲁斯，在哈拉帕举办集市；另一支船队（被称为 galleons）于 8 月起航，到达圣多明各停泊修理后，转而向南渡过加勒比海，驶往南美洲大陆。第一个主要的停泊港口是卡塔赫纳（Cartagena），然后船队驶往农布雷-德迪奥斯（Nombre de Dios），1698 年后，转为驶往波托韦洛，在那里举办集市。次年春天，两支船队在哈瓦那会合，返回西班牙，在塞维利亚卸货，接受贸易署检查。每队的商船数目不等，一般为 40~70 艘，另配有 6~8 艘军舰护航。在这条航线上，由殖民地输往西班牙的主要货物是白银，由西班牙输往殖民地的货物包括谷物、油等农产品，以及家具、铁器、布等制成品。此外，16 世纪 60 年代，在征服菲律宾后，西班牙在马尼拉和阿卡普尔科之间开辟了横跨太平洋的大帆船贸易，主要是以美洲的白银交换来自中国的丝绸、瓷器等。葡萄牙在巴西也实行贸易垄断政策，但比起西班牙，控制稍松。

16 世纪，英国、荷兰、法国商业资本主义的发展，促使这些国家投入了争夺市场与资源的斗争，向西班牙和葡萄牙对殖民地贸易的垄断提出了挑战。经济利益与宗教矛盾交织在一起。当时，绝大多数西北欧国家信奉新教，而西班牙是捍卫天主教的堡垒。1566 年，荷兰公开以捍卫加尔文教的名义反叛西班牙的统治，并有意识地将独立战争扩大到海外的商业战争。作为新教国家的英国也在加勒比向西班牙提出了挑战。虽然天主教在法国成为国教，但法国王室对胡格诺教徒在海外的冒险事业予以容忍。这些西北欧新兴国家通过走私、海盗袭击等方式破坏西班牙对殖民地贸易的垄断。

法国首先对西班牙在西印度群岛的堡垒展开攻击。早在1522—1533年，属于诺曼底的迪拜的基恩·多安格（Jean d'Ango）的海军中队就夺取了4艘运送科尔特斯在征服阿兹特克帝国过程中所掠取的财宝的船只。1537年，多安格的舰队又夺取了运送来自秘鲁的白银的9艘西班牙船只。16世纪50年代，每年有大约30艘法国船只进入加勒比地区，时常洗劫伊斯帕尼奥拉岛、波多黎各和古巴沿海的城镇。1555年，雅克·德索雷斯（Jacques de Sores）率领法国海盗船来到古巴，攻占哈瓦那，大肆劫掠。

1562年，英国人约翰·霍金斯从非洲的塞拉利昂买到奴隶，运到伊斯帕尼奥拉岛，换取兽皮和蔗糖，回来时成为普利茅斯最富有的人。1564年，他又将一船奴隶运到委内瑞拉和巴拿马，换取白银回国，成为整个英国最富有的人。1567年，第三次航行中，霍金斯在西印度群岛遭到西班牙舰队的袭击，5艘船中有3艘被击沉，剩下2艘逃回英国。1572—1573年，英国人德雷克袭击了农布雷-德迪奥斯和卡塔赫纳，沿着南美洲北岸拦截西班牙的船只，回到英国，所携赃物价值超过4万英镑。1577年，德雷克袭击非洲海岸一带的西班牙和葡萄牙航运之后，经麦哲伦海峡驶入太平洋。他在瓦尔帕莱索夺取了一只运送黄金的船，洗劫了城市后逃走。在卡亚俄附近，他捕获了一条装有150万金硬币（ducat，杜卡特币，当时流通于欧洲若干国家，每一金硬币约合9先令4便士）的秘鲁船。往北在墨西哥海岸一带，他又伏击了装有更多财宝的船只。他随即渡过太平洋到达东印度，装上一船香料，1580年取道好望角回到英国。1585—1586年，德雷克回到了加勒比海地区。他在攻占和洗劫圣多明各之后逃走，所携赃物价值在2.5万英镑以上。他在卡塔赫纳再次掠夺，肆行洗劫和焚烧，直到市民付给他11万金硬币的赎金为止。[1] 1595年，霍金斯和德雷克率27艘船再次前往加勒比海，但是西班牙已在圣胡安（位于波多黎各）修建了埃尔墨罗（El Moro）堡垒，加强了防御。霍金斯和德雷克皆在围攻期间死去，船队无获而返。

1566年起，尼德兰爆发了反对西班牙的战争。战争不仅在欧洲进行，也波及西印度。高质量的盐对荷兰的鲱鱼业是必不可少的，荷兰人在委内瑞拉沿海的阿拉亚（Araya）湾找到了所需要的盐，从1599年3月到1605年12月，至少有768艘荷兰船只驶往阿拉亚湾，运盐回国。在笨重的载盐大船停泊于阿拉亚湾港口期间，一些船员乘全副武装的中型船只或单桅帆船游弋于加勒比海，与其他荷兰海盗一起，抢劫西班牙船只。同时，荷兰也与西班牙殖民地进行走私贸易。1621年6月9日，荷兰西印度公司获准开业。"新公司的任务是要打入西班牙和葡萄牙在新

---

[1] （美）艾·巴·托马斯：《拉丁美洲史》，寿进文译，商务印书馆1973年版，第284—286页。

大陆的领地。"[1] 公司的目标是占领巴西的葡萄牙甘蔗种植园，征服葡萄牙在西非的奴隶贸易据点，夺取西班牙从秘鲁和墨西哥运往塞维利亚的白银。1628 年 9 月，荷兰海军司令皮特·海恩（Piet Heyn）在古巴海面夺得从韦拉克鲁斯驶来的运银船队，赃物估计价值约 1 500 万美元。这次截获为西印度公司的股东带来了 50% 的红利，并资助了公司对巴西的新一次远征，致使荷兰占领巴西东北部四分之一世纪之久（1630—1654）。[2]

在进行走私贸易和海盗劫掠的基础上，英、法、荷等国逐步在加勒比地区占领领土，建立据点。开始时，这些据点仅仅是作为船只停泊补充淡水的基地，后来他们发现，一些岛屿适合发展种植业，特别是甘蔗种植业。因此，他们在占领的岛屿上，引进黑人奴隶，种植甘蔗，生产蔗糖。英、法、荷等国在加勒比地区的扩张，改变了加勒比地区的地缘政治格局。

二、政治制度

新世界地域辽阔，与宗主国距离遥远。野心勃勃的征服者和殖民者希望成为享有真正的领主权力的贵族，而西班牙和葡萄牙王室则不愿看到在殖民地出现一个不受控制的、强大的、世袭的贵族阶层。王室还希望殖民地能为增加王室财政收入做出贡

---

[1] （法）费尔南·布罗代尔：《15 至 18 世纪的物质文明、经济和资本主义》，第三卷，顾良、施康强译，生活·读书·新知三联书店 2002 年版，第 255 页。
[2] Benjamin Keen, *A History of Latin America*, Fifth Edition, Houghton Mifflin Company, 1996, p. 94.

献。为达此目标，王室在宗主国和殖民地建立了一套官僚体系。在近三个世纪的时期内，这套官僚体系为维持殖民地的政治稳定起到了重要的作用。

卡斯蒂利亚王室将在西班牙和加那利群岛证明行之有效的体制移植到新大陆。对殖民地的总体监管以及最大的行政区域的管理，遵循了阿拉贡的模式。在阿拉贡，一个常驻宫廷的委员会负责总体监督，而总督负责管理最大的行政单位——阿拉贡、加泰罗尼亚、巴伦西亚。仿照这种模式，1524年，王室设立了西印度事务委员会，作为王家最高委员会，负责监督殖民地事务。殖民地的任何政府工作，包括立法、司法、财政、商务、军事、宗教一概属于其管辖的范围。该委员会签署法律，向王室提出建议，批准殖民地的主要开支，并审理来自美洲的检审庭和贸易署的上诉案件。它还负责安排"弹劾"（residencia），即对官员在任期结束时进行司法审查，以及安排不定期的询察（visita）。此外，它还代表王室在殖民地对教会承担监护人的角色，推荐新世界绝大多数教会高级职务的候选人。1535年，卡洛斯一世设立了新西班牙总督辖区，管辖地域南自巴拿马北部边界、北至今美国境内，并包括加勒比岛屿和委内瑞拉部分地区。1570年菲律宾群岛被征服后，也被划入新西班牙总督辖区的范围。16世纪40年代，卡洛斯一世又设立了秘鲁总督辖区，管辖范围包括巴拿马和除委内瑞拉部分地区之外的所有南美洲的西班牙属地。到18世纪波旁王朝时期，王室分别于1717年和1776年设立了新格拉纳达总督辖区和拉普拉塔总督辖区。总督是王室在殖民地的最高代表，负责所辖区域行政官员和教会机构负责人的任命，统率军队，贯彻王室对殖民地的各项政策，公布法令、训令和公告，管理城市、财政和公益事业，参与司法活动等。王室对总督及其下属实行一系列监督措施，保证其对王室的忠诚。例如，总督和殖民地官僚在任期结束时要接受离任审查，限制总督的任期为3~5年，禁止总督携已婚子女赴任，禁止总督在殖民地购置产业等。[1]

王室很快认识到，总督辖区范围太大，不易管理，于是，又参照了卡斯蒂利亚的模式，将总督辖区划分为检审庭长辖区。随着帝国的土地和非印第安人口的增加，检审庭长辖区的数目也不断增加。检审庭是所在区域内的最高上诉法院。墨西哥和利马的检审庭，在总督离任和下任总督到达之前担负起过渡政府的职责，而较小的检审庭的庭长可能行使其辖区范围内行政区长官或都督的职权。检审庭长辖区本身又划分为若干行省（gobernación），设一名省督（gobernador）治理。行省之下又划分为若干市镇辖区，在新西班牙称为大镇长辖区（alcaldía mayor），在秘鲁称作市长辖区（corregimiento）。作为最低一级的行政单位，市镇辖区管辖的范围包括一个城市或城镇及其毗邻的腹地。市镇辖区分为两类，一类为西班牙人市镇，一类为印第安人市镇。西班牙人市镇设有市政会（cabildo），成员由市民选举产生，享有一定程度的自治权。印第安人市镇也有市政会，

---

[1] 袁东振、徐世澄：《拉丁美洲国家政治制度研究》，世界知识出版社2004年版，第2—3页。

其成员由印第安人组成。在哈布斯堡王朝后期,西班牙通过拍卖殖民地的政府职位解决财政危机,致使大批土生白人在各级政府内占据了相当位置。18世纪波旁王朝时期,为削弱土生白人在地方政府机构的影响,撤销省和市镇辖区,实行监政官辖区制,由西班牙出生的人担任监政官,取代省督。在印第安人市镇,设立协理官(subdelegado)。

在葡萄牙,对巴西的行政管理责任被分散于几个政府部门,直到17世纪初,没有建立类似于西班牙的西印度事务委员会那样一个专门的机构。1642年,布拉干柴王朝最终设立海外委员会。葡萄牙最初将巴西纳入非洲和亚洲的贸易站体系,但是由于法国商人侵入巴西,与印第安人直接进行巴西木贸易,这迫使若昂三世(1521—1557年在位)决定建立永久性的殖民地。16世纪30年代,他将巴西从亚马孙河口到圣文森特划分成15块封地,分封给12个领主,每块封地均由大西洋延伸到《托尔德西里亚斯条约》的分界线。这些受封领主获得了与此前在葡萄牙本土和大西洋岛屿的受封者同样的权力。受封者负责对他的封地进行殖民,并防卫外来入侵。作为回报,他拥有征税、授予土地、任命官员以及在封地内行使司法等权力。王室保留王家税收权,并对巴西木贸易实行垄断。但是,除了圣文森特和伯南布哥外,这种向私人授地的体制并未成功,法国人的压力依旧,迫使若昂三世收回已经授予的某些权力。1549年,若昂买回了巴伊亚(萨尔瓦多的旧称)的封地,任命了一名督抚负责管理。作为巴西的最高行政首脑,督抚的职责和所受到的限制类似于西班牙美洲的总督。他负责管理殖民地的行政、防务、葡萄牙人和印第安人之间的关系、财政、在俗教士、贸易和土地授予。然而，其活动在很多方面也受到限制。督抚不得在贸易和农业中投资，未经王室批准不得在巴伊亚以外地区旅行。在任职期间，他还要接受特别的调查，任职结束时要接受审查，这种制度非常类似于西班牙美洲的总督接受的审查。尽管名义上任期三年，但很多督抚实际任期较长，有的要超过20年。绝大多数督抚来自葡萄牙高级贵族，并曾为职业军人，没有高级教士曾担任督抚。

在各封地，王室任命的长官负责监督所辖区域的财政和司法事务，保护印第安人。与督抚一样，他们要接受来自里斯本的种种限制，接受调查和审查。由于暴露于大西洋沿岸，出于安全考虑，王室倾向于任命有经验的军人担任长官。绝大多数长官都出生于葡萄牙，个别在巴西出生者，也是在其故土之外的地方任职。与西班牙美洲不同，葡属巴西的官职没有被出售。1621年，北部的塞阿拉、马拉尼昂和帕拉（贝伦的旧称）三大封地合并为马拉尼昂国，其余的封地合并为巴西国。在此后的区域规划中，王室增加了伯南布哥和里约热内卢的长官职权，削减了督抚的职权。王室还提高了长官的头衔，1715年，这两大封地的长官都获得"长官与大都督"的头衔。到1772年，巴西有9个大都督。虽然在1720年，总督取代了督抚，但总督对大都督仅在名义上拥有管辖权，实际上大都督拥有相当程度的独立性，他们直接与里斯本相联系，而非通过总督。

最初，葡萄牙王室授予领主在自己的封地内任命法官的权力。但 1549 年，若昂三世任命了一名最高王家法官受理来自市政会和领主任命的法官提起的上诉案件，并担任巴伊亚领地的王家法官。直到 1609 年，西班牙美洲设立检审庭近一个世纪后，葡萄牙才在萨尔瓦多设立巴西第一个高级上诉法院。因荷兰占领萨尔瓦多，此高级上诉法院停止活动，1652 年重建。1751 年葡萄牙在里约热内卢设立另一个高级上诉法院。与西班牙美洲一样，法官除了行使司法职权外，还有行政管理和顾问的职能。

类似于西班牙美洲，市政会是管理城镇及毗邻区域的基本机构。市政会负责分配与租赁市镇土地和公共土地，确定商品价格，维护道路和其他公共设施，帮助控制奴隶，维护治安，监管公共卫生。在巴伊亚，市政会拥有三名市议员、两名地方法官和一名市律师，这些职位要经过复杂的程序从合格的候选人中选出。[1]

三、殖民地时期的教会

1493 年，哥伦布在第二次航行时带有 12 名修道士；1549 年，巴西第一任督抚托梅·德·索萨（Tomé de Souza）上任时，其随员中有以曼努埃尔·德·诺布雷加（Manuel de Nóbrega）为首的 6 名耶稣会传教士。这表明，西班牙和葡萄牙王室决心在新征服的土地上对异教徒实行基督教化。

---

[1] Mark A. Burkholder & Lyman L. Johnson, *Colonial Latin America*, Oxford University Press, 1994, pp. 80-83.

1501年和1508年，教皇给西班牙君主发出敕书，1515年给葡萄牙君主发出敕书，授予这两国君主圣职授予权。圣职授予权使伊比利亚君主可以在帝国的范围内对教会行使权力。君主征收农产品什一税，并决定如何花费这一税收，任命（有时召回）主教、教士和其他教会人士，批准新教堂的建造，决定教区的界线，而且，还可以批准和传递教皇的指令，或者拒绝这样做。总之，圣职授予权意味着国家控制了教会，反过来又允许教会渗入国家。[1]

从哥伦布第二次航行开始，每次前往西印度的航行中都有一名或多名神父陪同，因此来到征服区域的神父人数与日俱增。完成对墨西哥和秘鲁的征服后，将美洲大陆众多的土著人口基督教化的任务摆在传教士面前。虽然科尔特斯在向特诺奇蒂特兰进军途中有传教士陪同，但对土著人口系统地基督教化的工作并未马上开始。科尔特斯几次请求国王卡洛斯一世派遣传教士前来。1524年5月，12名圣方济会的修道士来到墨西哥。此后几十年里，多明我会、奥古斯丁会的修道士也加入了"精神征服"者的行列。

在此过程中，传教士们面临着各种各样的障碍。多种多样的土著语言就是一个特别的问题，而城市中心之外土著分散居住的模式也妨碍对他们迅速进行教化。但是，传教士也有一些有利条件可以利用。殖民征服将政治权力转移到西班牙人手中，给基

---

[1]（美）E.布拉德福德·伯恩斯：《简明拉丁美洲史》，王宁坤译，涂光楠校，湖南教育出版社1989年版，第86—87页。

督教带来了巨大的声望，因为阿兹特克和印加的神被证明是劣势者。西班牙人拒绝尊重被征服者的神灵，唯有基督教的上帝卓尔独立。对土著宗教的摧毁是系统而持续的。例如，圣方济会的修道士迭戈·德·兰达（Diego de Landa）被派往尤卡坦的玛雅人中间布道。他决心消除玛雅人传统的习俗和宗教仪式。他断言，玛雅人的书籍宣传异教信仰。1562年7月，他焚烧了5 000多尊玛雅人神像和很多玛雅书籍。玛雅人撰写的有关医药、天文、宗教和历史的书籍被付之一炬。免遭兰达焚烧的玛雅书籍所剩无几。兰达的行为受到西班牙国王的谴责，他被迫回国接受审判。受审期间，他撰写了一本为自己辩护的书，书中叙述了他看到的玛雅人及其文化和文字。该书以《尤卡坦纪事》为题出版。[1]土著的祭司被单列出来，成为重点迫害的对象。出于谨慎起见，为防止迫害，土著，无论其私下信仰是什么，表面上都被迫公开承认信仰征服者的宗教。

1559年，墨西哥有大约800名传教士。最初，他们重点对土著的首领（cacique）和贵族进行教化。传教士们希望，这些人被教化后，将带领他们的平民进入教堂。虽然王室希望土著学习西班牙语，但是很多传教士很快开始学习并使用土著的语言进行传教。一位著名的、学问高深的神父，安德烈斯·德·奥尔莫斯（Andrés de Olmos），用十多种土著语言传教和写作。阿兹特克语言纳瓦特语特别受到传教士的重视，因为很多土著除了自己的

---

[1] （美）吉尔·鲁巴尔卡巴：《玛雅诸帝国》，郝名玮译，商务印书馆2015年版，第8页。

母语外，还能够理解用纳瓦特语宣讲的教义。传教士还在以前没有使用过纳瓦特语的地方教授这种语言，试图在新世界确立一种通用的语言，并使土著与欧洲人分开，因为他们担心欧洲人将会腐化这些土著。在秘鲁，传教士提倡使用克丘亚语和艾马拉语。

为了将土著和欧洲人分开，并提高工作效率，传教士建立了村落，将分散居住于各处的土著人聚集在一起。印第安人人口的下降进一步促进了这一过程。奥古斯丁会的传教士在建立村落方面尤有成效。例如，在米却肯，他们将分散居住于提里皮提奥（Tiripitío）周围的土著集中到一起，利用土著劳动力，建立了一个城镇，该城拥有广场、女修道院、医院、供水系统和精心修建的房屋。在这样的城镇里，修道士不仅传播基督教教义，而且负责管理土著的政治和经济活动。

1526年，圣方济会在墨西哥城附近开办了圣地亚哥·特拉特罗尔科学院，培养土著贵族的儿子为神父。学院的学生在此学习读、写、音乐、拉丁文和哲学等课程。但是，学院培养土著神父的计划没有成功，很多非圣方济会的传教士反对向土著授予神职。该学院的毕业生没有人进入神父行列。1555—1591年，土著一直被禁止授予神职。此后，尽管这项规定被取消，但墨西哥教会对土著一直存在着非官方的歧视。

巴斯科·德·基罗加（Vasco de Quiroga）是圣方济会神父。在米却肯，他仿照托马斯·莫尔的乌托邦，用自己的资金建立了一个宗教社区。一切土地共同所有。社区向成员教授新的欧洲技术，但是劳动力得到严格的管理，以阻止虐待现象的发生。

除了教堂外，社区还建有医院和一系列社会福利设施。1537年，基罗加被任命为米却肯的主教，他继续倡导宗教社区定居计划。后来，随着基督教的边疆向北推进到得克萨斯和加利福尼亚、向南推进到拉普拉塔地区，这一策略被耶稣会士成功地运用了。

多明我会士维森特·德·巴尔维德（Vicente de Valverde）等几位传教士随皮萨罗来到卡哈马卡（印加国王阿塔瓦尔帕被俘的地方）。圣方济会士在阿塔瓦尔帕被处死之前也来到秘鲁，奥古斯丁会士于1551年也在秘鲁出现。然而，新西班牙的"精神征服"却没有在秘鲁重现。殖民者之间的长期内战影响了对土著教化的工作，同时秘鲁早期的传教士在各个方面都不能与墨西哥相比。直到1551年利马教务委员会成立后，殖民者对印加人残存的宗教活动才开始大规模地清理。该委员会宣布，所有在征服之前去世的安第斯人都进了地狱。委员会猛烈地攻击土著对瓦卡和祖先的崇拜。传教士和政府官员摧毁了瓦卡，并在可能的时候烧毁了土著祖先的木乃伊。此举在安第斯中部的土著中引起了激烈的反应。16世纪60年代出现了一场千禧年运动，宣称因为人们放弃对瓦卡的崇拜，转向基督教，被惹怒的瓦卡将传染病带入人间，唯一的解救办法就是回到传统的宗教信仰中去。政府认为这场运动是异端的叛乱，将其扑灭。

修道会遍布整个西班牙美洲帝国，并有效地向边疆地区推进。耶稣会首先来到巴西，近20年后的1568年来到秘鲁，1572年来到新西班牙。耶稣会士很快控制了城市的教育，而且很快在从墨西哥北部边疆到巴拉圭的许多地方建立了布道团。1610年，他们在巴拉圭的瓜拉尼人中建立了第一个布道村。到1707年，建立了30个布道村，其中拥有10万名印第安人。

1549年以曼努埃尔·德·诺布雷加为首的6名耶稣会传教士来到巴伊亚后，控制了巴西的传教工作。巴伊亚附近被征服的印第安人成为耶稣会士首批传教对象。和在新西班牙与秘鲁一样，欧洲人在军事上的成功提高了新宗教的地位，使土著人至少在表面上很快皈依基督教。耶稣会士将印第安人集中到村落（aldeias）中，以最大限度地提高传教的效果。1560年，仅在巴伊亚就有4万名印第安人居住在耶稣会的村落中，到16世纪末，169名耶稣会传教士控制了几乎全部不再反抗的印第安人。

在巴西，传教士提倡使用图皮语言，作为一种通用语。在村落内，他们还教印第安人学习手艺，引进新的作物，并强迫土著采纳欧洲人的劳动方式和社会习俗，例如实行一夫一妻制、反对裸体等。他们还传播欧洲的文化，特别是音乐。

耶稣会士虽然早期取得了一些成功，如对土著大规模施以洗礼，建立了第一批村落，但他们很快认识到这种教化的层次很低。土著原有的信仰依然存在，并与基督教的教义混为一体。到16世纪60年代，这种挫折感在传教士的报告和信件中表露无遗。他们认识到教化成年人难度太大，耶稣会士开始将工作重点转向教化年轻男子。

为传教建立村落导致了教会和殖民者之间的冲突。殖民地经济依赖于印第安人劳动力，那些已经归化的、习惯于纪律和组织并熟悉基本的欧洲人技术的印第安人，成为矿主、种植园主、作坊主的觊觎对象，他们对这些印第安人处于传教士的控制之下极为不满。传教士，尤其是多明我会士和耶稣会士，试图保护印第安人免遭剥削和虐待，因而他们与殖民者处于针锋相对的状态。随着传染病流行致使大批印第安人死亡，这种矛盾进一步尖锐。例如，在巴西，耶稣会士安东尼奥·比埃拉（Antônio Vieira）对印第安人的保护引发了一场暴乱，并在1661年致使耶稣会被暂时驱逐出马拉尼昂和帕拉。此前，在瓜拉尼人中传教的耶稣会士在巴西和巴拉圭的边界地区，将印第安人武装起来，抗击来自圣保罗的奴隶搜捕者。在来自传教士和殖民者两方面的压力下，西班牙和葡萄牙王室最终做出的选择是，限制传教士对已经归化的印第安人的控制。

到1600年，教会的经济实力开始增强。16世纪末，新西班牙、秘鲁、中美洲和巴西商品农业的发展，使教会通过征收什一税而获得的收入大增。以耶稣会为首，可能除了圣方济会以外，修道会都成为大地产所有者。在新西班牙和秘鲁，矿业和商业的发展也带来了巨大的利润，矿主和商人将部分利润捐献于宗教事业。教会成为殖民地最重要的资金信贷来源，在16世纪，一般收取7%的利息。随着时间的推移，什一税、教士通过主持婚姻和葬礼等活动收取的费用，以及收到的捐献财物，使教会和一些教士极为富有。教会在城乡皆有财产。传教士直接参与经济活动，生产烟草、葡萄酒、纺织品、陶器等产品，投放市场。在墨西哥城等城市，教会成为最大的房地产主，并将房地产出租。教会将其部分财富和收入投入文化活动和福利事业，在某种程度上改善了殖民地的文化和物质生活。

一些修道会与女修道院联合开办学校。1568年开始，耶稣会就在利马开办学校。1589年，巴伊亚的耶稣会学院有15名学员。耶稣会与多明我会共同控制殖民地的教育，直到1759年和1767年耶稣会分别从葡萄牙、西班牙及其殖民地被驱逐为止。1551年，多明我会创办了利马的圣马科斯大学。同年，墨西哥大学也建立起来，并于1553年开课。最终，西班牙美洲的几乎每一个主要城市都创办了大学。

在西班牙美洲，创立大学的直接后果是大量接受过教育的克里奥尔人（土生白人）在教会和王家官僚机构任职。于是，教士的构成开始发生重要变化。到17世纪初，在俗教士中以及部分正规的修道院中，克里奥尔人已占据优势。虽然个别幸运的混血种人和印第安人最初获得了有限的接受教育的机会，但是后来大学、学院甚至小学，都拒绝接收他们。这一限制在利马始于17世纪40年代，虽然耶稣会表示反对。在巴西，土生白人也进入了教会，但是，由于殖民地时期的巴西没有创立大学，他们的发展受到了限制。在教会内部，欧洲人和克里奥尔人之间产生了分歧，两者对修道院内部的高级职位的竞争愈益激烈。在欧洲人的争取下，高级职位在欧洲人和克里奥尔人之间轮流担任的制度逐步实行。

教会为妇女提供了除家庭之外的另一选择。女修道院为妇女从事宗教事业、掌管自己的命运、接受教育等提供了条件。绝大多数女修道院是1570年后建立的，在17世纪获得极大的发展。

1　卡拉尔古城遗址的金字塔（Håkan Svensson Xauxa，拍摄于 2004 年）

2　奥尔梅克文化的巨型人头像，收藏于墨西哥韦拉克鲁斯的哈拉帕人类学博物馆（Maribel Ponce Ixba，拍摄于 2006 年）

3　特奥蒂瓦坎羽蛇神神庙局部（Arian Zwegers，拍摄于 2015 年）

4　奇琴伊察库库尔坎玛雅金字塔（Fcb981，拍摄于 2008 年）

5 蒂卡尔遗址的 1 号金字塔神庙，又称大美洲豹金字塔神庙（Bernard Dupont，拍摄于 2008 年）

6 阿兹特克的"太阳历石"，收藏于墨西哥城的国家人类博物馆（INAH，拍摄于 2014 年）

7 阿兹特克文明的象征——一只叼着蛇的金雕屹立在仙人掌上（Juan de Tovar, 1585）

8 "纳斯卡地画"绘出的花（Fabian65，拍摄于 2019 年）

9　蒂亚瓦纳科的"太阳门"（CLAUDIOLD，拍摄于 2023 年）

10　马丘比丘遗址（Juin，拍摄于 2009 年）

11　哥伦布登上西印度群岛的圣萨尔瓦多（John Vanderlyn, 1846）

12　在攻占特诺奇蒂特兰的过程中，科尔特斯率人猛攻阿兹特克人的神庙（Emanuel Leutze, 1848）

13　1532 年 11 月 16 日，皮萨罗率领西班牙人擒住了印加皇帝阿塔瓦尔帕（John Everett, 1846）

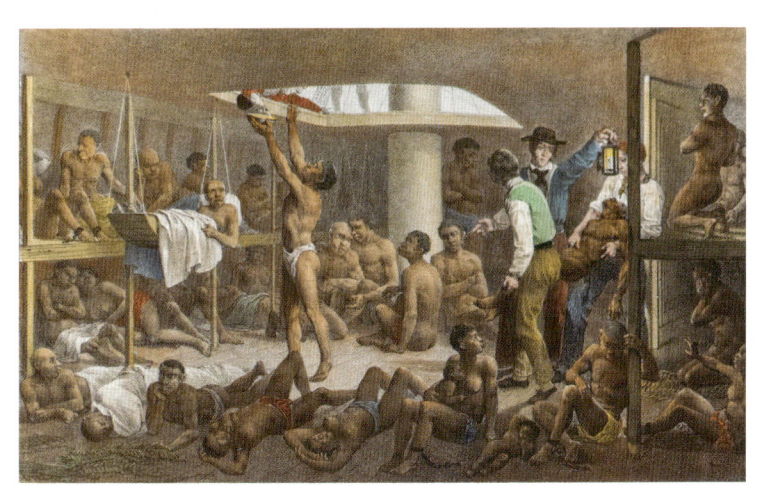

14　一艘开往巴西的奴隶船甲板下的场景（Johann Moritz Rugendas, 1830）

15 18世纪一幅展示了拉丁美洲十六个种族阶层的画
（Ignacio Maria Barreda, 1777）

16 当时的一幅展示波托西银矿及矿工的版画（J. Hinton，约 1750）

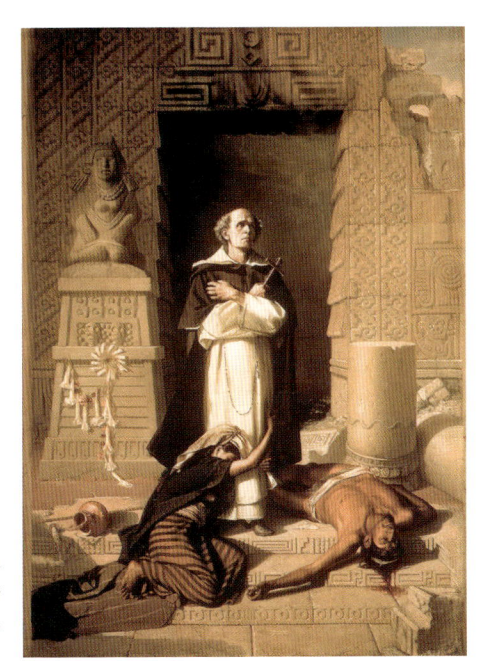

17 著名西班牙传教士、"印第安人的保护者"拉斯·卡萨斯（1484—1566）（Felix Parra, 1875）

18　一幅反映"多洛雷斯呼声"的画作。画中，伊达尔戈举着上面画有瓜达卢佩圣母像的旗帜（Antonio Fabrés, 1905）

19　1817年，圣马丁翻越安第斯山脉，奇袭智利的保王党军队（Julio Vila y Prades, 1909）

20　厄瓜多尔瓜亚基尔的玻利瓦尔与圣马丁会晤纪念像（Padaguan，拍摄于 2013 年）

21　1822 年，葡萄牙王子佩德罗宣布巴西脱离葡萄牙独立，加冕为巴西皇帝佩德罗一世。图为加冕现场（Jean-Baptiste Debret, 1822）

22　阿亚库乔战役（Antonio Herrera Toro, 1890）

23　玻利瓦尔之死（Antonio Herrera Toro, 1883）

24 一个墨西哥保守派代表团邀请奥地利大公马克西米利安就任墨西哥皇帝（Cesare-Dell'Acqua, 1867）

25 巴西皇帝佩德罗二世一家在巴西的最后一张照片（Otto Hees，拍摄于 1889 年）。巴西君主制被废除后，佩德罗二世一家被迫流亡欧洲

26 波菲利奥·迪亚斯（Aurelio Escobar Castellanos，拍摄于 1910 年）

27 墨西哥总统卡德纳斯走下一列火车（Doralicia Carmona Dávila，拍摄于 1937 年）。任职期间，他宣布将外国在墨西哥拥有的铁路国有化

28　1936年，古巴的一张面值1比索的纸币上印着何塞·马蒂的照片，收藏于美国国家历史博物馆（Bureau of Engraving and Printing，拍摄于2014年）

29　胡安·庇隆和他的妻子爱娃·杜阿尔特的肖像画（Numa Ayrinhac，1948）

30　两位阿根廷五月广场母亲（Tati Arregui，拍摄于 2018 年）

31　2009年参加世界社会论坛的几位拉丁美洲左翼领导人（Fabio Rodrigues Pozzebom/ABr）

在其顶峰时期，利马城20%的妇女生活在13家女修道院内。巴西的第一家女修道院于1677年创立于萨尔瓦多，到18世纪，又增加了三家女修道院，但是，修女的人数远比不上西班牙美洲，例如，墨西哥城的修女人数是巴伊亚的两倍。[1]

随着1569年费利佩二世在墨西哥和利马建立宗教法庭，宗教裁判所正式进入殖民地。所谓堕落分子，特别是犹太皈依者和新基督教徒，只要被人议论，就都要受到宗教裁判所的审讯。但是，印第安人不受宗教裁判所的审讯，"因为印第安人无知、懦弱"。宗教审判不仅是宗教活动，也是政治活动。其目的是形成一种"恐惧、不信任和严格的文化一致性的气氛"，保持社会的统一和忠诚。在巴西，宗教裁判所没有建立起来，但主教和宗教裁判官的巡视，承担了宗教裁判所的职能。[2]

四、多种族的社会

到17世纪中期，甚至更早，印第安人口下降的趋势已经停止，并出现了缓慢的回升。同时，欧洲人口增长的速度超过印第安人口。然而，人口增长最快的种族集团是混血种人，即印欧混血种人（梅斯蒂索）和黑白混血种人（穆拉托）。各种族集团处于不同的社会地位：欧洲人处于社会最上层，印第安人、黑人

---

[1] Mark A. Burkholder & Lyman L. Johnson, *Colonial Latin America*, Oxford University Press, 1994, p. 92.
[2] （美）E. 布拉德福德·伯恩斯：《简明拉丁美洲史》，王宁坤译，涂光楠校，湖南教育出版社1989年版，第90页。

和混血种人处于社会金字塔的底层。

殖民征服将西班牙人置于殖民地社会的上层。这个集团包括出生在西班牙的半岛人,也包括出生在新世界的克里奥尔人。来自委托监护制的贡赋、贸易、矿业、牧场、农业为少数幸运者带来了大量的财富,但大多数白人只能从事地位较低、收入微薄的事业。有人在农村经营小规模的地产,有人在城市经营小商店。还有人担任神职、从事法律或公证人的职业、担任下级官员或零售店职员、经营酒店、担任城乡或矿区的监工,甚至从事非熟练的体力劳动。实际上,西班牙人从事于各种各样的经济活动,绝大多数人并不富有,也没有显赫的社会地位。

白人统治阶级本身也非铁板一块。西班牙人将本土不同地区间的世仇带到了新世界。在新世界无政府状态的环境下,卡斯蒂利亚人和安达卢西亚人之间、卡斯蒂利亚人和巴斯克人之间的不和有时导致武装冲突。但是,白人内部最为持久的不和存在于出生在西班牙的半岛人和出生于殖民地的克里奥尔人之间。在法律上,克里奥尔人和半岛人是平等的,但是,在绝大多数时期,克里奥尔人一直受到歧视,他们被排挤在政府和教会的高级职位之外,大规模的商业活动也被半岛人所垄断。这两大集团之间的分歧不断加剧,每个集团都为捍卫自身地位寻找依据。半岛人宣称,由于美洲的气候和环境因素,克里奥尔人懒惰、无能、轻率,以此为自己的特权地位辩护;而克里奥尔人则指责半岛人是卑鄙吝啬的暴发户。随着克里奥尔人从矿业、种植园和牧场获得的财富日渐增长,他们对于自身所遭受的歧视的怨恨情绪日益加剧。殖民地社会上层内部的分裂是克里奥尔人寻求独立的主要因素。

印第安人处于殖民地社会的底层，代代都是纳税者。然而，印第安人统治者的后代和世袭的贵族，受到特别的照顾，这部分是由于他们在西班牙人和印第安人纳税者之间承担了一种中介的角色。足够的证据表明，印第安人所遭受的最为严酷的剥削正是来自本种族的贵族成员。作为西班牙人的征税者，或者印第安人劳力的调配者，这些土著贵族借机剥削本种族的普通成员而大发其财。他们还霸占公共土地，租借给普通印第安人成员，收取额外租金。也有个别野心勃勃的印第安人普通成员，通过与西班牙人打通关系，取代土著贵族，充任这一角色。这类土著首领，在墨西哥被称为卡西克（cacique），在尤卡坦被称为巴塔巴（batab），在安第斯地区被称为库拉卡（kuraka）。他们获准保留其全部或部分的世袭财产，享有骑马、穿欧洲人服装、携带武器等特权。虽然比不上西班牙人富有，但是他们往往拥有私人地产和牲畜，并可免交赋税和免服劳役。在生活方式上，他们也日渐西班牙化。

但是，到16世纪末，印第安人贵族处于全面衰败之中。一个原因是西班牙人侵占了他们的土地，另一个原因是，由于他们负责为西班牙人征税，当传染病或者其他因素造成印第安人口大量减少时，他们必须自己补足按照人数定额所规定的赋税额，否则就要被关进监狱。为此，他们往往不得不卖掉或出租自己的土地。然而，殖民时代后期，特别是在安第斯地区，依然存在少数印第安人贵族，他们通过经营贸易、饲养牲畜或经营农业而变得极为富有，并享有很高的社会地位。

与印第安人贵族享受到的特权待遇相比，印第安人普通成员的遭遇要悲惨得多，他们要担负沉重的赋税、劳役和宗教费用。绝大多数印第安人居住在自己的村镇里，这些村镇有的是征服前就存在的，有的是将分散居住的印第安人集中到一起形成的。根据西班牙的模式，殖民者对这些村镇进行了改造，目的在于加强控制和便于征收赋税。印第安人村镇设立镇政会，负责管理。村镇长官一般被控制在世袭的土著贵族成员手中。印第安人村镇一般由一个或几个拥有血族关系的集团组成，这种血族集团在墨西哥被称为卡尔普伊，在秘鲁被称为艾柳。每个血族集团拥有自己世袭的领袖，他们代表自己所属的集团处理与其他集团的关系，监督本集团内部土地的分配等。

殖民征服给印第安人社会带来的伤害不仅体现在物质上，而且表现在心理上。西班牙人的记载经常提到印第安人长辈对纪律松懈、家庭关系淡化、道德水准下降的哀叹。一位名叫索里塔（Zorita）的西班牙人法官引用一位印第安老人的话说，随着西班牙人的到来，墨西哥的"一切都倒过来了……撒谎者、伪誓者、通奸者不再像以前那样受到惩罚，因为贵族失去了惩罚违法者的权力。印第安人说，这就是为何现在有这么多的谎言、混乱和有罪的女人"。[1] 酗酒也是印第安人社会组织解体的后果之一。

---

1 Benjamin Keen, *A History of Latin America*, Fifth Edition, Houghton Mifflin Company, 1996, p. 113.

在西班牙人到来之前,印第安人社会对龙舌兰酒(在墨西哥)和奇恰酒(在安第斯)的饮用有严格的规定,他们只能在宗教仪式中为表示对神的尊敬而集体饮酒。但是,在殖民征服之后,"到处都是司空见惯,到了下午,印第安人就开始喝酒,而且很快在黄昏就喝得酩酊大醉,普遍放荡不羁"。[1]

黑人最初是随殖民者一同自西班牙来到新世界的,而非直接来自非洲。在伊比利亚半岛,无论在法律上还是在习俗上,黑人地位远低于白人。根据法律,黑人奴隶被看作财产,自由黑人在很多方面也受到歧视。但在新世界,殖民统治和基督教的传播导致了印第安人在军事上的失败和印第安文化的迅速贬值,使黑人暂时获得了一种中间的社会地位,毕竟,黑人代表了欧洲文化和权力。黑人参与了对边疆地区的平定,负责管理和监督印第安人劳工。因此,黑人一度被指责应对虐待印第安人负责。实际上,黑人对印第安人的虐待并不比白人对印第安人的虐待更为严重,但是王室颁布了一系列法律,禁止黑人与印第安人接触。印第安人村镇被列为禁止进入之地,禁止黑人与印第安人结婚,与印第安人妇女发生性关系的黑人,初犯者被抽100皮鞭,再犯者被割掉耳朵。

后来,随着大西洋奴隶贸易的发展,买到黑人奴隶变得更加容易,价格也下降了,大量的矿山和农场广泛使用黑人奴隶劳动力,越来越多的社会集团购买黑人奴隶。到17世纪末,几

---

[1] (英)莱斯利·贝瑟尔主编:《剑桥拉丁美洲史》,第一卷,中国社会科学院拉丁美洲研究所组译,经济管理出版社1995年版,第222页。

乎每一个西班牙人家庭，包括工匠和其他一些并不富裕的人，都有一个或几个黑人奴隶。甚至一些印第安人贵族也拥有黑人奴隶。[1] 黑人的地位随之下降。

　　黑人奴隶在许多地区的经济活动中起着重要的作用。在上秘鲁（今玻利维亚）和墨西哥的银矿中，黑人奴隶很少。墨西哥矿主主要依靠雇用的劳动力，而秘鲁矿主则主要依靠米达制提供的工人。这是因为，在这些高寒地带，从热带地区来的非洲黑人因不能适应气候，死亡率很高。对矿主来说，使用黑人奴隶降低了利润。但是在新格拉纳达的金矿区——安蒂奥基亚、波帕扬和乔科——黑人奴隶是主要劳动力。据1778年的人口调查，新格拉纳达7万名黑人奴隶中就有60%的人从事黄金开采。在农业方面，黑人劳动力极为重要。广泛分布于墨西哥的制糖业使用的劳动力主要是黑人。在墨西哥中部农业资源丰富地区，庄园主保持一支黑人田间作业队，仅在一年中最繁忙的季节雇用印第安人和梅斯蒂索人，协助耕地、播种和收割。在秘鲁沿海地区，由于印第安人在16世纪大批死亡，几乎每一项农业劳动中都使用黑人奴隶，特别是在葡萄酒、糖、小麦的生产和供应市场的蔬菜农圃中。17世纪和18世纪，黑人奴隶在委内瑞拉和基多的可可生产中，在阿根廷的图库曼、科尔多瓦和门多萨等地的小麦种植、牛群放牧和酿酒方面也发挥着重要的作用。古巴制糖业的繁荣更是以黑人奴隶劳动力为基础的。在城市里，黑人奴隶的作用也很突出，对

1　Mark A. Burkholder & Lyman L. Johnson, *Colonial Latin America*, Oxford University Press, 1994, p. 192.

一些家庭而言，社会地位的标志就是拥有黑人仆人。女仆打扫房间，做饭，给婴儿喂奶和照顾儿童，男仆照管花园，洗擦铜器，刷洗马匹，驾驭四轮马车。此外，黑人还是城市里许多行业，如纺织厂、商铺等的劳动力。17世纪，利马的人口有一半是黑人，利马和墨西哥城成为西半球黑人最多的城市。[1]

出于安全考虑，奴隶主一般倾向于购买来自不同的部落起源、不同语言和宗教信仰的黑人奴隶，并有意识地在黑人之间培植部落分歧。出于经济利益，种植园进口的黑人奴隶大多是15岁到20岁之间的年轻人，并以男性为主。1746—1822年，古巴的女性奴隶所占比重为9%～15%，由此严重扭曲了黑人奴隶的生活，造成了严重的性压抑和家庭的不稳定。在西班牙美洲，直到19世纪，将作为奴隶的丈夫和妻子、儿女分开出售的做法才被法律禁止。主人出售奴隶家庭成员的权力，以及主人随意占有女奴身体的权力，致使黑人奴隶过上正常家庭生活几乎是不可能的。奴隶种植园世界，与其说像一个社会，不如说更像一座监狱。由于备受虐待，生活条件恶劣，女性稀少，黑人奴隶的繁殖率是极低的。

奴隶通过各种方式抵制和抗议强加在他们身上的命运，例如装病或者暗中破坏工作常规等。一些女奴通过堕胎和杀婴来避免孩子终身为奴。奴隶集体反抗的现象也时有发生。1735年6月，在墨西哥东部科尔多瓦周围地区，来自好几个甘蔗和烟草种植

---

[1] （英）莱斯利·贝瑟尔主编：《剑桥拉丁美洲史》，第二卷，中国社会科学院拉丁美洲研究所组译，经济管理出版社1997年版，第367—369页。

园的 2 000 多名奴隶发动起义，杀死种植园监工，毁坏作物和制糖设备，造成的财产损失估计约 40 万比索。战斗持续 5 个月后，起义才被镇压下去。此外，有的奴隶逃跑到边远地区，建立自己的根据地，那里被称为"逃奴堡"，他们甚至与当地印第安人联合起来，抵制征服。[1]

西班牙人、印第安人、非洲黑人之间的混血产生了大量的混血种人。殖民者发明了一些令人困惑的词来指称这些不同种族之间混血形成的人种：梅斯蒂索（mestizo）、穆拉托（mulatto）、桑博（zambo）、卡斯蒂索（castizo）、奇诺（chino）等。这些词表面上是很准确的，但在实际使用中是很随意的，在不同地区之间也存在着用法上的很大差异。印第安人与黑人的混血儿在墨西哥被称为桑博，而在布宜诺斯艾利斯被称为奇诺。印第安人和白人的混血儿被称为梅斯蒂索，梅斯蒂索与白人的混血儿被称为卡斯蒂索。

在殖民征服初期，来到新世界的白人妇女很少，王室和教会在一定程度上支持白人与印第安人之间通婚，因此白人男子与印第安人妇女结婚的情况是很常见的。但是，王室很快改变了态度，采取了将印第安人与西班牙人隔离、分开的政策。到 17 世纪初，西班牙殖民地法律的权威起草人胡安·索洛萨诺·佩雷拉（Juan Solózano Pereira）写道："拥有荣誉地位的西班牙人极少与印第安人或黑人妇女结婚。"因而，大量的印欧混血种人

---

[1] （美）谢里尔·E. 马丁、（美）马可·瓦塞尔曼：《拉丁美洲史》，黄磷译，海南出版社 2007 年版，第 167—168 页。

是西班牙男子与印第安人妇女之间婚外性关系的产物。只有极个别的西班牙人父亲接纳其混血子女，并让其继承遗产。因此，绝大多数梅斯蒂索人处于社会的底层。有的成为雇农，生活方式与印第安人无异，有的成为流浪者，有的加入殖民地的民兵。也有一部分梅斯蒂索人成了小农场主，或者成为中产阶级下层的一部分，如手工艺人、监工、商店店员等。由于既不属于西班牙人社会，也不属于印第安人社会，并被这两个社会所鄙视和不信任，毫不奇怪，梅斯蒂索人是社会暴力和不稳定的重要根源。

西班牙王室从一开始就试图阻止白人与黑人之间的婚姻和性关系。17世纪，在圣多明各，有的西班牙人军官与黑人妇女结婚。王室下令，这些军官此后不得晋升。但是，非婚同居现象极为普遍。很多富有的西班牙男子拥有黑人情妇，金屋藏娇，成为丑闻，以至于王室通过一项法律，禁止黑人妇女佩戴金银珠宝和穿丝绸衣服。[1] 男奴隶主将他们的女奴视作私人财产，强奸女奴的事经常发生，女奴拥有私生子是常规而非例外，由此产生了大量的黑白混血种人，他们被称为穆拉托或帕尔多（pardo）。到18世纪，黑白混血种人在矿业、商店、制造业、农业中承担了很多技术性的体力工作。殖民地的军队也有很多黑白混血种人参加。个别较富有的黑白混血种人花钱购买许可证，使自己在法律上成为"白人"，并得以进入大学和一些政府部门。

巴西的社会结构基本上与西班牙美洲相同，财富和权力的

---

[1] Mark A. Burkholder & Lyman L. Johnson, *Colonial Latin America*, Oxford University Press, 1994, p. 196.

分配与种族地位直接相关。社会上层是白人，贫困的农村人口绝大多数是黑人和印第安人，城乡之间的集团多属混血种人。然而，巴西也有与西班牙美洲重要的不同之处。

与中部美洲和秘鲁相比，巴西印第安人的政治组织和经济结构更为原始，很难与新的殖民秩序相协调。结果，在巴西，很少有葡萄牙人与印第安人妇女结婚。巴西的印第安人中，没有一个世袭的贵族阶层在殖民征服中幸存下来并发生角色转变，充当殖民者与土著人之间的中间人。巴西没有出现一个半封建的委托监护主阶级。印第安人口的减少和黑人奴隶的引进在巴西要比在西班牙美洲发生得更早，也更彻底。

位于巴西社会上层的一是来自葡萄牙的移民，他们控制了贸易、教会和国家的官僚机构，二是在巴西出生的白人，被称为马松博人（mazombo），他们控制了土地。这两个集团之间的社会接触、商业往来和相互通婚是很常见的。虽然土生白人与葡萄牙人之间在政治和经济生活中是存在矛盾和竞争的，但严重程度远远比不上西班牙美洲的克里奥尔人和半岛人之间的敌对关系。巴西土生白人与葡萄牙人之间的相互渗透，一方面是由于蔗糖工业的不稳定性，甘蔗园和榨糖厂频繁易手，并需要不断注入新的资金，另一方面是由于人口高度集中于沿海地区。

在巴西，印第安人的抵抗被镇压后，成千上万的印第安人沦为奴隶。虽然殖民地早期的经济依赖于印第安人劳动力，但是巴西的印第安人不太适合被训练为一支有纪律的劳动力队伍。随着传染病暴发和军事上的失败，印第安人被驱逐到边疆地区，非洲黑人奴隶成为巴西社会下层的基础。据保守估计，4个世纪内，除去途中死亡者，被运往巴西的非洲黑人约有360万，其中16世纪10万，17世纪60万，18世纪130万，19世纪160万。因此，葡萄牙人运往巴西的黑人人数超过了他们在巴西发现的印第安人的人数。[1]

在殖民时代早期，巴西的混血种人主要是印欧混血和黑印混血，尤其是在边疆地区和畜牧业之中，但是后来占多数的是黑白混血种人，他们被称为帕尔多，构成了重要的劳动力。帕尔多和自由黑人为城市提供了大多数技术劳工，他们还担任甘蔗种植园和榨糖厂的监工，对殖民地巴西的经济发展起到了不可忽视的作用。

五、城市和乡村

西班牙征服者和早期移民在对新世界的殖民化过程中，建立了一系列的城市，在他们看来，城市生活是欧洲文明和文化的标志。哥伦布第一次航行时，在伊斯帕尼奥拉岛上建立了西班牙人第一个定居点——圣诞节城，但第二次航行时，他发现，这个定居点已荡然无存，于是他又建立了伊莎贝尔。但是，伊莎贝尔也很快被放弃了。与伊莎贝尔一样，很多早期的居民点都因为地理位置不适宜定居或者附近的印第安人口急剧下降而

---

[1] E. Bradford Burns, *A History of Brazil*, Columbia University Press, 1993, p. 64.

被放弃。然而，圣多明各——今多米尼加共和国的首都——以及其他一些小城镇留存下来了。1525年，历史学家贡萨洛·费尔南多·德·奥维多（Gonzalo Fernándo de Oviedo）将圣多明各与巴塞罗那相提并论。在西班牙人征服大陆的过程中，印第安人原来的城市遭到了严重破坏，阿兹特克帝国的首都特诺奇蒂特兰在陷落后几乎被完全摧毁，印加帝国的首都库斯科的大部也在1536年曼科·印加领导的起义期间化为一片废墟。西班牙殖民者决定，在这两个土著城市的原址上重建西班牙人的城市。尽管这两处都远离海岸，但科尔特斯和皮萨罗都明白，根据西班牙的风格对两个原土著首都城市进行重建，将极大地加强新的殖民秩序的合法性。有的印第安城市，如秘鲁的豪哈（Jauja）和墨西哥的特拉斯卡拉，在征服过程中几乎没有受到损害，这里集中的土著人口和附近的农业资源吸引了西班牙人前来定居，殖民者很快将西班牙的建筑风格移植到这些城市。他们摧毁了很多印第安建筑，腾出空地，修建教堂、政府建筑物和西班牙人住宅等。在征服前没有定居农业和城市的地区，西班牙和葡萄牙殖民者也建立城镇，以组织和控制附近的印第安人。传教士和政府鼓励，有时是强迫印第安人集中定居，以促进基督教的传播，并促使土著人口参与殖民地经济。

　　这样，到1620年，西班牙人在新世界建立了190多座城镇，其中至少一半是1550年以前建立的。但是，印第安人的袭击、气候恶劣、地震等因素促使很多城镇移居他址。例如，科尔特斯匆忙建立的韦拉克鲁斯，后来迁到一个更加安全的港口。然而，到 1600 年，当代西班牙美洲的绝大多数城市中心已经基本建立了。在巴西，1650 年前，不到 40 座城市和城镇建立起来，几乎全都集中在距离海岸几英里的范围之内。

早期的城镇，包括哥伦布建立的圣诞节城、伊莎贝尔以及后来的圣多明各，都采取了不规则的方案，类似意大利人在地中海和葡萄牙人在非洲建立的设防贸易站。1502 年 4 月，尼古拉斯·德·奥万多作为总督来到伊斯帕尼奥拉岛，两个月后，一场飓风摧毁了他的首府，于是他决定把首府迁到奥萨马河右岸。奥万多很快制订了在伊斯帕尼奥拉建立城镇网的计划。要建立一座城镇，平均得有 50 户人家。奥万多作为这个方案的协调者，选定城市的地址，控制市政官员的任命，决定广场四周建筑物的布局。[1] 王室也积极地促进新世界的城市规划，告诫殖民地的管理者和征服者在建立城市时避开沼泽或昆虫泛滥的地域，保证拥有充足的水源和可耕地。1573 年，费利佩二世发布训令，确定了新世界城市建立的原则。基本的模式是方格形的，城市中心建立一座大的广场，作为市场和宗教、世俗典礼的地点，广场的面积不得小于 200 英尺乘以 300 英尺，不得大于 300 英尺乘以 800 英尺。训令还劝告西班牙殖民者建立富丽堂皇的房屋，给众多的土著居民留下深刻印象，目的在于使印第安人"称赞不已，并意识到西班牙人将在那里永久定居，而不是暂住。他们因此将对西班牙人产生严重的恐惧心理，以致不敢冒犯他们，

---

[1] （英）莱斯利·贝瑟尔主编：《剑桥拉丁美洲史》，第二卷，中国社会科学院拉丁美洲研究所组译，经济管理出版社 1997 年版，第 73—74 页。

而是尊重他们并期望得到他们的友谊……"。[1] 在一些主要的行政中心,如利马、墨西哥城、波哥大、危地马拉城,教堂、总督或都督的宫殿、市政委员会大楼环绕广场。在一些较小的城市,公共建筑物的数量和规模也较小,但广场依然是政治和宗教生活的核心。

在有的地方,地理因素限制了这种规则的规划,方格模式仅在市中心可见。在波托西和其他一些山区矿业城市,地势不平影响了街道的规则性。在西班牙美洲殖民地个别的防御性城市,如利马和卡塔赫纳,城墙也影响了方格的布局。在边疆地区,教会将分散的印第安人聚集到一处建立的城镇,例如,耶稣会在巴拉圭建立的城镇,也遵循着同样的方格模式,教堂和其他公共建筑物聚集于中央广场周围。在这样的城镇内,庭院建有围墙,以防外来袭击,也为对印第安人进行集中教化提供一个安全的地点。

在巴西,葡萄牙王室较少直接参与城市的规划,因而巴西殖民地时期的城市一般是自发建立的。尽管如此,绝大多数重要的城市的市中心依然是一个个方格形的布局。巴西的主要商业和行政城市都集中于沿海地区,易受外来袭击,因而,建有防御性的城墙和堡垒。

在殖民地时期,总督辖区的首府墨西哥城和利马是西班牙美洲的主要城市。1600年,墨西哥城号称有10万多人口。殖民

---

[1] (美)E. 布拉德福德·伯恩斯:《简明拉丁美洲史》,王宁坤译,涂光楠校,湖南教育出版社1989年版,第93页。

地富有的矿主和大地产主住在这里,其住宅的大小和到中央广场的距离反映了其社会地位和财富的差异。他们拥有华丽的住所、家具、服饰和马车,以及众多的仆人和奴隶。16世纪末,墨西哥城以其漂亮的女人、马和街道,商店的富有,贵族阶层不计后果的消费、赌博和慷慨而闻名于世。秘鲁总督辖区的首府利马和秘鲁的矿业中心波托西也是殖民地时期西班牙美洲著名的城市。1650年,波托西的矿业财富开始减少时,该城仍有16万人口,是西班牙美洲最大的城市。[1]

但是,在远离中央广场的地域,众多的城市贫民——多为印第安人、混血种人和自由黑人——居住在布局杂乱的郊区。在这里,街道狭窄,路面没有铺设。在雨季,往来于市中心和农矿地区的推车和骡车将街道变成一片泥泞。在旱季,狂风吹起尘土,遮天蔽日。城市贫民居住在狭小的、泥土颜色的砖坯房里。

在农村地区,存在着两种居住模式。在中部美洲和安第斯地区,农村生活以村庄为中心;在边缘地区,例如巴西、拉普拉塔地区和委内瑞拉的平原,畜牧业的重要性大于农业,分散的定居模式占主导地位。

与城市不同,极少村庄拥有较大规模的宗教建筑和世俗建筑物。社会生活的核心一般是商店或教堂。小村庄一般建有一座教堂,但很少有常驻的神父。在这些农业地区,农民彼此间住得很近,步行到田间劳作。这种模式在那些维持着征服前的财产共

---

[1] Benjamin Keen, *A History of Latin America*, Fifth Edition, Houghton Mifflin Company, 1996, p.115.

有体制的印第安人口中尤为典型。村庄民居以砖坯和当地木料建成，一般只有一个房间，另有一个以较差的材料建成的厨房。在有的地方，畜栏往往直接连着民居，也有的地方，畜栏建于村庄的边缘。

在许多地区，大地产占据着大片土地。这些大地产的主人，无论是世俗的还是教会的，靠出售其农牧产品大发其财。然而，地理位置、气候、是否易于获得劳动力等因素决定了这些大地产生产何种产品，以及其产品面向何种市场——本地市场、地区性市场或是国际市场。其中资本最为密集的大地产是面向国际市场的大种植园，如巴西和西属加勒比地区的甘蔗种植园。资本密集程度较差的是面向本地市场的大庄园（在西班牙美洲被称作 hacienda，在巴西被称作 estancia），主要生产小麦等谷物或饲养牲畜。新西班牙北部的大庄园最为典型，其农牧产品主要满足萨卡特卡斯等银矿中心的需要。

巴西的大种植园（被称为 engenho）的生产特点在建筑上得到充分的体现。首先，与谷物相比，甘蔗的种植需要更多、更密集的劳动力，因此种植园主修建了更大的住处。而且，由于一直存在着奴隶逃跑的问题，房屋的建筑设计还考虑到安全方面的需要。其次，蔗糖的提炼是一个复杂的、多阶段的过程，榨汁、熬制和过滤等工序在不同的房间内完成。再次，在蔗糖生产繁荣的时期，种植园主的利润极为丰厚，使其修建了豪华的住宅。种植园主的"大府邸"（casa grande）一般根据葡萄牙风格建成，包括一个塔，屋顶从四周向下倾斜，室外有楼梯和很长的走廊。

宅邸一般都是两层建筑，种植园主的家人一般住在第二层，仆人住在第一层，负责制作食物、洗衣和其他家务劳动。在17世纪初蔗糖生产的黄金时期，种植园主的家庭里，使用从欧洲进口的家具、从亚洲进口的地毯和瓷器。绝大多数奴隶集体居住在临时性的木板房里，只有个别种植园拥有供奴隶家庭居住的单独房间。集体居住的模式有助于防止奴隶逃跑，但限制了奴隶家庭生活的发展。

在大庄园，庄园主的房子是庄园的核心，但庄园主一般不在庄园生活，而是生活在城市里。庄园的单身雇员，尤其是那些家庭不在本地区的，住在宿舍里，已婚的雇员住在庄园主房子附近的小土坯房内。庄园的产品不仅投向市场，也满足自身消费需要。庄园内部一般还拥有铁匠铺、陶器场、木匠铺等。一些富有的庄园里还有教堂，但一般没有常驻神父。

除了大庄园、种植园、印第安人村庄外，农村地区还存在小农牧场，主要是在边疆地区。有的是私人所有，有的是租佃而来。在新西班牙北部、拉普拉塔的潘帕斯南部、委内瑞拉平原内地的畜牧区，孤立的农牧家庭散居其间。这些居民一般很穷，他们使用土坯建房，以牛皮遮挡门窗，几乎没有家具，用牛的头骨当椅子，土台上铺上稻草或牛皮当床。

六、婚姻、家庭和妇女地位

在西班牙、葡萄牙王室和天主教会看来，婚姻是一个合法家庭的基础。虽然殖民地的伊比利亚男子在自立和成家以前或许会拥有非白人情妇,但是他们通常的目标还是与白人妇女结婚,建立家庭。在殖民地社会,人们一般从相同或相近的社会阶层中寻求结婚伴侣。很少有白人男子与非白人妇女结婚,因为一方面,他们可以与这类妇女同居而不履行婚姻义务,另一方面,与这类妇女结婚将导致该男子社会地位的下降。混血种人男子一般与混血种人女子结婚,而混血种人女子如果有可能,则尽量与白人男子结婚。印第安人通常与印第安人结婚,虽然印第安人与混血种人之间的婚姻关系也较常见,尤其是在城市和矿区。黑人奴隶之间的婚姻关系较为少见。男女奴隶的比例相差甚大,一般认为,在整个殖民地时期,抵达西班牙美洲的女奴人数大约是男奴的三分之一。[1] 此外,奴隶的法律地位以及奴隶主的阻挠也是黑人奴隶结婚率较低的因素。然而,1731年,在巴西伊勒乌斯(Ilhéus)的圣安娜种植园(Engenho Santana),60%的成年奴隶是已婚的,或者处于同居状态。在秘鲁,1650年前,不到8%的20岁到25岁的奴隶和不到15%的26岁到35岁的奴隶是已婚的,在这两个年龄段中,女奴结婚的比例要大于男奴。在自由黑人中,结婚的比例与白人类似。[2]

关于第一次结婚的年龄,男女之间存在着差别。无论在白人还是在印第安人中,妇女结婚的年龄几乎总是要早于男子。女子

---

[1] (英)莱斯利·贝瑟尔主编:《剑桥拉丁美洲史》,第二卷,中国社会科学院拉丁美洲研究所组译,经济管理出版社1997年版,第353页。
[2] Mark A. Burkholder & Lyman L. Johnson, *Colonial Latin America*, Oxford University Press, 1994, p. 201.

早些结婚，既有助于保证婚前的童贞，维护家庭的荣誉，也有助于延长妇女的生育期。西班牙美洲的男子一般比妻子大四岁。在巴西的贝拉里加（Vila Rica），18世纪的第三个25年间，白人男子的结婚年龄一般为30岁左右，而女子一般为22岁，西班牙殖民地的情况也大致如此。上层和中层的妇女受男子的控制更加严格。殖民地时期到巴西的旅游者注意到，无论城乡，上层妇女如果没有女伴陪同，很少抛头露面，她们只有在参加集会或宗教节日活动时才离家外出。男子对他们的女儿和妻子的纯洁性高度关注，有时甚至导致暴力事件发生。事实上，无论在西班牙美洲还是在巴西，仅凭丈夫或父亲的证词，法院就可判决将被怀疑不忠的妇女送往女修道院。

在西班牙美洲，证据表明，印第安人结婚的比例要高于西班牙人，印第安人男子结婚的年龄也要早于西班牙人。与西班牙人一样，印第安人男子一般与比自己年轻的女子结婚。混血种人男子通常结婚更早，而且与西班牙人和印第安人不同，混血种人男子通常与比自己年长的女子结婚。混血种人新娘的年龄一般为24岁，而新郎的年龄一般为23岁。混血种人的婚姻模式之所以有别于西班牙人和印第安人，部分是因为这个集团既享受不到印第安人传统的土地所有权，也不能完全参与西班牙人的经济生活。

在各个种族和社会等级中，都有相当部分自由的成年人不结婚，保持单身生活。有限的证据表明，在西班牙人中间尤其如此，大约四分之一或更多的25岁以上的男女从未结婚。如此高的比例可能反映了两点，一是白人不愿与比自己社会地位低的人结婚，二是找到可接受的配偶难度较大。而且，西班牙人有机会从事宗教职业，或进入女修道院。而对混血种人和印第安人来说，这种机会通常是没有的。在巴西，白人男子找到理想配偶的难度更大，因为很多社会上层家庭将未婚女儿送往葡萄牙和亚速尔群岛的女修道院。1732年，这种做法被禁止，但是，1677年，巴伊亚建立了第一家女修道院，很多殖民地的上层家庭将女儿送到这里。

在完全没有可靠的避孕措施的情况下，家庭的规模取决于妻子结婚时的年龄和婴儿、儿童以及成年人的死亡率。一个家庭的经济和社会地位也影响到生育率和死亡率，由此影响到家庭的规模。当时在西班牙本土，妇女结婚的年龄一般为25岁，其生育期大约为15年，此间她一般要生五六个孩子。由于婴儿死亡率很高，加上童年和成年的死亡，大约有一半的子女在成年之前丧生，或者夫妇一方在妻子的生育期结束之前先去世，因而一般成熟的家庭为四五名成员。再婚极为常见，特别是在那些拥有一定财产的男女中，殖民地的家庭常常包含两次或更多次婚姻中所生的子女。证据表明，在殖民地，妇女结婚的年龄要比在本土早三年，因此她们可能生育更多的子女。

印第安人妇女的生育率更高，预期寿命更短。因此，在毁灭性的流行性疾病消退后，印第安人家庭的规模与西班牙农民差不多。白人上层的家庭规模一般相对较大，因为家庭的经济状况较好，降低了婴儿的死亡率。对各阶层的妇女来说，怀孕和生产带来的并发症是死亡的重要原因之一。

在殖民地，性别与职业密切相关。男子占据所有的政府职位，做出政治决策，控制绝大多数有利可图的经济活动。男子承担绝大多数体力劳动，如在矿山和农田劳作、建造房屋、造船、修建道路、搬运货物等。男子还要服兵役，控制除女修道院职位之外的所有宗教职位。只有男子有权接受高等教育或参加行会。在经济、社会和身体上，殖民地的妇女从属于男子是不争的事实。

但是，男子对妇女的控制权也在一定程度上受到西班牙的财产继承法的限制。继承制是双亲系的，也就是说，子女能从父亲和母亲双方面继承遗产。因此妇女的法人和经济地位不因结婚而消失。婚姻关系存续期间所获得的财产在丈夫死后由妻子和子女平分。丈夫在接受嫁妆时必须由公证人公证嫁妆的价值，并且承诺在他死后他的资产未分之前从此资产中扣除嫁妆的价值，归妻子所有。新郎的彩礼也同嫁妆一起归妻子所有。拥有委托监护权的男子死后，只能将委托监护权遗赠给合法的继承人。1542年颁布的新法规定，禁止妇女拥有委托监护权，但这一规定实际上不受重视，在没有男子的情况下，委托监护权可由妻子或女儿继承，有时由她们管理。国王曾试图规定妇女在继承一份委托监护权后一年之内结婚或改嫁，但这一规定也从未充分实施。委托监护权也被用作嫁妆，从而提高了一些妇女的社会地位。[1] 拥有财产的寡妇享有最大限度的行动自由并广泛地参与殖

---

1 （英）莱斯利·贝瑟尔主编：《剑桥拉丁美洲史》，第二卷，中国社会科学院拉丁美洲研究所组译，经济管理出版社1997年版，第329—330页。

民地的经济生活。一个寡妇对她的嫁妆,以及她与丈夫在婚姻期间积聚的财产的一半享有完全的控制权,倘孩子尚未成年,她还通常管理归孩子所有的遗产。因此,妇女通常在男性亲属的协助下,拥有并经营城乡地产、矿山和工厂并从事其他经济活动。例如,伊莎贝尔·玛丽亚·格德斯·德·布里托(Izabel Maria Guedes de Brito)是17世纪晚期巴西东北部最大的地主之一的女儿,在丈夫去世后,她管理着家庭的全部经济事务。

白人下层妇女和印第安人、混血种人或黑人妇女也参与各种各样的经济活动。克里奥尔和梅斯蒂索妇女都从事小商店的管理——或作为业主,或作为她们照看的商店的业主的合伙人。16世纪起,没有男性亲属的各族群妇女往往担负起管理小牧场和小庄园的责任。小范围贷款、缝纫、陶器制作、织布、酿造龙舌兰酒和奇恰酒之类的饮料或制作食品在街头或市场销售,以及在当地市场上出售各种产品,都是殖民地社会的妇女(大半是下层阶级)所从事的经济活动。在一些城市里,妇女管理面包房和在制作蜡烛和烟草的工厂中工作。[1]

对于殖民地时期社会下层非白人妇女的情况,我们知之甚少。根据有限的资料,我们了解到,殖民征服后早期的社会为印第安妇女提供了较男子更多的机会。由于白人妇女很少,西班牙人不得不将印第安妇女作为配偶,"使她们填补了本应由白人妇女承担的角色和地位"。她们在家务劳动、缝纫和小规模的贸易

---

[1] (英)莱斯利·贝瑟尔主编:《剑桥拉丁美洲史》,第二卷,中国社会科学院拉丁美洲研究所组译,经济管理出版社1997年版,第331—332页。

中承担的角色使其与西班牙人社会有更多的接触，有助于提高她们的经济和社会地位。但是，到16世纪末，随着越来越多的白人妇女到来，印第安妇女的机会和流动性受到了限制。[1]殖民征服加重了印第安妇女的负担。她们自结婚之日起就要缴纳人头税，寡妇减半。委托监护主要求妇女当厨子、女仆或乳母。委托监护制衰落后，经济上的压力迫使许多妇女为工资、食物和栖身之所继续劳作。[2]

黑人女奴的工作是各种各样的，包括家务劳动、沿街叫卖以及沉重的农业和采矿工作。在甘蔗种植园，她们锄草、砍甘蔗、做饭，在制糖厂做次要工作。在采矿场，她们选矿石、淘金。耶稣会也将女奴送往纺织工场从事单调又费力的工作。城市女奴获得解放的机会看来比农村女奴或城乡男奴要多些。博得女主人或男主人的喜爱，或为男主人生下儿女，能够为许多女奴打开通向自由的道路。

七、思想、文化和艺术

殖民地的文化是那个时代的宗主国文化的反映。至少直到18世纪，在国家和教会的支持下，中世纪的思想观念一直压制着殖民地的智慧和想象力的发挥。尽管如此，殖民地的文化仍留

---

[1] Benjamin Keen, *A History of Latin America*, Fifth Edition, Houghton Mifflin Company, 1996, p. 18.
[2] （英）莱斯利·贝瑟尔主编：《剑桥拉丁美洲史》，第二卷，中国社会科学院拉丁美洲研究所组译，经济管理出版社1997年版，第349页。

下了极有价值的历史遗产。

殖民者希望他们的子女在欧洲的宗教和文化传统中成长。然而，去欧洲接受教育，不仅花费高，而且还要冒穿越大西洋航行的危险。因此，殖民者在新世界建立了教育机构。教会垄断了殖民地社会各个层次的教育。16世纪末，绝大多数修道会都将有限的教育资源从面向土著贵族转向西班牙人上层（包括西班牙人和土生白人）的男孩和年轻男子。尤其是耶稣会，成功地吸引了殖民地上层的孩子进入其开办的学院学习。1556年，耶稣会在巴西创建了第一所学院，1568年在利马创建了第一所学校——圣巴勃罗学院，1574年在墨西哥创建了第一所学院。这些学院开设人文、哲学、神学和语言课程，每天上课时间很长，从早上7时45分直到下午5时。到17世纪初，圣巴勃罗学院拥有500名学生；从17世纪60年代到18世纪60年代，拥有1 000多名学生。

在西班牙美洲，殖民者、神父和政府机构很早就推动大学的建立。1551年，根据王室授权，墨西哥城和利马建立了大学。这两所大学在课程、管理等方面都仿照西班牙的萨拉曼卡大学的模式。16世纪和17世纪，越来越多的大学在西班牙美洲建立起来，到殖民地时期结束时，20多所大学授予接近15万个大学学位。10所主要的大学授予所有传统学科的学位：艺术、神学、法律、教会法、医学。其他较小的大学仅在一些学科授予学位，通常是艺术和神学，这类大学一般由耶稣会或多明我会主办。

殖民地时期的巴西没有建立大学，巴西主要的思想家和作家都毕业于葡萄牙著名的科英布拉大学。例如17世纪的巴西诗人格雷戈里奥·德·马托斯（Gregorio de Matos）在巴伊亚接受耶稣会的教育，然后去科英布拉大学，在那里获得法律博士学位。巴西之所以没有建立大学，原因之一是教会的力量相对较弱。

大学的学生全是男子，绝大多数来自首府和省府的中产阶级或较富有的克里奥尔家庭。根据法律，印第安人，特别是印第安贵族，有权进入大学学习，但实际上印第安人进入大学者极少。根据法律，混血种人被剥夺上大学的权利，但是富有的或具有社会关系的混血种人往往能够突破这一限制。黑人和穆拉托人进入大学最难，他们即使完成全部规定的课程并通过考试，也往往很难得到学位。

探险家、征服者和殖民者很早就将书籍带到美洲。一些征服者前往新大陆时，行李里携带了一些轻松的读物，如浪漫的骑士爱情故事。传教士也将宗教书籍带到美洲，如每日祈祷书、《圣经》、弥撒用书等。塞维利亚贸易署的检查官和殖民地的宗教裁判所对进入殖民地的书籍进行定期检查，虽然对小说类书籍的禁令完全无效，但是对异端的和颠覆性的书籍，禁令的执行是非常严格的。殖民地宗教裁判所的记录中，就有许多对拥有或阅读此类书籍的人实行监禁、拷打甚至处死的案例。

16世纪30年代，墨西哥第一家印刷所开始出版书籍，现存其最早出版的书籍是一部西班牙语和纳瓦特语的问答集，出版于1539年。到16世纪末，墨西哥城出版了接近200部著作。

1583年在利马、1640年在普埃布拉、1641年在危地马拉也相继出现了印刷所，危地马拉的印刷所尽管开始不成功，但在1660年再次开张。到18世纪，另外14个城市也有了印刷所。新世界的印刷所最初集中出版福音布道的书籍，后来出版的范围逐步扩大，包括历史、地理、法律、医药等领域的书籍。18世纪后期出现了报纸，种类甚多，但往往寿命较短。直到1808年，巴西才出现印刷所。

在西班牙美洲，殖民地的出版物和从宗主国进口的书籍的读者群是很小的。可能大约不到10%的人口能够读写，知识分子更少，可能在任何时候都从未超过几千人。17世纪后期，墨西哥城只有几百人参与知识生活，了解欧洲知识界争论的主要问题和新思想。

尽管存在着封闭、受审查、读者群狭小等一系列局限性，但西班牙美洲仍出现了一些著名的知识分子。他们尤其在印第安历史、人类学、语言学和自然历史等领域做出了杰出的贡献。在西班牙美洲，16世纪是印第安研究的黄金时代。在墨西哥，一大批传教士，特别是圣方济会的修道士，对印第安语言、宗教和历史进行了长期、耐心的调查研究。圣方济会修士贝尔纳迪诺·德·萨阿贡（Bernardino de Sahagún，1499/1500—1590）组织印第安学生在实录墨西哥劫难幸存者口述的基础上，搜集、整理、翻译印第安史料，历经10年之久，于1555年写成《新西班牙事物通史》（*Historia general de las cosas de Nueva España*），这是一部真正的阿兹特克文化百科全书。这部12卷的巨著曾被西班牙王室下令没收，幸亏萨阿贡有预见，保存了另一份手稿。现代学者认为，这部著作是考察印第安人种学、历史、文学和语言学不可或缺的文献。[1] 另一位圣方济会的修道士托里比奥·德·贝纳文特（Toribio de Benavente, 1490—1569），印第安名字为莫托利尼亚（Motolinia），在土著语里意为穷人，这个名字源于印第安人对教士们的破烂长袍和谦卑形象的印象，而莫托利尼亚则愉快地把他所听到的第一个美洲土著词语当作了自己的名字。1514年，他完成了《新西班牙印第安人史》（*Historia de los indios de la Nueva España*），详尽地描写了印第安人的风俗习惯，是一部了解征服前后印第安人生活的极有价值的指南性书籍。神父迭戈·杜兰（Diego Durán）根据阿兹特克的象形文字和一部由一位印第安贵族用自己的语言写成的、现已失传的编年史，撰写了一部墨西哥的古代历史，保存了阿兹特克部落的史诗和传说的内容与精神。耶稣会士何塞·德·阿科斯塔（José de Acosta）为满足西班牙人对新世界自然物产以及阿兹特克和印加历史的好奇心，撰写了《西印度自然和道德史》（*Historia natural y moral de las indias*），共七册，前四册涉及地理、天文、矿产、动植物等自然科学，后三册包括宗教、社会组织、城市发展史等。该书简明易懂，体现了一种当时难得的批评精神，在西班牙立即流行一时，并被译为所有主要欧洲语言出版。秘鲁人印卡·加西拉索·德拉维加（Inca Garcilaso de la

---

[1] 索萨：《拉丁美洲思想史述略》，云南人民出版社2003年版，第84页。

Vega）出生于原印加帝国首都库斯科城，父亲是西班牙殖民者、军事首领塞巴斯蒂昂·加西亚索·德拉维加，母亲是印加王族的公主。他青年时期一直生活在秘鲁贵族中，深受印加文化的影响，20 岁时，来到西班牙南部有混血文化传统的安达卢西亚地区，先从军，后因受到冷遇，退居修道院从事文化研究，死于西班牙的科尔多瓦。[1] 他的成名巨著是《印卡王室述评》，该书提供了有关印加文化和历史的极有价值的信息，展示了一幅在仁慈的印加王统治下秘鲁田园诗般的画面。该书以优雅、流畅的西班牙语写成，不仅是一部历史著作，而且具有极高的文学艺术价值。[2]

17 世纪后半期，殖民地学术成就的数量和质量皆有下降。这一时期，文学上的巴洛克风格占据主流，注重遣词造句，卖弄学问，内容从属于形式，思想从属于华丽的表达方式。但是，两位杰出的人物——墨西哥的卡洛斯·西根萨·贡戈拉（Carlos Sigüenza y Gongora）和秘鲁的佩德罗·德·佩拉尔塔·巴努埃沃（Pedro de Peralta Barnuevo）——以其广泛的兴趣和对科学实际应用的关注，预示着 18 世纪启蒙运动的来临。西根萨是数学家、考古学家和历史学家，他在与耶稣会神父基诺（Kino）的论战中，对古老的占星术进行了攻击，他还向世俗的偏见进行挑战，在遗嘱中希望将自己的遗体捐献解剖，贡献给科学研究事

---

[1] 索萨：《拉丁美洲思想史述略》，云南人民出版社 2003 年版，第 91—92 页。
[2] （秘）印卡·加西拉索·德拉维加：《印卡王室述评》，白凤森、杨衍永译，商务印书馆 1993 年版。

业。他对彗星和日食进行了详细的观察，并与欧洲科学家交流心得。佩拉尔塔·巴努埃沃是宇宙学家和数学家，他的天文观测成果在巴黎法国皇家科学院的学报上发表，他还被选为通讯院士，并主持了利马防御工事的修建。然而，这位对科学如饥似渴的追求者受巴洛克神秘主义的影响，在他最后一部著作中宣称，真正的智慧，是上帝的知识，人类是无力掌握的。

18世纪最后几十年，随着与欧洲经济和文化交流的增多，在开明的统治者的赞助和保护下，科学事业获得了进一步的发展。特别是在富裕的新西班牙，矿业的发展刺激了地质学、化学、数学和冶金学的进步。在墨西哥城，一所矿业学校、一个植物园和一所美术学校建立起来。墨西哥出现了一系列杰出的科学家：安东尼奥·德·莱昂·伽马（Antonio de León y Gama）是天文学家，洪堡称赞他的著作体现了"思想上的高度精确和观察上的细致入微"；安东尼奥·德·阿尔萨特（Antonio de Alzate）的《文学公报》（*Gazeta de Literatura*）向克里奥尔青年传播欧洲科学进步的知识，他对印第安人的智慧和能力给予高度的肯定；华金·贝拉斯克斯·卡德纳斯·莱昂（Joaquín Velázquez Cárdenas y León）是天文学家、地理学家和数学家，他的贡献还包括创建了矿业学校。这些人将理性主义、经验主义的启蒙思想与严格的天主教正统思想融为一体，例如阿尔萨特在他的《文学公报》中，猛烈地抨击欧洲哲学的异端思想和怀疑主义。

除个别例外，殖民地的文学是宗主国盛行的文学倾向的反映。与外部影响的隔绝、对所有读物的严格审查、读者面狭窄等因素都使得文学上的创新极为艰难。但是，就是在这种不利的环境中，却出现了索尔·胡安娜·伊内斯·德·拉·克鲁斯（Sor Juana Inés de la Cruz, 1651—1695）这样杰出的文学家。索尔·胡安娜出生于墨西哥，父母是土生白人。她16岁进入圣赫罗尼莫修道院，在那里生活了28年。她的知识范围涉及神学、哲学、科学和音乐等众多方面，在文学上，特别是诗歌领域造诣精深。她的诗歌语言中融入了印第安人和黑人俗语，体现了年轻的混血文化的生命力。索尔·胡安娜不顾社会上的陈规陋俗，为修道院购置了大量书籍和科学仪器，把圣赫罗尼莫修道院变成了当时墨西哥的文化中心。她反对歧视妇女，捍卫新型美洲大陆女性追求知识、追求光明的权利。[1]但是，即使是索尔·胡安娜也不能摆脱环境的压力。她对尘世的兴趣受到普埃布拉的主教的指责，这使她最终放弃了自己的书籍和对科学的兴趣，将其短暂的余生献身于宗教和慈善事业。

殖民地的艺术灵感主要来自西班牙，但是，印第安人的影响有时也在设计和装饰中有所体现，特别是在16世纪。厄瓜多尔的基多和墨西哥城是艺术活动的中心。1779年，墨西哥城成立了新世界的第一家美术学校。可以想见，绘画和雕塑主要以宗教为主题。在建筑上，殖民地仿照西班牙的风格，16世纪以严肃的古典主义为主，到17世纪过渡到注重装饰的巴洛克风格，18世纪更加注重华丽的装饰。

---

1 索萨：《拉丁美洲思想史述略》，云南人民出版社2003年版，第95—96页。

八、赢得独立国家地位

对于西班牙和葡萄牙及其美洲殖民地而言，18 世纪是战争与改革的年代。首场战争是西班牙王位继承战争（1701—1714），战争一方为西班牙和法国，另一方为英国、葡萄牙以及其他盟国。战争结束后，根据双方签订的《乌得勒支条约》，在规定西班牙和法国王位不得由一人继承的前提下，英国及其盟国接受来自法国的费利佩担任西班牙国王（后成为西班牙国王费利佩五世，西班牙从此进入波旁王朝时期）。但是，英国从西班牙那里获得了进入西班牙美洲殖民地市场的让步。根据条约，西班牙授予英国每年派遣一艘运送非洲奴隶的船以及一艘运送 500 吨货物的船前往西班牙美洲殖民地的特许权。这艘运送货物的船获准在加勒比海和墨西哥湾大多数重要港口如卡塔赫纳、波托韦洛、韦拉克鲁斯和哈瓦那停靠。英国商人利用这一特权，向西班牙美洲殖民地运送了大量商品，进行贸易，贩奴船通常也夹带很多商品，这样，西班牙对殖民地的贸易垄断受到了严重的冲击。此外，根据条约，葡萄牙获得了拉普拉塔河口的科洛尼亚-德尔萨克拉门托的控制权。该定居点与布宜诺斯艾利斯隔河相望，成为英国商品向西班牙美洲殖民地走私的另一渠道。

英国向西班牙美洲殖民地走私的贸易引发了两国的武装冲突。1739 年，爆发了詹金斯耳朵之战。这场战争源于西班牙海上巡逻舰队抓获英国船长罗伯特·詹金斯并割下他的一只耳朵。战争中，英国占领波托韦洛两个月，几乎夺取了卡塔赫纳。战争持续到1748年,并与奥地利王位继承战争交织在一起。接着又爆发了1756—1763年的七年战争。1762年,西班牙加入法国一方对英作战。战争期间,英国占领了哈瓦那、波多黎各和马尼拉。根据1763年的《巴黎和约》,英国将古巴还给西班牙,但西班牙将佛罗里达交给英国。1775—1783年,北美独立战争爆发。为了报复英国,1778年和1779年,法国和西班牙分别卷入战争,帮助英属北美摆脱英国,赢得独立。在1783年的《巴黎和约》中,英国承认北美殖民地独立,并将佛罗里达归还给西班牙。1789年,法国大革命爆发。法国革命直接导致1791年爆发了海地奴隶起义。1793年,西班牙国王卡洛斯四世和英国国王乔治三世担心法国的激进思想蔓延,因而结成联盟,与欧洲其他国家一起,反对革命的法国。1795年,西班牙又恢复与法国的同盟关系,翌年再次对英国宣战。

为了在新大陆上抵御欧洲列强的挑战,打击走私,同时为了加强对殖民地的管理和控制,增加王室收入,波旁国王进行了影响深远的政治和经济改革。在政治方面,主要采取了如下改革措施。第一,设立了两个新的总督辖区。1717年设立新格拉纳达总督辖区,1724年一度取消,1739年重新建立,首府在波哥大,管辖现在的巴拿马、哥伦比亚、厄瓜多尔和委内瑞拉。1776年,设立了拉普拉塔总督辖区,首府在布宜诺斯艾利斯,管辖现在的玻利维亚、巴拉圭、乌拉圭和阿根廷。新的总督辖区的建立,目的在于打击加勒比海和南大西洋走私贸易,防止外国入侵。第二,实行了监政官制度(intendancy system)。1784

年在秘鲁、1786年在新西班牙先后颁布监政官法令，指定西班牙出生的王室官员担任监政官，监政官享有广泛的司法、行政和财政权力，直接对王室负责，取代当地的地方官员。第三，打击教会。1767年将耶稣会士驱逐出西班牙美洲，耶稣会的财产被拍卖，所得收入被交给王室。第四，军事改革。为了抵御外来威胁和镇压内部叛乱，建立殖民地民兵。

在经济方面，为了增加来自殖民地的收入，王室不断增加专利公司垄断商品的种类，包括烟草、酒精、火药、盐等消费品，过去传统上由私商承包的捐税改由政府直接征收。所有买卖都要缴纳销售税，有些交易的税率从4%提高到6%，征收的办法也更加严格。[1] 为了振兴矿业，西班牙向殖民地派出了欧洲的工程师和矿业技术人员，鼓励采用最新采矿技术，批准在墨西哥建立了矿业学院。为了打击走私，1778年，卡洛斯三世颁布《自由贸易法》，允许西班牙美洲的24个港口与西班牙的任何港口进行直接贸易（但不能与西班牙势力范围以外的港口进行贸易）。商业活动不再局限在4个殖民地港口（韦拉克鲁斯、卡塔赫纳、利马-卡亚俄和巴拿马），也不再受西班牙加的斯的垄断。[2]

波旁王朝的政治和经济改革是在欧洲先进国家，特别是英国咄咄逼人的挑战面前被迫采取的自救运动，是一场"防卫性现代化"运动。但是，这场"防卫性现代化"运动带有严重的

---

[1]（英）莱斯利·贝瑟尔主编：《剑桥拉丁美洲史》，第三卷，中国社会科学院拉丁美洲研究所组译，社会科学文献出版社1994年版，第11页。
[2]（美）托马斯·E.斯基德莫尔、彼得·H.史密斯：《现代拉丁美洲》，江时学译，世界知识出版社1996年版，第32—33页。贸易署原设在塞维利亚，后迁至加的斯。

缺陷，其主要目的是改革现有的结构，而不是设计新的结构，基本的经济目标是改进农业，而不是振兴工业，结果是"西班牙错过了18世纪实现基本变革的机会，最终放弃了通向近代化的道路"。[1]

这场改革的确提高了行政管理的效率，加强了防务，扩大了商业活动，增加了王室的财政收入，但是同时，改革也激化了宗主国与殖民地之间的矛盾，尤其引起了殖民地克里奥尔人的不满，加深了克里奥尔人的离心倾向。本来，建立民兵为当地的克里奥尔人以及一些混血种人带来了通过参军提高社会地位的机会，但后来，波旁王朝对殖民地民兵的忠诚存有戒心，将防务交给正规军承担，无论是正规军还是民兵内部，高级军官一律由半岛人担任。实行监政官制度更是排挤了克里奥尔人的参政机会，因为这些在西班牙出生的监政官"不想保护当地的利益，还阻止克里奥尔人进入殖民地管理机构"。[2] 经济改革为克里奥尔人带来了一定的致富机会，受到克里奥尔人的欢迎，然而，自由贸易仅限于西班牙帝国内部，殖民地的克里奥尔人希望与英国等外国进行直接贸易，但是西班牙为了维护本国大商人的利益，坚持贸易垄断。

虽然波旁改革加剧了殖民地与宗主国的矛盾，但是，这种矛盾还不足以促使殖民地的克里奥尔人主张脱离宗主国而独立。

---

[1] （英）莱斯利·贝瑟尔主编：《剑桥拉丁美洲史》，第三卷，中国社会科学院拉丁美洲研究所组译，社会科学文献出版社1994年版，第4页。
[2] （英）马修·雷斯托尔、（美）克里斯·莱恩：《殖民时代的拉丁美洲》，刘博宇译，上海人民出版社2023年版，第347页。

因为克里奥尔人虽然与宗主国有矛盾，但他们同时也强烈地意识到来自下层——印第安人、梅斯蒂索人、自由黑人、穆拉托人和黑人奴隶——的社会压力。"在西属美洲的有些地区，爆发奴隶起义的情景是如此可怕，以至克里奥尔人不敢轻易离开帝国政府的庇护或脱离占统治地位的白人行列。"[1]1780年秘鲁爆发图帕克·阿马鲁起义和1781年新格拉纳达的索科罗居民举行起义期间，土生白人联合半岛人镇压了起义。1790年，在法国大革命的影响下，海地爆发了革命，在黑人奴隶杜桑·卢维杜尔的领导下，经过长期艰苦斗争，于1804年成立了拉丁美洲第一个独立国家。西班牙美洲的土生白人迫不及待地与海地革命划清界限。西班牙美洲的独立运动，是在宗主国局势突然变化的形势下爆发的。1808年3月，拿破仑派军队侵入西班牙，废黜西班牙国王费尔南多七世，并派自己的哥哥约瑟夫·波拿巴到西班牙当国王。在宗主国危机和帝国统治面临崩溃的情势下，土生白人不得不填补政治真空，抢在下层起义以前宣布独立，防止出现另一个海地，由此引发了1810—1826年西属美洲的独立运动。

西属美洲的独立战争从1810年持续到1826年，可以分为两个阶段，1810—1815年为第一个阶段，1816—1826年为第二个阶段。有三个中心，分别是南美大陆北部的新格拉纳达总督区，南美大陆南部的拉普拉塔总督区，还有新西班牙总督区。

第一个阶段（1810—1815），南美大陆北部的新格拉纳达总

---

[1] （英）莱斯利·贝瑟尔主编：《剑桥拉丁美洲史》，第三卷，中国社会科学院拉丁美洲研究所组译，社会科学文献出版社1994年版，第30页。

督区，特别是委内瑞拉，最早开始武装起义。1810年4月，首府加拉加斯爆发起义，土生白人驱逐了殖民官吏，宣布建立共和国，组成了以米兰达为首的革命政府。第二年，西班牙军队反动反扑，革命力量被镇压，米兰达被俘牺牲。1813年，西蒙·玻利瓦尔领导起义军再次解放加拉加斯，第二次宣布建立共和国。此时，西班牙国内形势发生变化，费尔南多七世复位，加强了对于起义的镇压。1814年玻利瓦尔遭到失败，流亡国外。

在拉普拉塔总督区，1810年5月，阿根廷的布宜诺斯艾利斯爆发起义，推翻了西班牙殖民统治，建立了革命洪达。1811年，巴拉圭起义，东岸省（今乌拉圭）起义。1816年，各省代表在图库曼开会，宣布成立拉普拉塔联合省，脱离西班牙独立。

在新西班牙总督区，由于殖民当局在首府墨西哥城控制严密，起义在外地爆发。1810年9月16日，瓜纳华托省的多洛雷斯爆发了由米格尔·伊达尔戈领导的起义。起义军取得一系列胜利，席卷了整个墨西哥北部，并逼近墨西哥城。当时墨西哥城内防御空虚，起义军本来可以一举拿下墨西哥城，但是伊达尔戈在墨西哥城外犹豫不决，把军队撤回瓜纳华托。这无形中给敌人以喘息的机会，也部分地影响了起义军的士气，西班牙军队重整旗鼓，逮捕了伊达尔戈，并于1811年将其杀害。此后墨西哥南部领导武装斗争的何塞·莫雷罗斯成为墨西哥独立战争的领导人。莫雷罗斯在两年的时间内，控制了整个墨西哥南部。1814年费尔南多七世复位后，增派军队前来镇压，1815年底，莫雷罗斯被捕牺牲，起义军被迫化整为零。

这样，第一阶段的斗争到 1815 年，除了拉普拉塔外，大部分都基本上失败了。失败的原因，从革命力量方面来说，主要是没有发动广大印第安农民和黑人奴隶参加革命（墨西哥除外，伊达尔戈宣布废除奴隶制，把印第安人被侵占的土地还给印第安村社），起义局限于少数人，没有群众基础。各地区的斗争相互间没有联系，没有形成统一的力量。就外部原因来说，1814 年费尔南多七世复位，大量西班牙援军到来，力量对比发生了不利于起义军的变化。拉普拉塔总督区之所以能够保持革命成果，是因为地处偏远的南美南部，离宗主国最远，西班牙鞭长莫及。

第二阶段（1816—1826），起义者吸取了前一阶段的教训，在一定程度上发动了群众。他们提出了较明显的革命目标和纲领，得到了群众的支持和拥护。因此，在这一时期内，革命虽然也遭受了不少挫折和困难，但到 1826 年，绝大部分地区都赢得了胜利。

这一阶段以玻利瓦尔发动新进攻和阿根廷革命军队进攻智利为起点。1816 年，玻利瓦尔在海地的帮助下，建立了一支革命队伍，再次在委内瑞拉登陆。为了发动群众，他发表宣言，解放黑人奴隶，又颁布法令，把敌人的土地分给革命军战士。这样，大量黑人和混血种人参军，不久就解放了委内瑞拉大部分地区，1818 年宣布建立第三共和国。敌人防守的重点是加拉加斯，但是，玻利瓦尔不进攻加拉加斯，而是出其不意地翻越安第斯山，解放了哥伦比亚，然后回师解放整个委内瑞拉和基多。1819 年，委内瑞拉、哥伦比亚和厄瓜多尔组成大哥伦比亚共和国，玻利瓦尔当选总统。革命在整个新格拉纳达取得胜利。为了巩固胜利，也为了解放尚未解放的南美地区，玻利瓦尔决定远征西班牙殖民统治的堡垒秘鲁。

1817年初，圣马丁训练的军队也开始了远征秘鲁的行动。部队翻越安第斯山，首先向智利的西班牙驻军发起进攻，1818年2月智利宣布独立。1820年，阿根廷、智利联军进入秘鲁，1821年解放利马。秘鲁宣布独立。但是，西班牙仍控制着秘鲁沿海和内地部分地区。玻利瓦尔的远征军这时也接近秘鲁边境。为了协同作战，1822年7月，玻利瓦尔与圣马丁在厄瓜多尔的瓜亚基尔举行了会晤，商谈最后的计划。由于没有留下文字记载，会谈情况不得而知。只知道会谈后，圣马丁回到阿根廷，玻利瓦尔负责指挥解放秘鲁的任务。1824年12月，在苏克雷的指挥下，革命军与西班牙军队在阿亚库乔决战，革命军大获全胜。1825年，上秘鲁宣布独立，取名玻利维亚，以纪念玻利瓦尔的功绩。1826年，西班牙在秘鲁的最后一个堡垒卡亚俄港口向玻利瓦尔投降，秘鲁全境获得解放。

在这一个阶段，墨西哥的斗争是以一种扭曲的方式进行的。莫雷罗斯牺牲后，墨西哥人民一直坚持游击斗争。这时，大多数地主因为害怕农民，仍然支持殖民者。但是，1820年3月，西班牙国内发生了由自由派领导的起义，恢复了1812年宪法，并实行了许多反封建、反教会的措施。墨西哥大地主惊慌失措，力求使墨西哥脱离西班牙独立。领导这场运动的是一个反动军官伊图尔维德。1821年，伊图尔维德发表"伊瓜拉计划"，提出"保证独立、种族平等、保护教会"三项原则。这个纲领对上层阶级做出了很大的让步，同时又倡导独立。主要城市的土生白人上层宣布支持"伊瓜拉计划"，与殖民当局脱离联系。1821年7月，伊图尔维德兵临墨西哥城，西班牙总督见大势已去，被迫同伊图尔维德谈判。9月23日，西班牙军撤出墨西哥城；9月28日墨西哥宣布脱离西班牙独立。在墨西哥独立的影响下，中美洲地区于1821年宣布独立，1823年成立中美联合省。

  1822年，葡萄牙殖民地巴西以另外一种特殊的方式获得了独立。1807年，拿破仑军队跨过西班牙，侵入葡萄牙，占领了里斯本。但是，葡萄牙的布拉干柴王朝没有成为拿破仑的阶下囚。当法国军队到达葡萄牙首都郊区时，摄政王若昂将政府机构搬上舰艇，在英国军舰的保护下，到达里约热内卢。1820年，葡萄牙国内发生革命，若昂六世于次年应召返回葡萄牙，留下佩德罗王子为摄政王。1822年，在当地土生白人的要求下，佩德罗宣布巴西脱离葡萄牙独立。

第七章

向工业文明的过渡

1822年,巴西独立运动的领袖若泽·博尼法西奥对英国领事亨利·张伯伦说:"我们还不至于如此荒谬,竟想成为制造商。因此我们愿意买你们的工业品,向你们出售我们的农产品。"[1]

1949年,阿根廷经济学家劳尔·普雷维什指出:"一个国家如果要使增长率高于出口的低增长率,就目前而言,它除了用本国生产来替代大部分进口以外,别无选择。"[2]

两种观点判然有别。这是拉丁美洲独立后向工业文明的过渡在思想领域的反映。

在18世纪后期到19世纪中叶(约1780—约1860),出现了人类社会从农业文明时代向工业文明时代转变的第一次浪潮。

---

[1] (英)莱斯利·贝瑟尔主编:《剑桥拉丁美洲史》,第三卷,中国社会科学院拉丁美洲研究所组译,社会科学文献出版社1994年版,第750页。
[2] 江时学:《拉美发展模式研究》,经济管理出版社1996年版,第43页。

拉丁美洲的独立革命虽然是与美国革命、法国大革命连成一气的"大西洋革命"中的一环，但是，由于这场革命的领导权掌握在克里奥尔人地主手里，他们领导独立的目的仅仅在于取代半岛人，掌握国家政权，因此，19世纪初拉丁美洲的独立运动仅仅是一场政治革命，而非社会革命。独立运动没有引起社会经济结构的变革，独立后的拉美国家，在经济上延续了殖民地时期出口农、牧、矿产品，进口工业制成品的发展模式。只不过先进的英国取代了落后的西班牙和葡萄牙，成为拉美国家的经济主宰力量。英国以其强大的经济力吸住拉丁美洲广大地区，把它们作为热带作物、谷物、畜产品的新基地，整合进大西洋经济体。19世纪下半叶至20世纪初，工业化和现代化在欧洲核心地区取得巨大成就，并向周围地区扩散，形成了第二次浪潮。在这次浪潮的影响下，拉美国家面向工业化国家的初级产品出口经济出现了前所未有的巨大增长，并带动了经济发展水平较高的少数拉丁美洲国家的工业化和现代化的起步，拉丁美洲终于迈出了走向现代化的第一步。20世纪30年代，发源于西方核心地区的资本主义经济大危机震撼了全世界，中心对边缘的控制被削弱，拉丁美洲国家才开始摆脱传统的增长模式，探索独立自主的工业化-现代化道路，试行了激进的进口替代发展战略，并取得了显著的成就。[1]但是，由于进口替代发展战略本身的局限性和不利的国际因素，到20世纪80年代，拉丁美洲国家普遍性

---

[1] 罗荣渠：《现代化新论——世界与中国的现代化进程》，北京大学出版社1993年版，第131—132、178页。

地陷入了债务和经济危机，被迫施行新自由主义的经济调整。由此看来，拉丁美洲向工业文明迈进的道路是曲折的，始终受到外部因素的影响和制约。

一、经济发展道路的选择

殖民地时期，拉丁美洲形成了一种外向型的经济模式，承担着向宗主国出口农、牧、矿产品的角色。独立后，拉美国家摆脱了宗主国的控制，但是并没有利用这个机遇，改变经济发展的模式，相反，却"有意无意地或情愿不情愿地选择了在经济上继续依附于欧洲"。其实，美国在获得独立后也面临着同样的问题。美国南部的种植园主们赞成自由贸易，以便他们生产的棉花和种植园产品可以毫无阻碍地畅销于欧洲市场，而共和国的大多数建国者均坚决主张，为了保障其新赢得的政治独立，非达到经济独立不可。最终，北部实行保护主义的企业压倒了南部的自由贸易主义者，美国内战的结果保障了保护主义在美国的继续推行和美国工业化的成长。到1860年，美国发展为世界上第四号工业国，1894年跃居第一。[1]

为什么拉丁美洲国家做出了与美国不同的选择呢？这是多种因素促成的。本来，与北美地区相比，拉美地区的自然资源和人力资源更加丰富，在殖民地时期，拉美经济对欧洲的依附要

---

[1]（美）斯塔夫里亚诺斯：《全球分裂——第三世界的历史进程》，上册，迟越、王红生等译，商务印书馆1993年版，第179—181页。

比北美地区严重得多，独立后经济发展模式转变的难度也比北美要大得多。由于土生白人掌握了拉美独立革命的领导权，他们的大地产在独立革命中基本上原封未动。这些土生白人地主在独立后控制了国家的政权，凭借手中的政权，夺取了原西、葡殖民者的土地，并继续大肆兼并印第安人的土地。这样，独立后，拉美各国的大地产，不但没有被削弱，相反还有了进一步的发展。在西属美洲，大地产上的劳动者主要是印第安人和混血种人，他们有的是佃农，耕种从大地主那里租来的小块土地，在十分苛刻的条件下遭受剥削，有的干脆沦为大地主的债役农，因为永远还不清的债务，世世代代依附于大地主。在巴西，由于奴隶制还没有废除，劳动力还是黑人奴隶。由于受到极端残酷的剥削，广大人民十分贫困，购买力极低，不足以支持国内工业的发展。

拉美独立战争的领袖都经过了"欧风美雨"的熏陶，独立后的上层分子也与欧洲大陆保持着密切的联系。他们中许多人掌握了英语、法语或者德语，可以直接阅读旧大陆的出版物。他们还经常到欧洲旅行，因而不仅亲自体验到了那里的物质进步，而且十分了解那里的思想理论动态。很自然，"西班牙美洲大多数政治上层人士把英国和美国的经济成就归因于它们信奉自由贸易原则，把西班牙美洲的经济落后归咎于西班牙占统治地位的不自由的体制和政策"。[1] "他们认为，英国的迅速发展与商业

---

[1] （英）莱斯利·贝瑟尔主编：《剑桥拉丁美洲史》，第三卷，中国社会科学院拉丁美洲研究所组译，社会科学文献出版社1994年版，第351页。

优势是实行了自由贸易政策所致,只要效仿英国就会获得同样的结果。"[1] 自由主义学说脱胎于亚当·斯密的思想。其核心有两点。一是比较优势(comparative advantage)原则,它认为,世界上各地区的要素禀赋有别,其互补性有益于世界经济的发展,因此,地域分工应成为国际贸易的基础,任何国家和地区都应积极参与国际分工,以发挥各自的优势。二是自由贸易原则。它认为,经济活动只能受自由市场机制的调节,不能被其他力量限制和束缚。亚当·斯密的思想使许多拉美知识分子着迷。他们赞同自由贸易,将其作为解决本国经济问题的良方。用1830年墨西哥的《观察家》杂志的话说,墨西哥需要"绝对的普遍的贸易自由"以促进经济繁荣。[2] 独立后拉美政治上层,无论自由派还是保守派,"都信奉曼彻斯特学派的自由经济原则"。当然,在实际政策上,有时会背离这一原则。例如19世纪20年代末和30年代初,英国的进口货洪流造成严重的贸易逆差,加上流通手段的缺乏以及因此造成的经济紧缩,无论是自由派还是保守派中间都出现了主张保护当地制造业的人。然而,1845年后,拉丁美洲大多数国家更充分地纳入大西洋贸易体系,欧洲和北美越来越需要拉丁美洲的原材料,更多的国家对外贸易趋于平衡,从而似乎证明了自由主义的正确性,大多数国家至少在经

---

[1] (美)肖夏娜·B.坦塞:《拉丁美洲的经济民族主义》,涂光楠等译,商务印书馆1980年版,第18页。
[2] (美)E.布拉德福德·伯恩斯:《简明拉丁美洲史》,王宁坤译,涂光楠校,湖南教育出版社1989年版,第147页。

济政策的自由贸易方面有了接近一致的意见。[1]

此外，拉美各国在独立后普遍经历了财政危机。财政危机一是由于国内外战争的破坏导致生产不稳定，二是由于殖民地时期传统的收入来源，如王室的税收、出售官职以及人头税的废除。各国政府为了增加财政收入，努力发展进出口贸易，因为进出口贸易会带来关税收入。关税收入成为拉美各国独立后主要财政收入的来源。据统计，在19世纪中叶，拉美各国政府的财政收入超过50%来自关税。不过，一般来说，政府想增加关税收入并不依赖于提高关税率，因为过高的关税率只能抑制进口从而导致走私泛滥，最终导致关税收入的降低。因此，为了增加关税收入，只能以相对低的关税率来刺激进口，较低的关税率导致国外产品大量进入拉美市场，然而，进口的增加是以财富流出为代价的，为了防止入超，必然要鼓励出口经济的发展。[2]

独立后，面向外部市场的进出口经济也经历了一个缓慢的恢复与发展的过程。独立战争期间，贸易几乎处于停滞状态，与西班牙的贸易已终止，前殖民地之间的贸易也大大减少。19世纪中期前，由于缺乏资本、劳动力短缺、世界市场上初级产品价格下降等因素，拉美经济处于停滞甚至倒退状态，但出口经济仍得到一定的恢复和缓慢增长。某些传统的矿业部门在1840年前已经恢复到原有水平，例如，秘鲁的白银出口达到1830年

---

[1] （英）莱斯利·贝瑟尔主编：《剑桥拉丁美洲史》，第三卷，中国社会科学院拉丁美洲研究所组译，社会科学文献出版社1994年版，第388—389页。
[2] 杨跃平：《出口经济与拉美早期现代化道路》，载《拉美史研究通讯》，2000年第35期，第41—42页。

的两倍，墨西哥的白银生产也走出20年代的低谷而缓慢恢复，智利铜的年产量从1830年的2 000吨增加到1869年的5.1万吨。[1] 一些新的出口项目在出口经济中开始扮演重要角色，如巴西、哥伦比亚、哥斯达黎加等热带地区生产的咖啡，阿根廷生产的牛皮、腌牛肉、牛脂，秘鲁生产的鸟粪，等等。这一阶段是拉美独立后经济缓慢地与世界经济相适应的时期，为此后初级产品出口经济的进一步发展打下了基础。

二、出口繁荣和工业化的起步

如果说拉丁美洲经济在19世纪前半期基本上是停滞的，那么19世纪后半期，尤其是70年代后，经济活动的节奏加快了。增长的动力来自外部。欧洲和北美第二次产业革命的发展，极大地促进了对拉丁美洲农、牧、矿产品的需求，同时，外国投资和外国移民大量涌入，为拉丁美洲初级产品的生产和出口带来了资本和劳动力。这一时期，面向欧美市场的拉美经济出现了大幅度的增长。根据1890年美国的一份官方报告，拉丁美洲对外贸易额每年超过10亿美元，从1870年到1884年，增加了大约43%，相比之下，同一时期英国的贸易额增长了27.2%。五个主要从事外贸的国家是巴西、阿根廷、古巴、智利和墨西哥，这

---

[1] José del Pozo, *Historia de américa latina y del caribe, 1825-2001*, LOM Ediciones, 2002, p. 33.

五个国家的总贸易额占拉丁美洲贸易总额的3/4以上。[1]

独立后,巴西的主要出口产品是蔗糖,1821—1830年,蔗糖占巴西出口的30%。后来,由于和加勒比地区蔗糖的竞争,巴西蔗糖生产和出口下降,到1900年,蔗糖仅占出口总额的5%。橡胶生产始于19世纪初期,主要在亚马孙地区。这里有一种原产树种三叶胶,是天然橡胶的主要来源,巴西橡胶出口从1880年的0.7万吨增加到1912年的4.2万吨。1910年橡胶出口占巴西出口总值的40%,与咖啡出口量相近。橡胶生产促进了亚马孙地区的开发和城市的建立,贝伦和玛瑙斯成为橡胶贸易中心。在橡胶生产最繁荣的20年间,玛瑙斯成为巴西最繁荣和先进的城市。马瑙斯是巴西最早使用电灯的城市。1896年,这里建成了著名的亚马孙大剧院。歌剧院的大厅里,意大利的大理石柱、西班牙的雕花铁栏和法国的水晶灯饰,无不透出强烈的欧洲气息,墙壁上的绘画都出自意大利名家之手。直到今天,该剧院依然是马瑙斯旅游的主要景点之一。可可原产地在亚马孙地区,主要种植区在巴伊亚南部。19世纪,由于欧洲和美国巧克力消费量大增,巴西可可出口量迅速增加。1900年为1.3万吨,1925年达6万吨。不过巴西在国际可可市场上的地位很快被非洲的圣多美和"黄金海岸"(加纳的旧称)取代。维持优势时间较长的是咖啡。咖啡于1727年传入巴西,先在帕拉州种植,后来扩大到马拉尼昂、巴伊亚、里约热内卢等地。19世纪20年代,

---

[1] (美)E. 布拉德福德·伯恩斯:《简明拉丁美洲史》,王宁坤译,涂光楠校,湖南教育出版社1989年版,第179—180页。

咖啡年平均产量为 30 万袋（每袋 60 千克）。1880 年起年产量超过 500 万袋，占世界总产量的 50% 以上，其出口值占巴西出口总值的 70% 以上。19 世纪 80 年代，圣保罗高原取代帕拉伊巴谷地成为巴西咖啡的主要产区。巴西咖啡的一半以上输往美国。[1]

19 世纪晚期发生的科技变革极大地促进了阿根廷出口经济的发展。冷冻技术、远洋运输的进步开辟了将大量肉类输往欧洲市场的道路。铁丝网栅栏和苜蓿牧草的引进，大大提高了牲畜的质量。阿根廷的畜牧业获得了迅速的发展。1875 年全国牛的存栏数达到 1 334 万头，羊存栏数达到 5 750 万头，到 1908 年又分别增加到 2 910 万头和 6 720 万头。19 世纪 70 年代，阿根廷还首次向欧洲出口小麦，1876 年为 21 吨，1900 年上升到 225 万吨。同一时期，潘帕斯草原的耕地面积猛增了 15 倍。阿根廷的潘帕斯拥有世界上最肥沃的土地，但是阿根廷缺乏资本和劳动力。英国作为阿根廷农牧产品的主要消费者，首先带来了资本。英国资本主要投资于铁路、港口、包装厂和公共设施。迫切需要的劳动力从南欧特别是意大利涌入阿根廷。从 1857 年到 1930 年，阿根廷吸收的净移民（移入者减去移出者）350 万人，这意味着大约 60% 的人口增长来自移民。在这些移民中，46% 来自意大利，32% 来自西班牙。外国市场、外国投资和外国移民的有机结合，使阿根廷的出口经济进入了一个空前繁荣的增长期。20 世纪初，阿根廷位居世界人均国民生产总值的第六位，超过同时期的法

---

[1] 苏振兴等：《巴西经济》，人民出版社 1983 年版，第 6—11 页。

国和德国。在19世纪末和20世纪初一些欧洲人的心目中,阿根廷的花花公子成了挥金如土和举止高雅的绅士的化身。经济的繁荣极大地改变了阿根廷的面貌,鳞次栉比的现代建筑遍布城乡。首都布宜诺斯艾利斯成为重要的文化中心,号称为"南美的巴黎",1907年开张的哥伦布剧院成为这个充满雄心和富裕的时代的象征。[1]

智利独立后的主要出口产品是白银和铜。由于相对于其他拉美国家,智利较早实现政治稳定,因而其经济恢复和发展也相对较早。19世纪20年代到70年代,白银生产从每年大约2万千克增加到12.7万千克,铜从每年平均生产2 725吨上升到4.5万吨,占世界供应量的1/3~1/2。[2]但是,19世纪90年代,由于美国和西班牙出现生产繁荣,智利铜的出口占世界供应量的比例下降到6%。然而,出现了一种新的出口产品,即用来制造肥料和炸药的硝石。1879—1883年的太平洋战争后,秘鲁割让给智利的塔拉帕卡省是重要的硝石产地,不到几年时间,硝石出口成为智利经济的支柱。

初级产品出口经济的繁荣为工业的发展创造了条件。出口繁荣一方面带动了出口加工工业的扩大和先进技术与设备的引进,另一方面导致国民收入不断增加、人口增长加快并向城市地区集中,从而刺激了国内需求的上升,以及推动国内制造业的发

---

[1] 林被甸、董经胜:《拉丁美洲史》,人民出版社2010年版,第269页。
[2] (英)莱斯利·贝瑟尔主编:《剑桥拉丁美洲史》,第三卷,中国社会科学院拉丁美洲研究所组译,社会科学文献出版社1994年版,第610页。

展以满足这种需求。[1]开始，工业化主要是对天然产品的加工，主要供应出口；接着，维修、铸件、建筑、煤气、电力行业发展起来；最后，扩及日常消费品，主要是纺织品、食品的生产加工，面向国内市场的工业由此发展起来。

在巴西，咖啡生产和出口的增长为"第一次工业大飞跃打下了基础：第一，当鼓励货币现金交易和增加利润时，创造了工业产品的市场；第二，当促进投资修建铁路时，扩大了这一市场并使之成为一个整体；第三，当发展进出口贸易时，为创建工业产品的分配体系做出了贡献；第四，当促进移民活动时，保证了劳动力的供应；第五，通过出口咖啡为工业机械进口提供了资金"。[2]19世纪中期巴西出现的很少几个工厂主要用来生产供贫民和奴隶消费的低质量的棉布，以巴伊亚为中心，它集中了当时全国存在的9家工厂中的5家。1885年前后，工业生产转移到中南部地区。1881年，巴西工业企业有200家左右，到帝制结束前的1889年，达到600多家。1920年的普查表明，巴西有1.3万家制造业企业，雇用27.5万名工人，以生产普通消费品为主。纺织厂占企业资本投入的40%，食品加工、服装、肥皂和蜡烛行业占45%。与此同时，巴西的社会精英和政府对工业的态度发生了变化。直到19世纪90年代，巴西的政治家和经济学家仍认为，巴西只能用出口收入以及外国投资或贷款

---

1 苏振兴主编：《拉美国家现代化进程研究》，社会科学文献出版社2006年版，第67页。
2 （巴西）博勒斯·福斯托：《巴西简明史》，刘焕卿译，社会科学文献出版社2006年版，第161页。

来购买必需的外国制成品，不能把美国作为工业化的样板，用19世纪90年代一位内阁部长的话说，"因为我们缺乏他们种族所具有的优秀才能"。但是，帝国后期，少数知识分子开始对这一观点提出挑战。他们认为，巴西应该刺激本国工业的发展，并对与外国尤其是英国以及后来美国的经济关系进行反思。官方的立场也发生了变化，1889年共和政府建立后，继续支持工业发展，1890年颁布了保护关税法，将300项进口品的关税提高到45%~60%，主要是纺织品和食品，这些产品与国内产品有竞争，同时削减了本国工业所需原材料的进口关税。1896年，关税再次提高，1900年又进一步提高。政府在19世纪90年代建立了4所新的工程学校，帮助工业的发展。[1] 仅在1890—1895年，巴西就新建了450多家工厂。[2]

阿根廷农牧产品生产和出口的增长，带动了工业的发展。屠宰冷藏业是发展最为迅速、规模最大的工业部门，而供应国内市场的糖厂、酿酒厂、烟厂、纺织厂也出现了。20世纪20年代，坐落在布宜诺斯艾利斯的阿穆尔和斯威夫特罐头加工厂可以与芝加哥同类公司的经营相媲美，位于布宜诺斯艾利斯附近的基尔梅斯酿酒厂和洛马斯德萨莫拉酿酒厂在当时世界上生产淡啤酒的最大厂家中负有盛名。1876年，阿根廷制定了保护关税法。

墨西哥迪亚斯统治时期，"各个部门开始出现了现代的工

---

[1]（美）E. 布拉德福德·伯恩斯：《简明拉丁美洲史》，王宁坤译，涂光楠校，湖南教育出版社1989年版，第184页。

[2] Rui Facó, *Brasil siglo XX*, Editorial Platina, 1961, p. 79.

厂：棉纺厂、毛纺厂、面粉厂、罐头食品厂、葡萄栽植和酿酒厂、啤酒厂、香烟厂和雪茄烟厂、印刷厂、化工厂等，其中不少是农产品加工厂"。[1]据1906年统计，墨西哥工业企业已超过6000家，其中72.5%是食品工业。1910年，制造业产值达到8.36亿比索。

总之，到20世纪20年代末，巴西、阿根廷、智利、墨西哥，以及秘鲁、哥伦比亚等拉丁美洲大国，甚至乌拉圭这样的小国，初级产品出口经济的增长已经为工业化造就了活跃的国内市场，以生产非耐用消费品为主的工业获得了很大程度的发展。尽管如此，在所有国家，初级产品的出口依然占据主导地位。

三、进口替代工业化

进口替代工业化（Import Substitution Industrialization，ISI）是经济欠发达国家打破19世纪和20世纪初形成的国际劳动分工体制的尝试。在这种劳动分工体制下，拉丁美洲，以及亚洲和非洲的绝大多数地区，专门生产和出口食品与原材料，从欧洲和美国进口工业制成品。进口替代是指建立本国生产设备，生产以前从国外进口的商品。历史上，所有在英国之后实现工业化的国家都经历过一个进口替代的阶段。在这一阶段，工业部门的绝大部分投资用以生产取代进口商品的产品，当绝大部分投

---

[1] 徐世澄：《墨西哥政治经济改革及模式转换》，世界知识出版社2004年版，第5页。

资转向满足新增需求（而非原来对外国进口产品的需求）的生产时，进口替代的阶段方告结束。欧洲和美国进口替代工业化的浪潮发生于19世纪中后期。众所周知，在进口替代工业化的早期阶段，政府发挥了积极的作用以鼓励和保护幼稚工业（infant industry）。19世纪进口替代工业化的另一个特征是它的"民族性"，也就是说，虽然一些国家的基础设施投资资金来源于国外，但在工业化的早期阶段，绝大部分工业部门控制在本国手中，虽然机器的设计和操作机器设备的技术工人主要来自英国。亚洲、非洲和拉丁美洲国家并没有与欧美同步或者紧随欧美经历进口替代工业化，其历史根源有多种因素。在亚洲和非洲，主要在于欧洲国家的殖民政策，而在拉丁美洲，主要在于社会经济结构。对本地区初级产品有吸引力的外部市场使精英阶层大获其利，这意味着改变经济结构的政治愿望微乎其微。此外，在19世纪和20世纪初，拉丁美洲国家的企业家阶级、劳工力量、基础设施、市场规模或者行政能力不足以应对广泛的工业化进程。在一些国家，例如巴西，欧洲国家的影响足以迫使政府维持自由贸易政策，因而实际上排除了实行进口替代工业化的任何可能性。

尽管如此，拉丁美洲国家在推行初级产品出口战略的过程中，并非完全不存在制造业活动。如上所述，19世纪后期，在巴西、阿根廷、墨西哥以及其他拉美大国，已经出现了纺织厂、食品车间和小工厂，而且产生了满足铁路、榨糖厂等需要的机械工具和零部件生产工厂。一些政府还做出了零星的努力，提高关税，以保护这些企业以及鼓励兴建新的企业。但是，在第一次世界大战以前，拉丁美洲的工业化水平是很低的，消费的制成品或者由进口满足，或者由国内小工厂生产，出口的几乎全部是初级产品。除了阿根廷，拉美国家的人口绝大多数仍住在农村，初级产品出口部门决定着经济活动的节奏，小工业部门仅仅是初级产品出口经济的附属物。

但是，值得注意的是，到第一次世界大战前夕，初级产品出口部门，以及为初级产品部门服务的银行、商业、政府部门等，加上社会基础设施部门，如通信、交通部门等，已经在很多拉美国家造就了一个人数众多的中产阶级，他们构成了进口制成消费品的主要消费者。

1914年爆发的第一次世界大战是拉丁美洲国家进口替代工业化的第一个推动因素。战争爆发后，国际航运的中断、战时欧洲和美国非军事工业生产的下降造成了拉丁美洲进口制成品的严重匮乏和价格上涨，由此提高了进口替代工业化投资的利润水平。在此期间，纺织品、食品以及各种其他轻工消费品工业是拉美国家进口替代工业化的主要领域。但是，到20世纪20年代，绝大多数这些战时新兴的进口替代工业部门陷于停滞，一方面是由于美国和欧洲产品的竞争，另一方面是由于拉美国家的决策者普遍拒绝对这些新兴幼稚工业进行保护。在当时的决策者看来，第一次世界大战仅是正常的国际劳动分工体制的一种暂时失常，战争结束后，将会恢复正常状态，因此决策者并没有改变这种国际劳动分工体系的意识。[1]

从1929年10月美国纽约股票市场的崩溃开始的资本主义世界经济大萧条,对拉丁美洲的经济造成了灾难性的打击。欧洲和美国经济的突然下降使国际市场上对初级产品的需求减少。拉美国家初级产品出口大幅度减少,价格狂跌,进口能力下降。来自出口的外汇收入减少迫使绝大多数拉美国家急剧地削减进口。进口的下降为国内工业部门的产品腾出了市场,为本国制造业的发展创造了条件。首先,在20年代开工不足的工业生产能力得到充分发挥,接着又建立了一些新的工业企业。与第一次世界大战一样,30年代大危机诱发的进口替代工业化主要也集中在轻工消费品工业领域,虽然在一些国家,特别是巴西,钢铁工业和资本货工业在较小的程度上获得了一定的发展。

1939年爆发的第二次世界大战进一步刺激了拉美的进口替代工业化。战争期间,外国制成品进口的短缺导致了本国工业生产能力的充分发挥,在资本货能够进口的条件下,拉美还投资建立了一些新的企业,阿根廷和巴西的一些纺织品甚至可以出口。[2]

第二次世界大战后,进口替代工业化成为拉美国家推动经济发展的有意识的政策工具。政府采取了一系列措施来促进进口替代工业化:构筑关税壁垒,把进口商品的价格提高到使本国企业能够成功地在市场上与之竞争的地步;通过在政府合同中偏好本

---

[1] 林被甸、董经胜:《拉丁美洲史》,人民出版社2010年版,第319页。
[2] Werner Baer, "Import Substitution and Industrialization in Latin America: Experiences and Interpretations," *Latin American Research Review*, Vol.7, No.1, 1972, pp. 95-97.

国生产者的方法来创造需求（这些合同涉及购买军火等方面）；最为重要的是创建国营公司和直接在工业企业中投资。通过保护和参与，拉美国家为该地区的工业增长提供了重要的刺激。[1]

在20世纪五六十年代，进口替代工业化的一个重要特征是外国资本的参与。随着进口替代工业化建设的全面展开，拉美国家对资金的需求量日益增加，而出口收入因严重依赖于初级产品出口而经常处于不稳定的状态。因此利用外资来满足工业化建设的需求无疑是上策。为了吸引外国投资者，拉美国家实施了较为宽松的外资政策。而美国的跨国公司早就看上了拉美国家受到高度保护的市场，纷纷前来投资建厂。"可见，高保护政策使本国和外国的私营部门都获得好处，并在此基础上形成国家、跨国公司和本地资产阶级的'三方联盟'。"[2]

20世纪30年代到60年代，至少在主要的拉美国家中，进口替代工业化政策相对成功。但是，进入60年代后，进口替代的经济战略开始陷入严重的困难。这在一定程度上源于进口替代工业化本身的缺陷。第一，为了生产制成品，拉美公司不得不从欧洲、美国以及日本进口资本货（如机床）。如果不能进口这些资本货，或者这些资本货过于昂贵，本国公司就陷入困境。拉美人慢慢认识到，进口替代工业化并没有结束他们对工业化国家的依赖，而是仅仅改变了依赖的方式。由于不平等的贸易条件，

---

[1] （美）托马斯·E.斯基德莫尔、彼得·H.史密斯：《现代拉丁美洲》，江时译，世界知识出版社1996年版，第65页。
[2] 苏振兴主编：《拉美国家现代化进程研究》，社会科学文献出版社2006年版，第116页。

世界市场上拉美主要出口商品（如咖啡、小麦、铜）的价格下跌。也就是说，同样数量的出口只能换回越来越少的资本货。由此，在进口替代工业化过程中，国际收支赤字一直困扰着拉美国家。第二，拉美国家对制成品的需求受到限制，工业产品缺乏购买者。造成国内市场狭小的根源是多方面的。例如，在巴西，在30年代到60年代进口替代工业化期间，广大居民的实际工资下降，而政府的公共开支过度和财政赤字政策又加剧了通货膨胀；土地占有高度集中，农业生产率低，整个农村经济对工业品的吸收能力极为有限。第三，进口替代是在关税保护主义措施下发展起来的，过度的保护主义措施使本国市场与外部竞争相隔绝，减少了企业利用先进技术、降低成本、提高经济效益的动力。第四，在拉美进口替代的过程中，为了加快制造业的发展，政府将大量资源投入制造业。尤为典型的例子是政府利用极低的利率甚至是负利率向企业贷款。这种政策的结果之一是制造业越来越向资本密集型方向发展，于是造成了该地区的失业状况一直得不到改善。大量人口处于失业状态，无疑限制了工业品的国内市场。另外由于利率保持在极低的水平上，消费者的储蓄积极性受到了打击，更为严重的是，越来越多的人将财富转移到了国外。这既限制了资本的积累，又妨碍了国内市场的扩大。政府的财政状况得不到改善，从而加剧了通货膨胀的压力。[1]

---

[1]（美）托马斯·E.斯基德莫尔、彼得·H.史密斯：《现代拉丁美洲》，江时学译，世界知识出版社1996年版，第67页。苏振兴、徐文渊主编：《拉丁美洲国家经济发展战略研究》，北京大学出版社1987年版，第89页。

拉美进口替代工业化的这些缺陷，在有些国家，特别是阿根廷、智利、乌拉圭，在20世纪50年代就已经暴露出来了。也就是说，这些国家出现了进口替代工业化的"衰竭"（exhaustion），表现为经济增长率下降、通货膨胀、国际收支出现赤字。到60年代中期，更多的国家如巴西、墨西哥也出现了同样的问题。当时，越来越多的拉美国家认识到，进口替代已由"容易阶段"转入"困难阶段"，必须在发展战略上做出调整。

其实，除了拉美，第二次世界大战后，东亚国家和地区在进口替代工业化开展一个时期后同样陷入了"衰竭"。东亚地区的进口替代工业化的开展要晚于拉美。亚洲四小龙的工业化开始于20世纪50年代，但是，与拉美相比，东亚地区的国内市场规模更小，在实施进口替代10年后，市场很快陷入了饱和。面对这种局面，拉美与东亚国家和地区做出了不同的对策调整。拉美国家的对策是，从进口替代的第一阶段向第二阶段过渡，即从生产非耐用消费品转而生产原来依靠进口的资本货和耐用消费品，建立了资本密集型、技术密集型和熟练劳动力密集型的工业部门。在这一阶段，拉美国家不仅保留了前一阶段保护民族工业的做法，而且对资本货和耐用消费品的进口加以控制，以减少它们与本国资本货和耐用消费品生产部门的竞争。以巴西为例，巴西的进口替代工业化在60年代初进入了"衰竭"，经济上的危机引发了政治的变革，1964年，巴西发生军人政变，建立了军政权（1964—1985）。经过一段时间的经济调整（1964—1967），1967年后，巴西经济走上了高速增长之路。根据时任财政部长、著名经济学家德尔芬·内托的政策，军政府集中发展耐用消费品生产，特别是汽车工业。政府鼓励投资者，特别是外国投资者在汽车工业投资。1967—1974 年，汽车工业年平均增长 22%，1969 年产量达到 35.4 万辆，其中 67% 是轿车，其余为卡车和公共汽车。为了鼓励消费，1967 年开始，巴西推行宽松的信贷政策，规定购买汽车可享受 18 个月的消费信贷。1975 年巴西国内汽车销售量占总产量的 92.3%，达到 85.8 万辆，比 1965 年提高了一倍多。以汽车工业为代表的耐用消费品工业的迅速增长成为推动巴西"经济奇迹"的重要因素。尽管如此，拉美国家始终未能克服进口替代工业化的结构性问题，如国内市场狭小、国际收支失衡、工业品缺乏竞争力等。更为重要的是，随着工业化从劳动密集型的非耐用消费品生产向资本与技术密集型的资本货和耐用消费品生产过渡，对资金的需求大大增加，而拉美的初级产品因国际市场上价格不稳定而难以满足这一要求。于是，唯一的选择便是从国际资本市场上大举借债。1973 年石油危机爆发后，国际资本市场上资金充足，拉美国家不约而同地走上了"负债增长"的道路，最终走向了 80 年代的债务危机。

与拉美国家不同，东亚地区在进口替代的初级阶段于 20 世纪 60 年代出现困境后，及时转向了出口导向的发展战略，即将那些原来面向国内市场的一般工业消费品投入国际市场。这种出口替代充分发挥了本地非熟练劳动力资源丰富的优势，也正好抓住了当时发达国家对于劳动密集型产品需求增长的机遇。以我国的台湾地区为例，一般认为，台湾的进口替代工业化开始于

1953年,标志是这一年开始实施"经济建设四年计划"(1953—1956年为第一期,1957—1960年为第二期),进口替代实施了大约10年的时间,在50年代末走到尽头。由于岛内市场狭小,非耐用消费品内部市场饱和,生产过剩日益突出;另外,50年代前半期,台湾依靠传统的农产品出口,特别是依靠美援的大量输入,大体上能够维持外汇收支的平衡,但从50年代中后期,美国不断警告台湾当局,美援将在数年内中止,台湾将面临外汇严重短缺的局面。此外,还有人口增加和劳动力过剩带来的就业压力问题。面对这种局面,台湾岛内出现了两种主张,一种主张实行第二阶段的进口替代,即与拉美国家一样,发展耐用消费品和资本货工业,另一种意见则主张转向出口。后来,在美国的支持下,促进出口的主张占了上风。60年代初,台湾提出的口号是"以工业发展农业,以外贸培养工业",乃至"一切为了出口"。台湾当局以出口创汇的潜力和业绩作为是否对企业进行优先扶植与奖励的重要标准。台湾当局经过调研,重点发展塑胶、化纤、光学制品、电子、钟表等产业,在税收、汇率、贷款等方面给予优惠。出口导向体制使台湾的经济特别是制造业出现了加速发展的态势,1954—1961年,工业产值增长率从11.3%提高到16.2%,1963年,工业产值在台湾首次超过农业,1973年,农业产值比重下降到14%,工业产值比重上升到42%。出口工业基本上集中在劳动密集型的部门。[1]

---

[1] 梁志明主编:《东亚的历史巨变与重新崛起——东亚现代化进程研究》,香港社会科学出版社有限公司2004年版,第464—465页。

但是，到 70 年代，工人实际工资上升，劳动力资源优势随之下降时，东亚国家和地区又及时抓住了发达国家产业结构调整的机遇，转而发展以熟练劳动力、密集资本和技术为基础的制造业，生产既能替代进口又可面向出口的资本货和耐用消费品，这是高级进口替代和出口替代相结合的阶段，有人称之为"齐头并进的出口导向和进口替代"。由于前一阶段的出口增长积累了大量的外汇，为这一转变提供了资金的准备，所以与拉美国家不同，东亚没有严重地依赖于举借外债，没有走上"负债增长"之路。例如韩国 20 世纪 60 年代到 70 年代初期的经济增长是靠轻工产品的出口推动的，这和台湾是一样的，但是 70 年代开始，韩国政府推出了重化工业发展计划（1973—1982），由强调出口转向强调内部投资。根据这一计划，韩国在 1973—1981 年投资 960 亿美元，扩大钢铁、铜、锌、铅、铝的产量，建设 26 个原料工厂，39 个通用机械厂，7 个电子设备厂，8 个精密仪器厂，9 个码头。1972—1976 年韩国的国民生产总值平均年增长率为 8.5%，1977 年达到 10.3%，1978 年达到 11.6%。韩国的产业结构发生了很大变化，70 年代末，韩国已成为一个以重工业生产和出口为主的国家。也就是说，重化工业的发展，使韩国完成了工业升级，一跃进入新兴工业化国家行列。[1]

由此可以看出，20 世纪后半期，拉美和东亚发展业绩出现显著的差异，在很大程度上是工业化战略的选择导致的，拉美

---

[1] 梁志明主编：《东亚的历史巨变与重新崛起——东亚现代化进程研究》，香港社会科学出版社有限公司 2004 年版，第 250—266 页。

长期坚持内向型的进口替代战略，在进口替代第一阶段结束后，转向了发展耐用消费品和资本货的第二阶段，由于没有克服进口替代工业化的内在局限，最终走上了"负债增长"之路。东亚在进口替代的第一阶段结束后，及时转向出口导向战略，经过一个时期，又转向出口导向和进口替代相结合的阶段，成功地实现了工业化升级。内向发展和外向发展的不同选择，造成了二者发展业绩的巨大差距。

四、结构主义理论

在拉丁美洲，工业化进程带动了经济理论领域的变革，而新的经济理论又为工业化提供了有力的思想武器。

长期以来，在初级产品出口模式占主导地位的条件下，拉丁美洲主流的经济理论是由英国经济学家大卫·李嘉图（1772—1823）创始，后经约翰·斯图亚特·穆勒、阿尔弗雷德·马歇尔等人进一步发展的比较优势理论。19世纪晚期，随着拉美工业化的起步，支持工业化的经济思想也随之产生。19世纪80年代，在工业化起步较早的智利，马拉基亚斯·孔查普及了德国经济学历史学派的创始人弗里德里希·李斯特的思想，认为随着国内规模经济和公司外部有利因素的发展，新生工业将最终变得具有竞争性。20世纪30年代以前，其他国家也出现了一些为工业化辩护的经济学家，如阿根廷的亚历杭德罗·本赫和路易斯·科隆博，巴西的罗伯托·西蒙森、小亚历山大·西奇利亚诺、奥克塔维奥·普波·诺盖拉等。30年代，罗马尼亚经济学家米哈伊尔·马诺莱斯库的思想引起了巴西经济学家的关注。马诺莱斯库谴责国际劳动分工和古典贸易学说，认为农业国只要不实现工业化便是"贫穷的而且将继续贫穷"，国际劳动分工基本上是一个骗局，古典国际贸易学说为一个民族剥削另一个民族辩护。1931年，他的著作《论保护主义》被译成葡萄牙文在巴西出版，在巴西经济学家中产生了重要影响。例如，1931年，西奇利亚诺在他的思想基础上进行了发挥，提出由于非洲人和亚洲人在农业竞争活动中愿意接受较低的工资，从而提高了他们的劳动生产力，因此，巴西不能继续依靠传统出口物，巴西的农业不具有对工业的任何内在优势。1931年，阿根廷工业联合会主席路易斯·科隆博支持温和的和"合理的"保护主义，1933年，他公平地为保护工业和农业做了辩护。1940年，他抨击工业国违反国际劳动分工的规则，发展大型农业企业，而只在方便的时候才到国外购物。[1]

  第二次世界大战后，进口替代工业化的发展进一步推动了拉美经济理论的革新。1948年，联合国拉丁美洲经济委员会在智利首都圣地亚哥正式成立，以阿根廷著名经济学家劳尔·普雷维什为代表的一批年轻经济学家聚集于此，从事拉美发展问题的研究，逐渐形成了对50年代到70年代拉美发展进程产生重大影响的拉美结构主义理论，又称发展主义理论或拉丁美洲经

---

[1] （英）莱斯利·贝瑟尔主编：《剑桥拉丁美洲史》，第六卷，上册，中国社会科学院拉丁美洲研究所组译，当代世界出版社2000年版，第397—402页。

济委员会理论。

劳尔·普雷维什，1901年4月17日生于阿根廷的图库曼市，就学于布宜诺斯艾利斯大学，学习经济，1925—1948年任该校政治经济学教授。在此期间，他还担任阿根廷政府部门的一些重要职务，包括阿根廷统计局代理主任（1925—1927）、阿根廷中央银行经济研究部主任（1927—1930）、财政部副部长（1930—1932）、阿根廷中央银行行长（1935—1948）。1948年，他加入了联合国拉丁美洲经济委员会，并被任命为执行秘书，担任此职务直到1963年。1965—1969年，他担任联合国贸易和发展会议（UNCTAD）秘书长。1969年后，他担任联合国拉丁美洲经济和社会计划署秘书长。

作为经济学家，普雷维什的声望在供职于联合国拉丁美洲经济委员会期间达到最高。在那里，他开始阐明和发表自己对于国际贸易和发展的观点，这些观点对拉美政府的政策制定产生了重大的影响。普雷维什关于国际贸易的观点对以大卫·李嘉图的比较优势理论为基础的古典正统的贸易政策提出了直接的批评。根据比较优势理论，每个国家应该专门生产该国生产效率最高的那些产品，因而，拉丁美洲和其他欠发达地区应该专门生产像食品（如热带水果、蔗糖和咖啡等）、原材料（如铜、锡、铝土等）这样的初级产品，而美国和其他发达国家将专门生产制成品（如机械设备和耐用消费品）。国际贸易将对这些商品的生产、对国际生产专门化和劳动分工带来的利益进行分配。普雷维什对这一观点提出了挑战，并提出了著名的"普雷维什命题"。

根据他的理论，国际贸易和生产专门化带来的好处并没有被公正地分配，发达的、工业化国家从中获得的利益大大高于欠发达世界。这是因为来自工业化国家的制成品的相对价格在不断上升，而来自欠发达国家的初级产品的价格在不断下降。结果，贸易的比价条件（一个国家的出口价格除以进口价格）在几十年来越来越不利于拉丁美洲和其他欠发达地区。

普雷维什是在考察了1876—1947年不同的出口和进口价格指数后得出这一结论的。他认为，拉丁美洲贸易比价持续下降是特定的需求因素与不均衡的技术变革的结果。欠发达国家出口初级产品，其需求量的增长速度较慢，发达国家出口制成品，其需求量以较快的速度增长。这种关系的直接后果将是，拉丁美洲进口的制成品价格增长的速度高于拉丁美洲出口的初级产品价格增长的速度。普雷维什还指出，技术变革对发达国家更为有利。初级产品在竞争性的市场上出售，因而产量的提高将导致原材料和食品价格的下降。然而，工业产品是在市场供应垄断者的市场上生产的，其特点是价格的指定性和僵硬性。在这种非竞争的市场上，产量的提高并不导致制成品价格的下跌，相反，却往往增加发达国家的资本家和劳工的收入。

"普雷维什命题"对拉丁美洲的政策具有重要影响。由于制成品价格相对于初级产品的价格不断上升，普雷维什主张拉丁美洲国家应该着手进行工业化。这个以国内生产的产品取代国外进口产品的过程就是进口替代工业化。普雷维什和拉丁美洲经济委员会反复强调，拉丁美洲国家应将工业化作为实现经济增长的手段。

为实现工业化,普雷维什和拉丁美洲经济委员会倡导实行与流行的西方正统经济理论完全相反的经济政策。他们敦促政府在鼓励工业化进程中发挥积极的作用。他们建议,政府实行高关税和限制性的进口配额制度,以严格限制甚至完全禁止进口那些拉丁美洲国家已经开始自己生产的制成品。这种高水平的保护将排除国际竞争的威胁,为本国制成品的生产创造有利的环境。

政府承担的最为关键的角色是分配外汇。建立新的工业,需要大量的外汇进口机械设备。由于在绝大多数欠发达国家,外汇极度短缺,普雷维什主张,政府必须实行汇率控制,以此将外汇重点分配给那些对国家的增长和发展至关重要的工业部门。也就是说,通过外汇政策,政府决定鼓励发展何种工业。这种强调国家计划的观点与西方正统的经济理论针锋相对,后者认为,自由市场力量将决定生产何种商品。绝大多数拉丁美洲国家采纳了普雷维什和拉丁美洲经济委员会的主张,采取了以推动工业化为目的的贸易保护、汇率控制、经济计划、增长战略。[1]

普雷维什的结构主义理论是在拉美进口替代工业化的背景下产生的,同时又为进口替代工业化提供了理论依据。但是,必须看到,结构主义理论也存在着局限性,例如过分强调保护国内市场,忽视鼓励制成品出口;过分强调国家干预,忽视市场调节;等等。随着拉美国家经济的发展以及随之产生新的挑战,普雷维

---

[1] "Raúl Prebisch." *Encyclopedia of World Biography*, 2nd ed. 17 Vols. Gale Research, 1998. Reproduced in *Biography Resource Center*. Farmington Hills, Mich.: Gale, 2008.

什和拉丁美洲经济委员会也在不断调整、完善和发展其理论主张。

五、债务危机、新自由主义调整和去工业化

拉丁美洲的进口替代工业化产生了积极的结果，地区经济发展迅速，1950—1981年，国内生产总值每年平均增长5.3%。但是，如上所述，进口替代工业化的过程中，也面临着严重的问题，其中最突出的是外债不断增长。债务问题的根源在于发达国家和欠发达国家之间不平等的贸易关系。发达国家初级产品进口的数量和价格远低于制成品进口的数量和价格。例如，1950—1973年，发达国家工业品进口每年增长8%，而初级产品进口仅增长6%。1973年后，发达国家工业品进口继续扩大，而初级产品进口则停滞了，80年代发达国家工业品进口每年增长11%，而初级产品进口增加不足2%。拉丁美洲虽然工业品出口有了一定的增长，但是初级产品出口仍占出口总额的90%以上。[1] 拉丁美洲工业化进程的某些变化也加剧了这种贸易不平衡。如上所述，大约从1955年以后，像巴西和墨西哥这样的国家，日益强调耐用消费品和资本货的生产，这就需要大量进口昂贵的机器、设备和技术，结果进口大大超出出口，加大了国际收支赤字。跨国公司对拉丁美洲相当部分制造业的接管，也导致了同样的后果。70年代，跨国公司在拉美每投资1美元，就汇往母国2.20

---

[1] （英）莱斯利·贝瑟尔主编：《剑桥拉丁美洲史》，第六卷，上册，中国社会科学院拉丁美洲研究所组译，当代世界出版社2000年版，第165页。

美元的利润。[1]为了弥补支付赤字，拉美国家不得不从国外金融机构大量举借外债。

1973—1974年，石油输出国组织将石油价格提高了4倍。由于无法在本国花费滚滚而来的利润，中东一些国家把大量资金存入国际银行，这些银行试图将这些资金以有利可图的利率贷给缺少资本但资信较好的客户。于是，流向拉丁美洲的贷款迅速增加，以实际价格计算，1974—1981年的年均额比1966—1970年的年均额大3倍。1970—1980年，拉丁美洲的外债从270亿美元上升到2 310亿美元。[2]空前的资金充裕局面，使拉美国家在西方经济陷入"滞胀"的情况下依然保持了5%的年增长率，并继续将进口替代工业化进程向前推进。但是，负债增长战略延误了绝大多数拉美国家进行经济改革的时机，并引起了商品进口的失控和广泛的金融投机，从而埋下了债务危机的隐患。[3]

1981年，世界市场上石油价格暴跌，严重冲击了在很大程度上依赖于石油出口的墨西哥经济，迫使墨西哥实行货币贬值。1982年2月，墨西哥宣布1美元兑换47比索。同年年底，货币再次贬值，宣布1美元兑换144比索。这引起了国际金融市场的恐慌。7月，墨西哥被告知，不会得到新的贷款。8月，墨西哥财政部长宣布，由于外汇短缺，墨西哥无法支付高达840亿美元

1　Benjamin Keen, *A History of Latin America*, Fifth Edition, Houghton Mifflin Company, 1996, p. 262.
2　（美）托马斯·E.斯基德莫尔、彼得·H.史密斯：《现代拉丁美洲》，江时学译，世界知识出版社1996年版，第70页。
3　苏振兴主编：《拉美国家现代化进程研究》，社会科学文献出版社2006年版，第121页。

的短期债务，由此引发了80年代席卷拉丁美洲的债务危机，使80年代成为"失去的十年"。[1]1981—1989年，拉美地区的人均国内生产总值下降了8.3%。同时，失业率上升，工资下跌。墨西哥的实际工资水平下降了接近50%。[2]

虽然债务危机是内外两方面的因素导致的，但是按照美国财政部和以国际货币基金组织为代表的国际金融机构的观点，债务危机的根源在于拉美国家长期推行的进口替代工业化带来的经济结构性扭曲。因此，拉美债务国只有进行根本性的经济调整，才有资格被减轻债务负担。1985年9月，美国财政部长詹姆斯·贝克提出了债务重组计划，由发达国家的主要商业银行，以及世界银行、国际货币基金组织等多边金融机构在3年的时间内向债务国提供290亿美元的贷款支持，但是债务国必须进行"综合、全面的宏观经济与结构改革"，其中主要包括"削减政府开支，紧缩财政，开放经济，放宽外资进入条件，鼓励竞争，向自由市场经济过渡，国有企业私有化，发挥私人企业积极性，实行资本流动自由化"。[3]贝克计划的实质是，以提供贷款为条件，迫使拉美国家进行新自由主义经济调整。

何谓新自由主义？根据诺姆·乔姆斯基的说法，"新自由主义……是在古典自由主义思想的基础上建立起来的一个新的理论

---

[1] （英）布莱恩·R.哈姆内特：《墨西哥史》，何晓静译，东方出版中心2023年版，第268页。
[2] （美）托马斯·E.斯基德莫尔、彼得·H.史密斯、詹姆斯·N.格林：《现代拉丁美洲》，张森根、岳云霞译，当代中国出版社2014年版，第397页。
[3] 张宝宇、周子勤、吕银春：《拉丁美洲外债简论》，社会科学文献出版社1993年版，第122页。

体系，亚当·斯密被认为是其创始人，该理论体系也称为'华盛顿共识'，包含了一些有关全球秩序方面的内容……所谓华盛顿共识指的是以市场为导向的一系列理论，它们由美国政府及其控制的国际组织所制定，并由它们通过各种方式实施——在经济脆弱的国家，这些理论经常用作严厉的结构调整方案。其基本原则简单地说就是：贸易自由化、价格市场化和私有化"。[1] 也就是说，新自由主义与古典自由主义是建立在相同的意识形态基础之上的，都主张各个国家积极参与国际分工，发挥比较优势；都提倡自由贸易，反对国家干预，发挥市场机制的作用。在20世纪末的拉丁美洲，新自由主义调整实际上就是彻底放弃内向型的进口替代工业化发展模式，转向外向型的自由市场经济模式。

在拉丁美洲，智利是最早推行新自由主义政策的国家。1973年，以奥古斯托·皮诺切特为首的军人集团发动政变，推翻了萨尔瓦多·阿连德政府，建立了军人政权。军政府起用了一批美国芝加哥大学毕业的经济学家，制定和推行新的经济政策。这些"芝加哥弟子"笃信货币主义经济理论，主张最大限度地减少国家对经济的干预，大幅度削减财政预算，降低税收，开放市场，吸引外资。智利军政府对大批国有企业实行了私有化，包括钢铁、硝石和化工等工业部门的企业；大幅度地降低了进口产品关税；大力促进林业、渔业以及水果等初级产品的生产和出口。在此过程中，很多本国企业在外来产品竞争面前倒闭，失业率

---

[1]（美）诺姆·乔姆斯基：《新自由主义和全球秩序》，徐海铭、季海宏译，江苏人民出版社2000年版，第3页。

急剧上升，实际工资水平下降。但是，通货膨胀率从1973年的500%下降到1981年的9.5%，经济从1975—1976年的衰退后开始复苏，1976—1981年，GDP增长率为7%。

墨西哥在债务危机爆发后，对经济政策进行了大幅度的调整，对国有企业实行自由化，开放经济。1994年1月1日，美国、加拿大、墨西哥三国签署的《北美自由贸易协定》生效。根据协定，三国之间在15年的时间内消除税收、关税和贸易壁垒，促进商品在成员国之间自由流通。协定生效后，美墨之间的贸易额迅速增加，从1993年的830亿美元上升到1995年的1 080亿美元。但是协定对墨西哥一些经济部门的冲击也十分明显。例如，大批种植和生产玉米的农民，在美国进口玉米的竞争下，纷纷破产。墨西哥南部恰帕斯州的农民选择在1994年1月1日，即《北美自由贸易协定》生效的当天发动起义，显然颇具象征意义。

在阿根廷，1985年6月14日，为了削减开支，稳定货币，改善投资环境，1983年上台的阿方辛政府发行新货币奥斯特拉尔（Austral），取代原来的比索；冻结工资和物价；削减财政开支，增加政府收入。1989年上台的卡洛斯·梅内姆政府宣布，向进口商品开放市场，削减对国内工业的补贴和市场保护。同时，政府对几十家国有公司实行私有化。1991年3月，为了控制通货膨胀，政府发行新货币"新比索"（peso nuevo），以取代奥斯特拉尔，新比索与美元等值。为了树立公众对于此次货币改革的信心，政府允许新比索与美元之间自由兑换。为了保证工资与价格稳定，通过解雇政府和公共部门的职员，削减在健康、教育、福利、养老金等领域的开支等措施，削减政府开支60亿美元。到90年代末，阿根廷的新自由主义政策取得了一定的成效。1996年和1997年的通货膨胀率不到1%，但是失业率急剧上升。1991年，阿根廷失业率为6.9%，到1995年上升到18.6%。生活在贫困线以下的人口从1993年的13%上升到1996年的20%。

巴西直到90年代中期才开始推行新自由主义改革。1992年接替因腐败下台的科洛尔就任总统的伊塔马尔·弗朗哥任命费尔南多·恩里克·卡多佐为财政部长。这位著名的依附论学者上台后，推行了新自由主义的经济调整措施。1994年1月，他推出了"雷亚尔计划"，从1月1日起，发行新货币雷亚尔。计划实施的第一年，通货膨胀率被控制在10%以下。很大程度上由于这一成就，在1994年的总统选举中，卡多佐成功当选为巴西总统。但是，在1997年亚洲金融危机的影响下，巴西经济开始出现动荡，大量资金外流。

总之，拉美各国推行新自由主义经济调整的时间和力度大不相同，但主要措施大致包括贸易自由化、放松对外资的管制、私有化、税制改革、金融改革、劳工制度改革、社会保障制度改革等，这些调整实际上意味着全盘放弃进口替代工业化战略，重新回到出口初级产品的发展道路上来。新自由主义的经济调整取得了一定的效果，通货膨胀率下降，财政赤字降低。宏观经济的稳定一定程度上带来了外国投资的增加。但是，总体上说，在进入21世纪之前,拉美经济增长水平较低,1998—2002年被称为"失去的五年"。

2003—2008年,由于全球经济的增长,国际资本流动性增强,特别是中国和其他亚洲新兴经济体对能源和原材料的巨大需求,拉动了拉美初级产品出口经济的增长,拉美地区的经济增长加快,GDP年平均增长率达到4.8%,人均GDP年平均增长率达到3.4%。2008年全球金融危机对拉美国家造成了一定的冲击,但是拉美国家总体上比较顺利地渡过了此次危机,2010年后,经济恢复增长。2010—2012年,拉美地区的GDP增长率分别为5.9%、4.3%和3.1%,人均GDP增长率分别为4.8%、3.1%和2.0%。[1] 在此特别需要注意的是中国与拉美经贸关系的迅猛发展在推动拉美经济增长方面的重要作用。2012年前,巴西、阿根廷、智利、秘鲁等南美重要经济体搭上了中国经济高速发展的快车,不仅在农产品、原材料和能源出口方面从中国巨大的市场获得了经济发展的动力,而且同时接收了中国"走出去"战略的配套资金。但是,2012年后,中国经济减速并进入新常态,对原材料、能源等产品的进口需求逐渐下降,加上全球经济不景气等因素,导致国际市场上大宗商品价格下跌,并在2016年达到低谷。例如,国际市场上原油价格一度跌至每桶30美元以下,与2014年最高时的每桶120多美元相比,几乎下跌了四分之三。此外,美联储宣布货币政策正常化并开始逐步调高利息,

---

[1] 苏振兴主编:《国际变局中的拉美:形势与对策》,知识产权出版社2014年版,第13—20页。

导致美元纷纷离开发展中国家流回美国。因此，2013年后，拉美国家经济增长速度逐步下降，有些经济体通货膨胀水平失控，货币贬值严重，经济衰退。例如，阿根廷在这种压力下出现债务违约，失去了在国际市场上融资的途径。[1] 2019年底新冠疫情暴发之前，拉美和加勒比地区的增长率已陷入第二次世界大战以来最为低迷的时期，参看表1：

表1 2013—2019年拉美和加勒比地区的GDP和人均GDP增长率[2]
单位：%

时间（年）	GDP增长率	人均GDP增长率
2013	2.9	1.8
2014	1.2	0.1
2015	-0.2	-1.3
2016	-1.0	-2.1
2017	1.1	0.1
2018	1.1	0.0
2019	0.1	-1.0

新冠疫情的暴发更是对拉美和加勒比地区的经济造成了严重冲击，绝大多数国家的经济陷入负增长，失业、贫困和不平等状况也进一步恶化。

---

[1] 陈朝先、刘学东主编：《拉丁美洲和加勒比经济发展分析与展望（2017）》，中国社会科学出版社2018年版，第16页。
[2] 柴瑜主编：《拉丁美洲和加勒比发展报告（2020—2021）》，社会科学文献出版社2021年版，第374页。

20世纪90年代以来的新自由主义经济调整对拉美地区的经济结构也产生了重要的影响,其中最为严重的后果是拉美地区经济的"去工业化"(deindustrialization)趋势日益明显。1990—2018年,拉美国家的平均制造业增加值占GDP的比例从19.1%下降到13.4%,降幅和降速都要高于世界上其余大部分国家。具体国家的数字则更为惊人:巴西从22.1%下降到9.7%,乌拉圭从28.0%下降到11.7%,巴拿马从15.3%下降到5.8%。两个拉美大国巴西和墨西哥的"去工业化"呈现出不同的形式。20世纪90年代以来,巴西在新自由主义经济调整过程中,大幅度降低关税,开放市场,由此导致大批廉价外国商品进入巴西,工业结构出现向自然资源加工业扩张之势。进入新世纪后,全球初级产品需求增加,巴西的"去工业化"和出口"初级产品化"趋势进一步加剧。不同于发达国家工业发展到一定高度后的"去工业化",巴西的"去工业化"发生在相对较低的收入水平上。换句话说,巴西并未实现从中等收入向高收入国家的完全跨越,就出现了工业部门萎缩的"怪象"。因此,巴西实际上正在经历"过早去工业化"。[1] 在墨西哥,开放市场给国内经济部门带来了严重冲击。就工业部门而言,许多部门和行业逐渐消失,比如纱纺服装、玩具、家具业,墨西哥制造业占其国内生产总值的份额从20世纪80年代末的23%以上降至2015年前后的17%~18%,就业率也从2000年起出现下降趋势。工业部

---

[1] 王飞:《从"去工业化"到"再工业化"》,载《文化纵横》,2018年第6期,第65—71页。

门的结构也发生了变化,由美国投资,从美国进口零部件,进行简单组装,再出口到美国市场的"客户工业"获得较大发展。这种工业部门虽然在一定程度上提高了墨西哥的就业率,但无助于本国工业的技术创新和发展,而且导致了对美国经济和需求的高度依赖。[1]

---

[1] 张日:《墨西哥制造业的尴尬》,载《国际商报》,2015年6月2日。

第八章

政治文明的演进

"我将不仅仅是另一任总统。在智利历史上,我将是真正民主的、民众的、民族的和革命的政府的第一任总统。"这是智利总统萨尔瓦多·阿连德在竞选获胜演讲中讲的话。但是,这位"真正民主的"总统执政不到四年(1970—1973),就被一场血腥的军事政变推翻,总统本人也在政变中以身殉职。这仅仅是频繁发生在拉丁美洲国家的民主政府与威权政府之间交替的过程中的一幕。

在西方发达国家文明演进过程中,富裕、公正、稳定、民主与自主的进步道路,一般来说是和谐的和直线式的。但是,在绝大多数欠发达国家,这种"所有好事情一起发生"的假说并不成立。在拉丁美洲,只有哥斯达黎加"接近于成为一个向各项发展目标齐头并进并且卓有成效的成功例子"。[1]而其他国家,

---

[1] (美)塞缪尔·亨廷顿等:《现代化——理论与历史经验的再探讨》,罗荣渠主编,上海译文出版社1993年版,第334—336页。

在向工业文明过渡的过程中,政治文明的演进过程不断出现民主政权与威权政权交替的历史现象。

一、早期政治模式的探索

拉丁美洲独立运动的根源在于殖民地的克里奥尔人对殖民政权不满,这种不满是实用主义的,不是意识形态的。但是,"启蒙运动即便不是殖民地独立的一个单独的'起因',也是独立历史的一部分;它提供的某些思想使独立运动充满活力,而且成为拉丁美洲独立后出现的自由主义运动的主要成分"。[1] 也就是说,独立运动的领导人深受启蒙思想的影响。启蒙运动通过美国和法国的革命传入拉丁美洲,这无疑对独立战争期间和独立后拉美政治体制的选择产生了重要的影响。

独立运动爆发后,所有的新政府都是在启蒙思想的影响下按照美国和法国革命的模式建立起来的。最初(如 1811—1812 年的委内瑞拉、新格拉纳达和智利)的一些宪法是建立在人民主权基础上的,几乎所有这些早期的宪法都宣布了不容剥夺的天赋人权,如自由、法律面前人人平等、安全、财产不受侵犯。许多宪法规定了新闻出版自由,有的宪法试图建立陪审团制度。为保护这些权利,所有宪法都规定实行三权分立,而且规定行政部门比立法部门相对弱势。但是,委内瑞拉、新格拉纳达和智利早

---

[1] (英)莱斯利·贝瑟尔主编:《剑桥拉丁美洲史》,第三卷,中国社会科学院拉丁美洲研究所组译,社会科学文献出版社 1994 年版,第 46 页。

期的自由立宪实验均未成功，各派上层人士之间和敌对地区之间相互斗争，最后使权力落入一个最高执政手中。不久以后，这三个地方的克里奥尔人政府都被西班牙军队消灭。

1815年后，出现了一种普遍的趋势，就是设立强有力的执政官职位并对政府实行中央集权式的控制。因为只有这样，才能有效地动员军队在战场上击败西班牙保王军，同时，建立强有力的中央集权政府也是赢得欧洲强国的信任、得到贷款和外交承认的前提。独立战争结束后，这种加强中央集权的趋势依然存在。这是因为，由于发生持续不断的政治动乱和经济危机，建立政治秩序成为当务之急。[1]

在试图建立政治秩序的过程中，拉美国家曾进行过多种政治模式的实验。巴西是唯一维持稳定的君主立宪制的国家，巴西的君主制一直维持到1889年，这与巴西获得独立的特殊方式有着直接的关系。拉丁美洲其他国家的君主制实验都不成功。墨西哥独立后，1822年，奥古斯丁·伊图尔维德建立了帝国，但该帝国持续了不到一年，到1823年即被共和国取代。后来，1864年，和拿破仑三世勾结的墨西哥保守派邀请奥地利大公马克西米利安就任墨西哥皇帝，但这次君主制实验以1867年马克西米利安被处死而告终。海地也曾进行过两次君主制的实验。亨利·克里斯托夫建立了君主国（1811—1820），后来福斯坦·苏卢克也宣布自己为海地皇帝（1849—1855），但两次君主制实验皆下场可

---

[1]（英）莱斯利·贝瑟尔主编：《剑桥拉丁美洲史》，第三卷，中国社会科学院拉丁美洲研究所组译，社会科学文献出版社1994年版，第358—360页。

悲。克里斯托夫最后自杀，苏卢克也被推翻。[1]这是因为，虽然西班牙美洲各国都羡慕英国君主立宪制的巩固性，但是在美国革命和法国大革命后，君主政体代表了过去的残余，对启蒙运动的迷恋以及美国成功的范例，都加强了主张采取共和制的人的力量。

共和制的选择有两种模式，都以加强中央集权为特征。一种模式受1812年西班牙加的斯宪法的影响。1812年，拿破仑军队占领下的西班牙摄政政府在加的斯制定宪法，规定实行有限君主制，承诺保障言论和集会自由，废除宗教裁判所。1821年大哥伦比亚共和国宪法、1830年和1832年的新格拉纳达宪法、1830年的委内瑞拉宪法、1823年和1828年的秘鲁宪法、1826年的阿根廷宪法、1830年的乌拉圭宪法和1828年的智利宪法都深受加的斯宪法的影响。1824年墨西哥宪法除了采取联邦制结构外，也受加的斯宪法的影响。但是，大多数西班牙美洲的宪法都在加的斯宪法上增加了一条，即允许总统在发生外来威胁或内部骚乱时使用非常权力。换句话说，这些宪法建立的是一种用立宪制装扮起来的中央集权制。

另一种模式受法国拿破仑宪法和英国君主立宪制影响。例如玻利瓦尔制定的1826年玻利维亚宪法、1837年安德烈斯·圣克鲁斯制定的秘鲁-玻利维亚联邦宪法、1845年胡安·何塞·弗洛雷斯制定的厄瓜多尔宪法、1836年墨西哥保守派制定的宪法等。

---

[1] José del Pozo, *Historia de américa latina y del caribe, 1825-2001*, LOM Ediciones, 2002, p. 38.

这些宪法的特点是总统长期任职（8年或10年，按照玻利瓦尔的最后宪法计划是终身制）以及多重的立法机构，其中一个立法机构拥有终身或世袭的议员。因此，这种模式实际上是建立穿着共和国外衣的君主国。不过，这些宪法生效的时间都很短，这种模式也基本上很快即被抛弃了。

上述两种模式尽管都带有中央集权制的色彩，但在实践中也没有得到遵守，政权落入了一些站在宪法和法律之上的政治领袖人物手中，这些人通常被称作考迪罗（caudillo）。考迪罗一词原指中世纪伊比利亚半岛反抗穆斯林统治的武装团伙的首领。在19世纪的拉丁美洲，该词用来称呼殖民统治瓦解之后很快用武力夺取政权的领袖们。考迪罗是"目的在于夺取政权的个人主义和暴力的结合"，是"在缺少一个社会结构和政治组织适合代议制政府发挥作用的情况下所选择和建立统治的一种手段"。[1]这期间，拉美各国军人主政的情形比比皆是，以玻利维亚为例，从1825年到1900年之间共有27位总统，其中13位有将军的头衔。拉丁美洲各国中只有智利的军人长期不干预政治。考迪罗主义的产生，主要有以下三方面的原因。

第一，殖民地时期的社会经济结构。19世纪初期的独立只是政治层面上的变动，经济与社会结构原封未动。殖民地时期西班牙王室把土地分封给庄园主，但是各国的独立使庄园主失去了殖民政府的保护。面对独立战争后的无政府状态，为了维护自

---

[1] Simon Collier, ed., *The Cambridge Encyclopedia of Latin America and the Caribbean*, Cambridge University Press, 1985, p. 306.

己的特权，他们只有靠其统治下的农民自己组成武力集团。他们从地方政府得到委任状，取得合法的外表，再通过选举或暴动掌握地方的政权，成为控制一方的政治强人。小集团相互结合或吞并形成更大区域的组织，其首领就是考迪罗。考迪罗常常以武力破坏国家的法律，甚至推翻政府。

第二，独立战争的大环境。独立战争是考迪罗以军事力量及军人角色大举进入政治的开端。因为应独立战争而出现的一支支非正规军多是在各地区自然发展起来的。长期的战争把军人直接卷入了政治斗争，并给了革命武装领导人过分重要的政治地位。独立后，讨论建国大业的不是文人而是军人。独立后的新国家，到处是大大小小的武力集团，自1825年战争大体结束后，这些军事集团的首领很快把军事力量转化为雄霸一方的政治力量。其中有的满足于割据形势，有的却有问鼎全国的志向，经常率其私人武装转战各地，投入全国性的政治角逐。

第三，建国初期的"政治真空"。独立战争后，西班牙王室的政治权威被推翻了，但是民主宪政因不适合拉美的社会实际而名存实亡，于是形成新旧交替时期的"政治真空"。在缺少有效的制度以规范、调节、仲裁各种社会势力的政治活动的情况下，赤裸裸的武力便成为获取政权的最有效的手段。1823—1899年，拉美主要的17个国家中，以宪法之外的手段得到政权的次数是187次。[1]

---

[1] 汤世铸：《拉丁美洲军人政权之研究》，知书房出版社1996年版，第55—58页。

从独立战争期间的军事首领转化而来的考迪罗中，比较著名的有墨西哥的安东尼奥·洛佩斯·德·圣安纳、阿根廷的胡安·曼努埃尔·德·罗萨斯、智利的迭戈·波塔莱斯、巴拉圭的何塞·加斯帕·罗德里格斯·德·弗朗西亚等。19世纪上半期，这些考迪罗在拉美各国的政治舞台上叱咤风云。到19世纪中期，另一批军官和地主集团首领通过"选举"或政变等方式登上了政治舞台，比较著名的有巴拉圭的卡洛斯·安东尼奥·洛佩斯和弗朗西斯科·索拉诺·洛佩斯父子、秘鲁的拉蒙·卡斯蒂利亚、阿根廷的胡斯托·何塞·德·乌尔基萨等。在统治方式上，由于考迪罗通过武力夺取权力，因此，其统治的合法性是成问题的。一旦掌权，考迪罗经常怀着一种地位不稳的感觉，担心被某个另外的竞争者推翻，所以被迫用武力来维持统治。武力统治又造成了社会不满，增加了其他军事强人用武力发动政变推翻政府的可能性，而新的军事强人推翻政府上台后，又建立新的考迪罗统治。所以，在考迪罗统治的拉美国家，暴政横行，内战频仍，政变不断。但是，也应该看到，在有些考迪罗的较长统治时期内，政局相对稳定，这对于肃清地方分离主义、促进国家统一和民族经济发展起了一定的作用，但是，这种稳定往往是不巩固的，在独裁者死后，往往酿成国家的长期动荡。所以，总的来看，考迪罗制度是造成拉美长期政治经济落后的主要因素之一，考迪罗的统治阻碍了拉美的现代化。

19世纪早期的考迪罗主义与20世纪军人政权有什么关系？有的学者认为："政治文化的承续发展才是高地酋（考迪罗）与

20世纪军人政权的最重要的关联。"[1] 也就是说，19世纪初的考迪罗主义内化为拉美的政治文化和历史传统，20世纪的军人政权是19世纪考迪罗主义的一种延续，或者说，19世纪的考迪罗是20世纪军人政权的前身。但是，仔细考察，我们发现，这种看法不符合历史实际。考迪罗主义和现代军人政权只有形式上的相似性，其差别是根本性的。考迪罗主义是传统社会的、不发达状态下的产物，而20世纪的军政权则是现代化发展的结果；考迪罗主义的功能是维持现状，阻碍经济和社会的进步，阻碍现代化的进程，而20世纪的军政权则在某种意义上是现代化的推动因素。从历史事实来看，由于1822年的独立方式的特殊性，巴西在独立后并未产生类似西属美洲的"政治真空"，因而巴西历史上并未出现过考迪罗现象，但是进入20世纪，军人干政持续发生，单是军人直接统治即达21年（1964—1985）。在西属美洲国家，19世纪的考迪罗统治与20世纪的国家政府的形式之间也没有显著的连续性。墨西哥从19世纪中叶到革命时期，考迪罗主义占统治地位，但进入20世纪后，却成为军人不干预政治的典范。委内瑞拉从独立到1940年实际上是由通过武装夺取政权的考迪罗统治的，但1958年后却出现了稳定的、代议制的民主体制的模式。[2]

---

[1] 一些台湾学者将考迪罗译为高地酋。汤世铸：《拉丁美洲军人政权之研究》，知书房出版社1996年版，第74页。
[2] （英）莱斯利·贝瑟尔主编：《剑桥拉丁美洲史》，第六卷，下册，中国社会科学院拉丁美洲研究所组译，当代世界出版社2000年版，第314页。

二、从寡头政治到大众政治

19世纪中后期,在出口经济繁荣、土地价值上升、外国投资大量进入、政府收入增加的大环境下,拉美各国传统的政党分野逐渐弥合,无论自由派还是保守派、中央集权派还是联邦派,都摒弃了意识形态论争,投入追逐财富的洪流中。实证主义成为拉丁美洲统治阶级的思想信条。法国实证主义之父奥古斯特·孔德的思想对拉丁美洲影响最大,英国的赫伯特·斯宾塞的思想在一些国家也有重要的影响。实证主义强调物质增长和福利,与19世纪下半期的拉美各种趋势相吻合。实证主义主张私人财产神圣不可侵犯,私人财富的积累是进步的标志,也是促进进步的工具。根据实证主义的学说,为了引导进步,国家必须保持秩序,实现稳定。"秩序与进步"成为那个时期的口号。

为了实现政治稳定,19世纪末的拉丁美洲,出现了两种威权主义的政府形式。一种是传统土地贵族和出口商人联合建立的寡头统治制度,如南美洲的智利、阿根廷等国。表面上看,这些国家颁布了类似于欧洲和美国的民主宪法,并实行定期选举,不同的政党在选举中存在竞争,某些情形下竞争甚至非常激烈。但是,各政党代表的仅仅是统治上层的不同集团,他们在基本政策上的一致性大于分歧,特别是都坚持出口初级产品、进口制成品的经济增长模式,这也是他们共同的根本利益所在。表面上的民主形式掩盖了实际上的威权统治,因为竞争、选举仅仅局限在统治集团内部,广大的社会下层甚至中层集团,都被排除在政治参与之外。因此，这种制度通常被称为"寡头式民主"。

另一种是高度集中的考迪罗个人独裁制度。在这种制度模式下，社会上层的大地主、大出口商不直接掌握政权，而是通过一个政治强人实行间接统治。这个政治强人可能并非出身于社会上层，但他代表的是社会上层的利益。在统治形式上，这些政治强人与传统的考迪罗并无二致，如专制独裁、惯用暴力等，但是与传统的考迪罗相比，这些政治强人一般通过操纵选举而非通过政变取得政权；这些政治强人建立的政府机构要比传统的考迪罗更加完备，权力更加集中，对国家的控制更为严密。这些政治强人通常被称为"秩序与进步的独裁者"，或者"现代化的考迪罗"。他们通过专制和镇压来维持政治稳定，大力吸引外资、移民，扩大初级产品生产和出口，促进经济增长。墨西哥的波菲利奥·迪亚斯就是这种类型的独裁者中最典型的代表。

19世纪的墨西哥，自由派和保守派之间展开了激烈的斗争。保守派主张尽可能地保留殖民地遗产，主张建立由墨西哥城的特权精英控制的、天主教会和军队支持的等级制的独裁制度。自由派则主张废除特权，建立一个法律面前人人平等的社会。保守派主张建立中央集权制，但自由派主张建立联邦制，因为他们希望更多地参与决策。更加激进的自由派甚至要求政教完全分离，而温和派则主张保留天主教的国教地位，同时容忍其他基督教信仰。1833年，掌握政权后不久的自由派通过了法律改革，保守派发动叛乱，推翻自由派政府，将安东尼奥·圣安纳，一个变化无常的考迪罗推上了总统职位。圣安纳曾经 11 次担任总统，有时站在保守派一边，有时站在自由派一边，控制墨西哥政坛，直到 1855 年，他被自由派赶下台，流亡国外。

波菲利奥·迪亚斯是瓦哈卡州一个坚定的自由派，曾参加反对圣安纳独裁统治的游击战。1855 年自由派占领瓦哈卡后，他被任命为该州主要居民为印第安人的伊斯特兰（Ixtlán）区的地方长官。1856 年 12 月，他被提升为国家警备队的上尉。当胡亚雷斯和自由派再次通过法令和 1857 年宪法实施改革计划时，保守派发动叛乱，由此引发了一场内战，被称为"革新战争"。迪亚斯率领军队与保守派作战。战争过程中，他被晋升为瓦哈卡的国家警备队上校。1857—1859 年，他还担任特万特佩克地区的行政官员和军事司令官。1861 年，自由派赢得了战争的胜利，但保守派诱使法国国王拿破仑三世出兵。1862 年 5 月 5 日，在著名的普埃布拉战役中，迪亚斯率军暂时抵挡了法军的前进。然而，法军重整旗鼓，并很快夺取了墨西哥城。在法军的支持下，保守派操纵公民投票，邀请奥地利哈布斯堡王朝的马克西米利安大公就任墨西哥皇帝。

在法国干涉和马克西米利安统治时期，胡亚雷斯和自由派为了重新夺取政权而进行战斗。1863 年 10 月，迪亚斯被任命为东线军司令，后被任命为瓦哈卡州州长，与皇帝的军队作战，1865 年 2 月被法军俘虏。他从普埃布拉的监狱逃脱，并在一年内重组武装，最终于 1867 年 4 月占领普埃布拉城。6 月 20 日，迪亚斯的军队占领墨西哥城。胡亚雷斯回到总统府，但是对迪亚斯的功绩未予充分认可。可能胡亚雷斯将其看作一个政治上的竞争对手，他不想给予一名军人过高的荣誉和地位。1870年，迪亚斯退休，回到他的拉诺里亚（La Noria）庄园。1871年的总统选举中，迪亚斯作为候选人参加了竞选，但是总统胡亚雷斯利用政府权力，保证自己在选举中战胜对手，第四次当选总统。于是，迪亚斯宣称选举存在舞弊，发动叛乱，但是很快就失败了。1872年7月，胡亚雷斯突然病逝，副总统塞瓦斯蒂安·莱尔多·德·特哈达继任总统。1876年的选举中，迪亚斯再次参加竞选，他提出了"有效选举不得连任"（sufragio efectivo, no reelección）的口号。莱尔多在选举中获胜后，迪亚斯再次发动叛乱，推翻政府，并于1876年11月29日就任总统。虽然以"有效选举不得连任"的口号上台，但是除1880—1884年由他的儿时好友曼努埃尔·冈萨雷斯担任总统外，迪亚斯通过修改宪法，一次次连任总统，直到1911年被迫下台流亡国外。

迪亚斯以"面包加大棒"（pan o palo）实行统治，支持他的人得到官职、地产等各种好处，反对他的人受到残酷迫害。通过各州的自由党组织，即使是最低级的官员任命也由迪亚斯控制。为了控制军队，他将全国划分为若干军区，使将军在不同军区轮流任职，防止形成独立的权力基础。到1896年，经过大大削减的军队已完全由忠诚于迪亚斯的人控制。迪亚斯容忍他的朋友从事赌博、卖淫、走私等有利可图的活动。对于反对派，迪亚斯施以大棒政策。持不同政见者被暗杀，即使有幸运者，其结果也是被流放。迪亚斯建立了"乡警"（rurales）制度，采用残忍的手段，消除盗匪，执行独裁者的意志。政府军协助迪亚斯任命的各州官员维持秩序。通过对记者的人身攻击，新闻自由不复存在。虽然没有废除宪法中的反教会条款，但迪亚斯允许教会获得了许多失去的权力和地位。虽然本人带有印第安人血统，但迪亚斯蔑视印第安人，希望引入欧洲移民。发动起义的印第安人或被杀害，或被作为奴隶卖到古巴。

迪亚斯之所以能够长期把持政权，是因为他成功地促进了经济的发展。他建立了巩固的银行系统和税收体系。1894年，他还清了外债，并在墨西哥历史上首次实现了财政收支平衡。墨西哥是世界上最大的白银生产国，但是他在墨西哥实行金本位制，墨西哥的比索成为当时世界上最可靠的流通货币。为引入外资，他修改了宪法，允许外国人拥有地下矿产资源的所有权。在此之前，地下矿产资源的所有权原属西班牙国王，后来属于国家。通过修改土地法，迪亚斯让自己的亲信占据了大量的国有土地和印第安人公共土地。到1910年，全国拥有900个大地产主，而在1 500万人口中，有900万人没有土地。一些大庄园规模极大，例如特拉萨斯-克里尔家族（Terrazas-Creel）拥有的地产超过整个哥斯达黎加国土的面积。外国人也在墨西哥占有了大量财产。他们最初购买土地，但很快又投资于商业和工业。墨西哥的铁路建设始于冈萨雷斯政府期间，但在迪亚斯时期获得空前发展，从1876年的不到400英里增加到1910年的1.2万英里。这些外国铁路公司的目标是促进墨西哥产品的出口，铁路将墨西哥的矿产和农产品运往国外，而非为了建立一个连接全国的铁路网络。外国人创立了电话和电报公司，收购矿山，开办或接管工厂，开办商店，到19世纪末和20世纪初，又开始开采石油。墨西哥城成为当时世界上最漂亮的城市，而拥有大量钢铁厂等工厂的蒙特雷，成为主要的工业城市。外国公司对墨西哥经济的控制如此普遍深入，以至于优先雇用不合格的外国人而非合格的墨西哥人，成为极普通的事。很多墨西哥人因此断言，墨西哥是"外国人的亲娘，墨西哥人的继母"。

对于绝大多数墨西哥人的苦难，迪亚斯及其追随者漠不关心。迪亚斯的知识精英"科学派"是实证主义的信徒，他们相信"适者生存"，宣称一个社会只有通过个体之间无情的竞争和政府"科学"原则的实施才能获得进步。他们还认为，印第安人不具备理性思维的能力，因此在资源的竞争中，他们必然要败于更优秀的人。到1910年，普通墨西哥人的经济地位还不如1810年。

除迪亚斯外，19世纪后半期，拉丁美洲"秩序与进步的独裁者"还包括哥伦比亚的拉斐尔·努涅斯、危地马拉的胡斯托·鲁菲诺·巴里奥斯、委内瑞拉的安东尼奥·古斯曼·布兰科等。

19世纪末和20世纪初，拉丁美洲寡头政治和出口经济相结合的发展模式一度取得了很大的成功。物质财富增加，工业化起步，铁路大量修建，城市规模扩大，表面上看，拉丁美洲正朝着现代文明的方向迈进。但是，这种发展模式存在着致命的缺陷，一方面，依赖一两种出口产品的经济严重受制于外国市场和资本,另一方面,经济增长的成果分配极不平等。"对于大多数拉丁美洲人来说,社会进步正表明和意味着土地日益集中在越来越少的所有者手中,人均粮食生产下降以及必然出现的日益增长的粮食进口,人民更加贫困化,食不果腹,更容易受到与个人无关的国际市场的突变的影响,增长不均匀,失业和就业不足者增加,社会、经济上的贫困和政治上的无权地位,以及少数特权人物掌握更大的权力。"[1]

这种发展模式必然引起社会下层的反抗。从墨西哥到智利的广大地区,爆发了印第安人的起义;在尚未废除奴隶制的巴西,黑人奴隶的反抗此起彼伏;巴西和阿根廷发生了农民保卫土地的起义。具有戏剧性的是,民众的反抗表现为带有宗教性质的太平盛世运动和劫富济贫的盗匪运动。19世纪70年代,安东尼奥·维森特·门德斯·马歇尔在巴西东北部的巴伊亚州传教。他自称上帝的使者,向民众揭露世间的不平,吸引了众多的信徒。人们称他为孔塞列罗(Conselheiro),意为"出主意者"。1893年起,他以一座废弃的庄园卡努杜斯(Canudos)为据点,召集几千名农民在此建立"圣城"。他劝告信徒们不要缴税。教会对他进行谴责,当地地主也反对他,因为他使农村劳工外流,影响了大庄园的发展。1896年11月,政府派军队前来镇压,农民军以自制的武器弹药,三次挫败敌人。1897年10月,由8 000多人组成、拥有现代化装备的征伐军,在经过激烈的战斗后,

---

1 (美)E. 布拉德福德·伯恩斯:《简明拉丁美洲史》,王宁坤译,涂光楠校,湖南教育出版社1989年版,第209页。

终于摧毁了卡努杜斯。在战斗的最后阶段，卡努杜斯的守卫者约5 000人，他们要么在战场上战死，要么被俘和被处决。后来巴西作家欧克里德斯·达·库尼亚的小说《腹地》和秘鲁作家巴尔加斯·略萨的小说《世界末日之战》都是以描写巴西的卡努杜斯农民起义为题材的。

不管采取何种形式，社会下层的反抗终究是一种反现代化的运动，其失败的命运是难以避免的。社会变革的希望在于新兴的社会力量。在出口经济繁荣的过程中，产生了两个新兴的社会阶层。首先是工人阶级。19世纪与20世纪之交，工人开始组织起来，首先是建立互助组织，然后是建立了工会。在出口经济的关键性部门，特别是运输部门，如铁路和码头，工人发挥着举足轻重的作用，因为任何工人罢工将直接影响着出口经济的运转。1914—1917年，劳工动员获得了空前的增长。其次是中等阶层。从职业上说，中等阶层包括从进出口经济中受益但在所有制和领导地位方面却未能进入上层阶层的银行职员、政府雇员、下级军官、教师、教士、小企业家、熟练技工、记者、社区杂货商等。中等阶层的特点是，他们既不被接纳到传统上层分子的队伍中，又不与社会的下层贫穷阶层来往。据估计，19世纪与20世纪之交，在墨西哥、智利、巴西、阿根廷和乌拉圭，中等阶层可能占到总人口的10%，主要集中在城市。[1] 工人阶级和中等阶层进入政治舞台削弱了寡头政治的基础，这意味着精英政

---

[1] （美）E. 布拉德福德·伯恩斯：《简明拉丁美洲史》，王宁坤译，涂光楠校，湖南教育出版社1989年版，第204—205页。

治向大众政治的转变不可避免。

在 20 世纪初，工人阶级由于民族和种族根源未能在政治权力中获得太多的地盘。进入阿根廷和巴西的移民无投票资格，除非他们入籍。在墨西哥，农民出身的工人几乎没有机会对迪亚斯的独裁施加影响。[1] 然而，在一些国家，新兴的中等阶层开始组织政党，称为激进党或民主党，向土地寡头控制的传统政党提出了挑战。他们要求政治、社会和教育改革，要求给予中等阶层更多的政治发言权。但是，中等阶层的政治要求不同于社会下层。拉美的中等阶层在很大程度上出口经济繁荣的产物，并依赖于出口经济，因此，其要求仅仅是分享出口经济繁荣的成果，获得一定的政治发言权，而不是要改变进出口经济发展模式。中等阶层在争取政治权力的过程中，一度与工人阶级合作。但是，一旦达到自己有限的目标，并参与国家机构，他们就会中断与工人阶级的联盟，而与上层分子结盟。面对来自工人阶级和中等阶层的挑战，上层分子做出了有限的让步，将中等阶层纳入他们的特权机构，让他们参与管理，但社会下层仍然被排除在政治参与之外。19 世纪晚期巴西、阿根廷、智利的社会变革就明显地反映了这一点。

1822 年，巴西宣布独立，葡萄牙王子成为巴西国王。国王佩德罗一世任命葡萄牙人为顾问、大臣和高级教士，巴西人无法行使帝国最高职权。1831 年，佩德罗一世退位后，以种植园

---

1 （美）托马斯·E.斯基德莫尔、彼得·H.史密斯：《现代拉丁美洲》，江时译，世界知识出版社 1996 年版，第 59 页。

为基础的巴西社会上层人物才取代葡萄牙人担任国家的最高官员。1840年即位的佩德罗二世生于巴西，长于巴西，他的登基完成了巴西政府巴西化的过程。[1] 佩德罗二世确立了高度的中央集权制，平息了各地的叛乱，实现了国家的统一与稳定。19世纪中期后，随着咖啡种植和出口的不断扩大，巴西经济获得了迅速的增长，带动了城市化和工业化发展，出现了工人阶级和中等阶层。巴西的城市中等阶层估计占城市人口的30%、全国人口的10%～15%，在商业和专业部门中发挥着重要的作用，并与军队保持着密切的关系。[2] 在他们看来，巴西的奴隶制与君主制是农村传统上层分子保持巴西社会和经济中的主要殖民地传统的手段，加强了上层分子的地位，妨碍了他们利益的实现。由于佩德罗二世忽视了军官的要求，军人站到了城市中等阶层一边，特别是一些下级军官，认为共和制就意味着现代化。1888年，在中产阶级的推动下，巴西终于废黜了奴隶制。1889年，由军人出面，巴西迫使皇帝佩德罗二世下台，废除了君主制，建立了共和国。

最初，城市中等阶层控制了共和国政权，但是，1893年爆发海军叛乱。在镇压这场叛乱时，政府依赖于圣保罗州的财政和军事支持，该州的咖啡业寡头借机结束了城市中等阶层在政府内的影响力，咖啡种植园主控制了政权。城市中等阶层对大种植

1　E. Bradford Burns, *A History of Brazil*, Third Edition, Columbia University Press, 1993, p. 139.
2　（美）托马斯·E.斯基德莫尔、彼得·H.史密斯：《现代拉丁美洲》，江时学译，世界知识出版社1996年版，第188页。

园主控制经济和政治权力表示不满，试图夺回权力。1922年和1924年，在一些尉官的领导下，巴西发生了多次军队暴乱事件。1924年在圣保罗和阿雷格里港发动起义的军人在此后两年半的时间内在巴西内地进行了长达2.5万千米的长征，并因其领导人路易斯·卡洛斯·普列斯特斯而被命名为"普列斯特斯纵队"。普列斯特斯后来成为巴西共产党的总书记。

进入20世纪，阿根廷的寡头集团同样受到来自中等阶层的挑战。1916年，激进公民联盟推出的候选人伊波利托·伊里戈延当选为阿根廷总统。激进公民联盟成分复杂，但中等阶层是主要成分。激进公民联盟为了从上层保守派手中取得政权，希望得到工人阶级的支持，但是上台后，选择与上层集团结成了政治联盟。1918年12月，布宜诺斯艾利斯一家冶金厂工人举行罢工，要求实行8小时工作制和提高工资。1919年1月7日，警察枪杀罢工工人，引起全市工人抗议和总罢工。伊里戈延政府派军警对罢工工人进行了血腥的镇压，造成2 000多人死伤，造成了历史上影响深远的"悲惨的一周"。

跟巴西、阿根廷等国相比，墨西哥的迪亚斯政府更加封闭、更加顽固，不仅社会下层的抗议遭到无情的镇压，中等阶层的参政渠道也被完全堵塞。20世纪初，墨西哥的社会矛盾已经到了一触即发的地步。1910年，墨西哥举行总统选举。4月，"反对连选连任党"成立，并宣布弗朗西斯科·马德罗为总统候选人。6月初，迪亚斯以"侮辱总统和煽动叛乱"的罪名将马德罗逮捕入狱。总统选举如期举行，迪亚斯再次当选。10月5日，被保释出狱的马德罗在美国的得克萨斯发表了《圣路易斯波托西计划》，再次提出了"有效选举和反对连任"的口号，号召墨西哥人发动起义，推翻迪亚斯政权。在北部，起义军聚集在潘乔·比利亚的领导下。在南部的莫雷洛斯州，梅斯蒂索领导人埃米利亚诺·萨帕塔领导农民起义。在人民起义的压力下，迪亚斯被迫辞职，流亡国外。在重新举行的选举中，马德罗当选为总统。马德罗上台后，并没有履行诺言，向农民分配土地。于是，萨帕塔宣布了《阿亚拉计划》(*Plan de Ayala*)，要求把从农民手中夺取的土地归还农民，将大地产和革命敌人的财产收归国有，主张以革命的手段夺取土地。由于马德罗失去了农民的支持，1913年2月，马德罗军队的参谋长维克托里亚诺·韦尔塔发动政变，杀死马德罗。韦尔塔认为他能够重新建立一个迪亚斯那样的政权，但是很快就遇到了阻力。南方是萨帕塔领导的农民军队。在北方，有比利亚率领的由牧场工人、矿工组成的武装。此外还有贝努斯蒂亚诺·卡兰萨率领的立宪派军队。1813年3月，卡兰萨发表了《瓜达卢佩计划》，声称韦尔塔掌权是非法的，并宣布自己担任"立宪主义军队的最高长官"。在各派力量的进攻下，韦尔塔于1914年逃往欧洲。此后，上述三派之间出现了内战。最后，卡兰萨击败了萨帕塔和比利亚，1917年，他就任墨西哥总统。在他正式就任前，迫于群众的压力，卡兰萨政府在1916年12月召开立宪会议，1917年通过了著名的1917年宪法。宪法第123条对保护劳工的利益做了具体而明确的规定，包括8小时工作日，女工生育保障（包括产前产后的带薪休假），公司必须雇用50名以上的女工负责看护工作场所的儿童，废除公司内部商店，废除债务劳役，保障工人组织工会、集体谈判和罢工的权利等。宪法第27条宣布，国家是一切土地、水源和地下资源的最终所有者，国家有权在给予补偿的前提下予以征用。国家对于土地和水源的所有权是不可转让的，但是个人和公司可以通过获得特许权进行开发。最重要的是，该条款规定，1856年以来颁布的所有有关公共土地的法令作废，村社如果需要更多的土地，可以征用附近的大庄园的土地。上述条款以及其他条款使1917年宪法成为当时世界上最先进的一部法律。它为保护劳工利益、打击大土地所有制、限制外国资本在墨西哥的活动提供了法律的依据。

虽然在人民运动的压力下墨西哥颁布了进步的1917年宪法，但是，在革命后中等阶层控制的历届政府并没有积极贯彻1917年宪法原则和社会改革的纲领，土地改革进程缓慢，工人生活贫困，外国资本控制着墨西哥大量财富。

三、从民众主义到威权主义

20世纪30年代资本主义经济大危机后，拉丁美洲主要国家陆续由以初级产品为主导的经济增长战略转而推行面向国内市场的进口替代工业化。工业化对拉美社会结构产生了重要的影响。首先是出现了工业资产阶级。在智利，这个阶级的成员主要来自土地贵族，而在墨西哥和阿根廷，则主要来自中等阶层。其次是工人阶级的力量和重要性得到了加强。"劳工纲领有了意识形态内容,工会的组织工作日益卓有成效,以及劳工掌握的新权力使上层分子和后来的中等阶层担忧。"[1]工业主阶级与工人阶级之间尽管存在着矛盾,但是两者的共同利益在于依靠国家的干预推动进口替代工业化,而与传统的以出口初级产品为基础的寡头集团处于对立地位。因此,在这种特定的历史条件下,工业主阶级和劳工阶级结成联盟,直接向农业和土地所有者的利益提出了挑战,这种政治联盟形式被称为民众主义(populism)。

其实,早在20世纪初,拉丁美洲的中等阶层在向寡头势力提出政治挑战的过程中,就已经开始与工人阶级建立联盟。乌拉圭的巴特列、阿根廷的伊里戈延、智利的亚历山德里、墨西哥的卡兰萨都是求助于劳工的支持并部分依靠劳工支持的最早一批拉丁美洲总统。[2]可以说,这是拉丁美洲早期的民众主义者。30年代后,墨西哥的拉萨罗·卡德纳斯、阿根廷的胡安·庇隆、巴西的热图利奥·瓦加斯、厄瓜多尔的何塞·马里亚·贝拉斯科·伊瓦拉将这种政治联盟进一步扩大,并赋予其经济和社会政策的内容,将拉丁美洲的民众主义推进到了一个新的阶段。20世纪30年代到60年代,民众主义成为席卷拉丁美洲的政治思潮、政治运动和政权形式。民众主义领导人试图通过控制国家政权,削弱国内寡头势力,改变本国与外国的经济关系,对经济

---

1 (美)E.布拉德福德·伯恩斯:《简明拉丁美洲史》,王宁坤译,涂光楠校,湖南教育出版社1989年版,第292页。
2 (美)E.布拉德福德·伯恩斯:《简明拉丁美洲史》,王宁坤译,涂光楠校,湖南教育出版社1989年版,第292页。

进行干预，通过进口替代实现工业化，克服外向型发展模式的局限性。为了达到这些目标，民众主义政权不仅要动员和促进以工人为主体的社会下层参与政治，确立广泛的社会基础，而且要对这一基础进行有效的控制。为了达到这一目标，民众主义政权往往依靠领导人的个人权力和超凡魅力，这样的人通常被称为"克里斯玛"（charisma）；依靠民族主义的口号和行动，如将外国公司国有化。民众主义政权还依靠提高工资和福利、扩大就业、扩大公共服务等形式为其支持者提供物质的满足。到50年代，民众主义在该地区产生了根本性的影响。它削弱了传统寡头的力量，促进了进口替代工业化的发展，刺激了政治动员和大众消费的普遍增长。[1]例如，在阿根廷和厄瓜多尔，庇隆和贝拉斯科分别领导的民众主义运动产生了深刻而持久的影响。

胡安·多明戈·庇隆，1895年10月8日生于阿根廷布宜诺斯艾利斯以南60英里一个叫作洛沃斯（Lobos）的小镇。大约4岁时，他的父亲离开洛沃斯，来到巴塔哥尼亚乡下的一座农场。1900年，庇隆与母亲、哥哥一起也来到巴塔哥尼亚。1904年，庇隆和哥哥被送到布宜诺斯艾利斯上学。虽然他一度想从医，但在15岁时决定参军，并于1911年进入阿根廷军事学院。1926—1929年，他在高等军事学院继续接受军事教育，1928年成为上尉。1930年，阿根廷发生军事政变，推翻伊里戈延政府，

---

[1] James M. Malloy, "Authoritarianism and Corporatism in Latin America: the Model Patten," James M. Malloy ed., *Authoritarianism and Corporatism in Latin America*, University of Pittsburgh Press, 1977, p. 15.

何塞·乌里武鲁将军就任总统。庇隆参加了这场政变。政变后，他被任命为新任国防部长的私人秘书，但是不到一个月，他就离开政府，担任了军事学院的军事史教授。1939年，庇隆被派往意大利担任使馆武官。当时，希特勒的纳粹党已在德国夺取政权，庇隆坚信纳粹将在未来的世界大战中获胜。庇隆还对意大利墨索里尼的法西斯主义印象深刻。1940年，庇隆回国，被安排到位于门多萨的安第斯山山地战军事学校。次年，他晋升为陆军上校。

当时，阿根廷军政权内部开始发生分裂。政治腐败猖獗，总统拉蒙·卡斯蒂略被认为是通过选举舞弊上台的。第二次世界大战爆发后，主张支持德国和主张保持中立的军官之间也发生了分裂。在这种形势下，军队内部出现了一个秘密的"联合军官团"，庇隆是重要成员，该组织的目的是阻止卡斯蒂略将自己亲手挑选的继承人在即将到来的选举中扶上总统职位。1943年，"联合军官团"发动政变，推翻了卡斯蒂略政府。庇隆在新政府中先是担任了劳工部长，后担任国防部长、副总统。在此期间，他通过支持工会在工人阶级中赢得了大量的支持者。

1944年1月15日，一场地震摧毁了圣胡安城，造成1万多人丧生。庇隆负责救济工作。6月22日，他在布宜诺斯艾利斯的鲁纳公园组织募捐时，遇到了24岁的女演员爱娃·杜阿尔特（Eva Duarte）——又被称为爱维塔（Evita，意为小爱娃）——1945年10月21日，两人结婚。爱娃经常向庇隆提出建议，特别是在劳工事务方面，帮助他在工人阶级中赢得支持。此时，庇隆的影响不断增强。他不仅在政府内担任了重要职务，而且通过实行健康保险、退休保障、带薪休假等措施，在工人中获得了广泛的支持。阿根廷的"无衫汉"（descamisados）从未享受过此等待遇。在此过程中，庇隆经常无视政府的政策，由此招致了大批人的反对。庇隆被解除劳工部长和国防部长的职务，并被逮捕流放。此举激怒了阿根廷工人。1945年10月17日，"无衫汉"在布宜诺斯艾利斯的五月广场举行盛大集会，要求庇隆复职。他们取得了成功，庇隆获得释放。1945年11月，庇隆宣布参加1946年的总统选举。

1946年2月，庇隆以压倒多数的票数当选为阿根廷总统。接着，他签署了五年经济计划，以偿还外债，复兴经济，加快工业化。他建立了阿根廷贸易促进协会，监督阿根廷农产品出口，将一些外资控制的工厂以及属于英国的铁路等设施国有化。政府投资修建大规模的公共工程。1947年，庇隆政府还清了全部外债，宣布实现经济独立。他还建立了自己的政党——正义党。庇隆政府还颁布法令，赋予妇女选举权。在庇隆政府管理的前六年，阿根廷人的工资和生活水平皆有很大提高。庇隆任命自己的妻子爱维塔为劳工部长，推行了一系列措施以争取工人阶级的支持，例如实行全面的社会保障、免费教育、为低收入者修建住房、免费医疗、怀孕女工带薪休假等。爱维塔建立了爱娃·庇隆基金会，其宗旨是帮助生活贫困者。基金会拥有2亿美元资金和1.4万名职员，修建医院、学校、老年公寓、廉价住房等。每当圣诞节，基金会还向穷人发送礼物。爱维塔为庇隆赢得了大批支持者。1949年，爱维塔组织建立了庇隆主义党（正义党）的妇女部，成员达50万人。[1]

庇隆一方面得到了民众的支持，另一方面也带有明显的威权倾向。就任总统后几周，庇隆就解散了最高法院。不到一年，所有反政府的媒体都被关闭。通过秘密警察，庇隆逐渐破坏了自由选举程序，操纵选举以使本党候选人当选，甚至公然逮捕反对派候选人。他虽然鼓励工人建立工会，但同时对工会进行严格控制。1949年底，庇隆废除了1853年宪法，制定了新宪法，以使自己连任，进入下一个六年的任期，同时限制甚至取消了一些个人自由权利。1951年，庇隆成功地连任。

1949年后，阿根廷经济再次面临危机，出口产品价格下跌，进口产品价格上升。1952年，爱维塔突然去世，庇隆不仅失去了妻子，而且失去了最有力的政治伙伴。政府的支持率下降。1954年，庇隆与教会发生冲突，他使堕胎和卖淫合法化，将教会学校置于政府控制之下。作为报复，梵蒂冈将庇隆及其内阁成员逐出教会。1955年9月19日，军人发动政变，庇隆政府被推翻。

流亡国外后，庇隆依然对阿根廷的政治发挥着影响，正义党依然活跃于阿根廷政坛。1971年，军政府决定允许重新举行自由选举；1973年，正义党的候选人当选为总统，正义党还控制了国会。庇隆立即回国，新当选总统辞职，举行了一场特别的选

---

[1] José del Pozo, *Historia de américa latina y del caribe, 1825-2001*, LOM Ediciones, 2002, p. 150.

举，庇隆当选为总统。他让自己的第三任妻子、一位前舞蹈演员、仅接受过小学教育的伊莎贝尔担任副总统。1974年7月1日，庇隆突发心脏病去世，他的妻子伊莎贝尔继任总统，一年多后，被军人政变推翻。庇隆去世后，其政治影响依然存在，他所创立的正义党一直是阿根廷最重要的政党之一。

20世纪30年代到70年代，厄瓜多尔基本上还是一个农业国家，工业规模极为有限。即使在1948—1965年的"香蕉繁荣"期间，出口收入的剩余也没有被投入发展本国工业。在这种情形下，厄瓜多尔出现了两个不愿接受现状、期望社会变革的社会集团。一方面，中产阶级知识分子及其领导人发现，他们被夹在社会上层和下层民众中间，没有财富和权力来推进他们认为对国家的生存至关重要的社会变革；另一方面，人数众多的贫困劳工、自谋职业者、农民也不支持传统精英集团所控制的政府所推行的政策，经济的衰退使得这些传统集团名誉扫地。传统的寡头集团本身内部也发生了分裂，无论是自由党还是保守党，都无力扭转国家经济萧条的趋势，党内很多成员也准备接受更加激进的措施，希望以此拯救他们的财富和命运。在此形势下，何塞·马里亚·贝拉斯科·伊瓦拉把自己打扮成一个政治体制之外的、公正无私的"局外人"和救世主，以蛊惑人心的宣传，多次赢得选民的支持，先后五次担任厄瓜多尔总统（1934—1935、1944—1947、1952—1956、1960—1961、1968—1972），但只有一次完成任期，其他四次都在任期结束前被军人政变推翻。在竞选中，广大民众认为贝拉斯科是一个救世主，他能克服国家面临的困难。但是,他当选总统后,却无力解决国家的经济和政治问题,民众于是对他丧失信心。为了维持政权,贝拉斯科只能诉诸威权统治。威权统治又导致规模更大的民众群体反对,最终导致政府倒台。贝拉斯科的经历,典型地反映了这一时期拉美民众主义的特色和局限性。

20世纪30年代到60年代,在拉丁美洲主要国家,民众主义政治以其广泛的政治动员、民族主义、经济发展和领导人的个人魅力,在拉丁美洲历史上留下了深刻的印记。但是,进入六七十年代后,拉丁美洲政治普遍地再次向威权的方向转变。50年代末和60年代初,在一些国家,进口替代工业化进入转折时期,出现了经济停滞和通货膨胀;古巴革命后拉丁美洲左派政治运动高涨,许多国家出现了城市或农村游击队。在美国的支持下,60年代中期到70年代中期,拉丁美洲国家发生了一系列的军事政变,建立了军人政府,如巴西(1964)、玻利维亚(1964)、阿根廷(1966、1976)、秘鲁(1968)、巴拿马(1968)、厄瓜多尔(1972)、智利(1973)、乌拉圭(1973)等,整个拉美大陆几乎成了军人政权的一统天下。

这个时期的军人政权中,一种是左翼的革新派军人政府,以1968年上台的秘鲁贝拉斯科军政权、1968年上台的巴拿马托里霍斯军政权、1972年上台的厄瓜多尔军政权为代表。在这些国家的军人看来,当时国家的政治动荡,特别是游击队运动的活跃,根源在于经济的欠发达,而欠发达的原因是外国资本对本国经济的控制和剥削、国内不公正的土地分配,以及由精英集团控制的政治体制阻碍着社会变革。因此，他们认为，要实现政治稳定和国家安全，应该动员民众参与，抵制精英集团对社会经济结构变革的阻力。例如，1968年，秘鲁军人政权建立后，进行了土地改革，对外资企业实行国有化，建立让工人参与管理的社会所有制企业，奉行独立自主的外交政策。因而，国外学者称1968—1975年的秘鲁军政权为"军人民众主义"。这些国家民族主义军政权的出现，与1968—1972年东西方缓和局面的形成有着直接的关系。苏联和美国之间一度出现了缓和的局面，在拉美，古巴停止了输出革命，把主要精力转向国内建设。苏联也不赞成古巴执行武装斗争的冒险政策。在这种国际背景下，美国没有把这些民族主义的军政权看作共产主义的威胁。

但是，这种左翼的、民族主义的军政权不仅昙花一现，而且为数不多。更普遍的是保守的右翼军人政府，以巴西、阿根廷、智利、乌拉圭等国建立的军政权为代表。20世纪六七十年代，这些国家的军事战略家认为，在以美国和苏联为首的两大阵营冷战对峙的国际格局中，对拉美国家造成安全威胁的不再是传统的外部军事入侵，而是苏联、古巴支持的"内部敌人"的颠覆活动。因此，军队的任务也应该从保卫领土安全转向反对内部颠覆。在他们看来，一方面，要从根本上遏制"内部敌人"的颠覆，保证国家安全，前提是实现经济的发展；另一方面，如果国内存在不安定的因素和颠覆活动，国家也不可能发展强大的经济，特别是不可能吸引外资。因此，国家安全和经济发展是密不可分的。受上述思想的影响，在六七十年代经济衰退、社会动荡的背景下，军人认为自己有义务出来恢复秩序，建立经济增长的条件，实现国家安全。因此，国外学者将六七十年代拉美国家建立的右翼军人政权称为"国家安全国家"（National Security State，NSS）。[1]

这些军人政权建立后，一方面通过对左翼和激进政治力量的镇压，通过排斥民众的政治参与，实现政局的稳定，另一方面起用了一批技术官僚特别是经济学家，负责制定和推行经济政策，控制通货膨胀，稳定进而发展经济。因此，阿根廷政治学家吉列尔莫·奥唐奈将这些军人建立的政治体制称为"官僚威权主义"（Bureaucratic-Authoritarianism，B-A）。[2]

墨西哥的情况是一个例外。20世纪30年代世界经济大危机爆发后，在人民运动的推动下，来自左派的拉萨罗·卡德纳斯于1934年就任总统，进行了一场广泛的社会改革，如土地改革、私有国有化等，将墨西哥革命推向了另一个高峰，卡德纳斯也因而成为这一时期拉美地区著名的民众主义领袖。但1940年卡德纳斯下台后，"革命进入保守阶段，各种体制变得僵化，新的特权上层人物占有了国民收入的大部分，贫富之间的悬殊昭然若揭"。[3] 虽然在卡德纳斯政府期间，通过对执政党的改组，墨西哥确立了一党制的政治体制，避免了发生在南美国家的军事

---

[1] David R. Mares, "The National Security State," Thomas H. Holloway, ed., *A Companion to Latin American History*, Blackwell Publishing, 2008, pp. 386-405.
[2] （阿根廷）吉列尔莫·奥唐奈：《现代化和官僚威权主义：南美政治研究》，王欢、申明民译，北京大学出版社2008年版。
[3] （美）E. 布拉德福德·伯恩斯：《简明拉丁美洲史》，王宁坤译，涂光楠校，湖南教育出版社1989年版，第248页。

政变，但它同样转向了另一种形式的官僚威权主义。"因为在经济于60年代走下坡路以前国家就已经有效地控制了民众部门，所以这个国家能在不出现残酷的军人政变的情况下从'民众主义'威权主义转向'官僚威权主义'的另一种形式。"[1]

巴西是这一时期第一个建立军人政权的国家。20世纪30年代世界经济危机爆发后，巴西旧共和国（1889—1930）寡头的政治统治也发生危机。1930年，发生军人领导的"革命"，热图利奥·瓦加斯成为巴西总统。从30年代到60年代初，巴西各届政府推行了民族主义、发展主义的政策，通过进口替代工业化发展经济，通过提高工资和社会福利动员民众参与政治。这种民众主义的发展模式一度取得了经济增长和社会公正，得到民众支持。但是，60年代初，进口替代工业化的局限性越发显现，出现了经济衰退、通货膨胀、国际收支赤字等严重问题。在此形势下，左派要求进行更加彻底的改革，包括土地改革，进一步扩大收入分配，增加国内需求，克服危机。而右派主张实行经济紧缩，减少对民众的分配，稳定经济，吸引外资。1964年，当若昂·古拉特总统表现出左转的趋向时，右翼军人发动政变，建立了统治巴西长达21年之久的军人政权（1964—1985）。军政府建立后，在政治上，对左派和进步力量实行高压和专制统治，强制性地维持社会秩序。在严酷的镇压下，左派开始诉诸武装恐怖活动。1968年9月，左派游击队绑架了美国驻巴西大使

---

[1] （美）托马斯·E. 斯基德莫尔、彼得·H. 史密斯：《现代拉丁美洲》，江时学译，世界知识出版社1996年版，第70页。译文略有改动。

查尔斯·伯克·埃尔布里克为人质，迫使军政府释放被关押的政治犯。这一轰动世界的事件，后来被拍成电影《九月的某四天》。在经济上，政府起用技术专家，致力于发展经济，通过扩大制成品出口、吸引外资，发展耐用消费品（特别是汽车）的生产等措施，一度创造了经济高速增长的"奇迹"。但是，社会收入分配差距急剧扩大，对外资的依赖愈益加剧。

1955年庇隆政府被推翻后，阿根廷进入了一个军人频繁发动政变、政局动荡、经济危机的时期。1973年，庇隆再次当选总统，第二年，庇隆去世。在经济和政治危机的形势下，1976年，阿根廷军人发动政变，推翻了以庇隆夫人伊莎贝尔·马丁内斯·庇隆为总统的政府，建立了高度镇压性的军人政权。针对左派的恐怖活动，军政府发动了一场"肮脏战争"，致使近1万名阿根廷人"失踪"。在经济上，军政府推行了新自由主义经济政策，减少政府开支，控制通货膨胀，吸引外资，降低进口关税，实行国有企业私有化。最初这取得了一定的效果，但是，到1981年，经济形势再次恶化，社会矛盾尖锐，以"五月广场母亲"为代表的民众抗议运动高涨，军政府的统治岌岌可危。1982年，为了转移民众的视线，军政府发动了马岛战争。但是，战争中阿根廷一败涂地，军政府被迫下台。

四、从还政于民到"粉红浪潮"

20世纪六七十年代，拉美军政府采取的政治上实行高压、经济上谋求增长的发展模式一度取得了一定的成功。多数国家的经济摆脱了衰退局面,通货膨胀得到控制,国际收支状况得到改善。军政府取得的政治稳定和经济增长,曾一度使一些学者特别是依附论学者认为,威权主义的出现是拉美政治发展的必然趋势。但是,自20世纪70年代后半期到90年代初,由军人执政的国家,先后出现了军人"还政于民"的"民主化进程",军政府纷纷倒台,各国纷纷恢复了文人政府。在南美洲,从1979年厄瓜多尔结束军人统治开始,秘鲁(1980)、玻利维亚(1982)、阿根廷(1983)、巴西(1985)、乌拉圭(1985)、智利(1990)和巴拉圭(1993)等国,先后基本上完成了军政府还政于民的进程。到90年代中期,南美洲已是"清一色"的文人政府。中美洲和加勒比地区,从1978年巴拿马文人当总统开始,到1994年海地军政府交出政权为止,也完成了民主化进程。造成这次民主化浪潮的,既有国际因素,也有国内因素。

从西奥多·罗斯福的"大棒政策"到冷战的高峰期,美国一直支持拉美军人干预,以推翻它所反对的左翼政府。然而,从卡特政府以来,美国改变了与拉美反共产主义的军人政府联盟的政策,更多地支持民主制和捍卫人权。里根政府和布什政府通过对革命前的古巴和尼加拉瓜的政策进行反思而得出结论:支持不受欢迎的独裁政权会帮助共产主义赢得民众支持。布什和克林顿使支持民主制成为美国对外政策的基石。例如,美国积极支持皮诺切特的反对派,并多方游说,以阻止多米尼加共和国和厄瓜多尔可能发生的政变。

由于军人在统治期间犯下的大规模的侵犯人权的罪行，或者由于高级军官中普遍的腐败现象被揭露，武装力量作为政治角色的传统合法性大大降低了。军政府在经济方面业绩不佳，即使在取得"经济奇迹"的巴西，其长期的经济业绩也并不好于文人政府。尤其是军人在债务危机面前无所作为，加剧了人们对当局的不满，促进了反对派运动的高涨。

拉美军人还政于民的方式是各种各样的。在巴西和智利等国，军政府实行有步骤的政治开放，最后通过选举完成交权过程；在萨尔瓦多、危地马拉等国，军方为国内形势所迫，不得不交出政权，让文人执政；在尼加拉瓜、阿根廷等国，军政府被革命运动所推翻或被群众赶下台；在巴拉圭、海地等国，独裁政府先被现役军人所推翻，继而再举行选举，产生文人政府。[1]

虽然建立了文人政府，但拉美新兴的民主制度的质量不高。阿根廷政治学家吉列尔莫·奥唐奈将这一时期拉美的民主制度称为"委任式民主"（delegative democracy）。在"委任式民主"中，"不管谁赢得了总统选举，都有权按照他或她认为合适的方式统治……总统被视为国家的象征，是国家利益的捍卫者和定义者。政府的政策不必与总统竞选时的承诺保持一致……获选的总统候选人将自己置于政党和利益集团之上……其他机构——诸如法院和立法机关——都是绊脚石，应隶属于民选总统的国内和国际利益，向这些机构负责似乎成了总统受委托行使的全

---

[1] 江时学主编：《2004—2005年：拉丁美洲和加勒比发展报告》，社会科学文献出版社2005年版，第268页。

部权力的一种羁绊"。美国学者彼得·H.史密斯则将这一时期的拉美的民主制度称为"不自由的民主"（illiberal democracy）。在"不自由的民主"制度下，"民选政权，通常是那些重新当选或通过公投再次确认的政权，大都无视宪法对它们权力的限制，并剥夺公民的基本权利和自由"。也就是说，政府通过行政命令统治，对言论自由进行限制，容忍甚至施加侵犯人权的行为。"委任式民主"和"不自由的民主"在概念上非常接近，但也存在差别。"委任式民主指权力的过分集中，不自由的民主则指的是将这种权力应用于限制自由和权利。"[1]

美国学者斯蒂文·列维茨基和詹姆斯·洛克斯顿则把这种政治模式称为"竞争性威权主义"（competitive authoritarianism）。"竞争性威权主义"是一种复合政体，正常的民主程序被看作获取权力的基本途径，但是在职者滥用职权、扭曲游戏场规则之程度，致使反对派参与竞争的能力被严重削弱。这种政体之所以是竞争性的，原因在于反对派力量认真地（在某些情况下成功地）凭借选举争取政权。但是，竞争明显是不公正的。在职者使国家机构——诸如司法部门、安全部门、税收机构和选举机构——政治化，并调动这些机构针对反对派。于是，虽然对政府提出批评者没有像在20世纪70年代很多拉美国家威权统治期间那样遭到暴力性镇压，但他们仍面临各种各样的骚扰，包括被监视、威胁，以诽谤、税务违规或腐败之名被"合法地"指控，

---

[1]（美）彼得·H.史密斯：《论拉美的民主》，谭道明译，译林出版社2013年版，第16—17页。

被政府支持的暴民袭击，以及有时被逮捕或流放。而且，在职者滥用国家资源以及拉拢私人媒体，使得政府和反对派利用财政资源和主要媒体的途径受到不公正的扭曲。在拉美，"竞争性威权主义"通常是民主制度衰败的结果。[1]

"委任式民主""不自由的民主""竞争性威权主义"都是对拉美民主制度的一种概括性描述，尽管各自的侧重点有所差别，但都承认，拉美各国虽然恢复了文人政权，实现了定期举行的选举，但远远没有建立真正的自由民主制度。一方面，20世纪末的拉丁美洲，在政治上，民主制度极不完善，公民权利得不到有效的保障，另一方面，经济上的新自由主义改革又同时导致了社会问题的严重恶化。

如上所述，20世纪90年代以来，拉美国家普遍性地推行了新自由主义经济改革。在经济改革的过程中，失业率不断上升，财富进一步集中化，贫困化加剧，经济受国际金融资本的控制程度大幅提高，这不可避免地导致民众社会运动不断高涨。

自由贸易是新自由主义改革的核心之一。《北美自由贸易协定》生效后，大量美国玉米免税进入墨西哥，给墨西哥的玉米生产者以致命的打击，因为墨西哥玉米生产的成本是美国的两三倍，同时，美国农场还享受各种各样的政府补贴，使其有条件低价销售，从而在竞争中挤垮墨西哥生产者。1994年1月1日，即《北美自由贸易协定》生效的当天，在墨西哥南部最贫困的

---

[1] Steven Levitsky and James Loxton, "Populism and Competitive Authoritarianism in the Andes," *Democratization*, Vol. 20, No.1, 2013, pp. 107-109.

恰帕斯州，一支自称为"萨帕塔民族解放军"的游击队武装大约1.2万人突然揭竿而起，发动武装起义。

私有化是新自由主义改革的另一重要措施。在一些国家，公共设施实行私有化后，接管的外国公司大大提高了服务价格，增加了消费者的负担。自然资源的私有化则以本国利益为代价，为外国资本带来了巨额利润。1999年，玻利维亚政府决定对科恰班巴的自来水设施实行私有化，一家国际财团——图纳里自来水公司（Aguas del Tunari）作为唯一的投标方，经过与政府的闭门谈判后，签署协议，接管科恰班巴的自来水供应。接管之后，该公司立即将自来水的价格提高了200%，由此引起了民众的极大愤怒。2000年1月开始，成千上万的中下层民众走上街头抗议，与政府派来的维持秩序的保安力量发生冲突，由此爆发了一场声势浩大的"水战争"。在民众的抗议下，政府被迫取消了对科恰班巴的自来水设施实行私有化的计划。2003年，玻利维亚政府又计划与一家外国财团——太平洋液化天然气公司（Pacific LNG）签署协议，由后者通过穿过智利的管道，将玻利维亚的天然气出口到北美。根据政府与外国财团达成的协议，开发玻利维亚天然气资源的外国公司获得极大的优惠。在民众看来，政府又在以本国普通公民为代价，开发天然气资源，为外国公司谋取利益。玻利维亚民众又掀起了一场捍卫本国资源的"气战争"。2005年6月，面对50万名抗议者，总统被迫提前辞职。

新自由主义改革导致贫富差距急剧扩大。巴西是世界上土地资源最丰富的国家之一。全国 60% 的土地闲置，却有 2 500 万人没有土地。1985 年成立的巴西"无地农民运动"占据了 1 500 英亩的闲置土地，250 万个家庭从政府那里拿到了地产权。1997 年的民意调查显示，77% 的民众支持"无地农民运动"，85% 的民众支持他们非暴力地占领闲置土地的行动。

贫困、不平等、经济以及政治精英的自私和冷漠，迫使社会底层民众走上街头，勇敢地提出了自己的要求。在此形势下，拉美的政治天平迅速左转，选民抛弃了美国支持的保守的、坚持新自由主义的传统政客，转而支持激进的左派政党和左派领导人。以 1998 年乌戈·查韦斯当选委内瑞拉总统为开端，在许多国家，左派政党和政治领导人赢得选举，上台执政，一股"粉红浪潮"（pink tide）席卷拉美大陆。这些左派领导人中，既有以委内瑞拉的乌戈·查韦斯、玻利维亚的埃沃·莫拉莱斯、尼加拉瓜的丹尼尔·奥尔特加、厄瓜多尔的拉斐尔·科雷亚为代表的激进左派，也有以巴西的卢拉、智利的米歇尔·巴切莱特、阿根廷的内斯托尔·基什内尔等为代表的温和左派。

委内瑞拉独立后，以咖啡出口为经济支柱。20 世纪初，由于石油的发现和开采，委内瑞拉迎来了一个新的时代。本国的石油工人很快成为委内瑞拉新兴的工人阶级，新一代受过教育的知识分子开始向独裁专制制度提出挑战。1945 年，一个下级军官组成的秘密团体"爱国军人联盟"（Unión Patriótica Militar，UPM，成立于 1942 年）发动政变，成立"革命执政委员会"（Junta Revolucionaria de Gobierno）。以罗慕洛·贝坦科尔特为首的、代表中产阶级利益的民主行动党（Acción Democrática，AD）上台执政。1948 年，军人发动政变，民主行动党政府被推翻。1958 年，佩雷斯·希门尼斯独裁政府被人民运动推翻。随后，委内瑞拉三大政党民主行动党、独立选举政治组织委员会（Comité de Organización Política Electoral Independiente，COPEI，即基督教民主党）、共和民主联盟（Unión Republicana Democrática，URD）达成君子协定，他们将按照民主竞选的规则进行政治竞争。大选前夕，三大政党领袖再次聚首，签署了一个最低共同政治纲领，即著名的《蓬托菲霍协议》（Punto Fijo Pact）。根据协议，各政党拒绝通过军事政变等方式获取政权，尊重选举结果。从此以后，委内瑞拉确立了一种民主行动党和独立选举政治组织委员会两党轮流执政的政治结构（共和民主联盟丧失了在《蓬托菲霍协议》中确定的权力分享机制中的影响）。通过这种安排，六七十年代，在绝大多数拉美国家发生军事政变、民主政府被颠覆的情况下，委内瑞拉却独树一帜，一直维持着民主政治体制。

20 世纪 70 年代后，由于国际市场上石油价格坚挺，委内瑞拉经历一个石油收入大幅度增长的时期。为了扩大财政支出，政府以石油收入为后盾，毫无节制地举借外债。到 80 年代初，委内瑞拉的外债达到 240 亿美元。但这种模式终究是难以持续的，随着石油收入的下降，利率不断提高，债务问题越来越严重。国际货币基金组织强烈要求委内瑞拉采取紧缩措施，以偿还外债。在严重的压力下，1983 年 2 月 18 日，政府宣布委内瑞拉货币玻利瓦尔贬值，精明的人在货币贬值之前将钱迅速而神秘地汇往国外，存进美国银行。1982年末和1983年初，委内瑞拉大量资金外流。[1]1983年2月18日这天被称为"黑色星期五"，成为委内瑞拉石油经济危机的标志。

此后，在国际货币基金组织的指导下，委内瑞拉各届政府推行了新自由主义的经济调整措施。为控制通货膨胀，政府减少开支，导致公共服务设施，如自来水、卫生系统、电话、电力、交通等服务恶化，失业率上升，贫困化加剧。1989年2月27日，爆发了一场被称为"加拉加索"（Caracazo）的民众抗议运动，在全国几乎所有大城市，抗议民众阻断道路，洗劫商场。抗议持续一周时间。政府派军队镇压，导致几百人丧生。经济、社会和政治危机导致传统的两党政治无法持续，为新的社会运动的兴起提供了空间。

1992年，以伞兵上校乌戈·查韦斯为首的一批年轻军人发动了一场政变，试图推翻政府。政变失败，查韦斯被关入狱中，两年后才获得释放。1998年，查韦斯作为他创立的政党"第五共和国运动"候选人参加总统竞选，获得56.2%的选票，成功当选委内瑞拉总统。

查韦斯上台后，召开立宪大会，制定新宪法。新宪法允许总统连任，创立了一院制的立法机构，加强了总统权力。查韦斯政府重新加强了对于石油资源的控制，与石油输出国组织合

---

[1]（英）莱斯利·贝瑟尔主编：《剑桥拉丁美洲史》，第八卷，中国社会科学院拉丁美洲研究所组译，当代世界出版社1998年版，第780页。

作，提高石油价格，提高外国石油公司缴纳的矿区使用费，此举激怒了石油业的高级管理人员和美国。2002年4月，军人集团发动政变，罢黜了查韦斯。但是，查韦斯的支持者涌上街头，反对政变，要求释放查韦斯。48小时后，查韦斯恢复总统权力。2002年后，国际市场上石油价格上涨，从2001年的每桶20美元，上升到2004年的每桶50美元。委内瑞拉的石油收入充足，政府财政状况得到大幅度改善。查韦斯利用来自石油出口的收入，开展扫盲运动、工作培训、土地改革、食品补助等。他还向古巴提供低价石油，换取古巴派遣1.3万名医生，改善委内瑞拉的医疗保健事业。这些措施效果明显，委内瑞拉的贫困率和失业率都有大幅度下降，人民生活水平明显上升。查韦斯因此得到了社会下层的广泛支持，并在2006年大选中获得连任。

在对外政策上，查韦斯公开反对美国，号召拉美各国团结起来，抵制美国的影响。他访问伊拉克，会见萨达姆·侯赛因。他反对美国入侵阿富汗。他与石油输出国组织密切合作，提高石油价格。他多次访问古巴，会见菲德尔·卡斯特罗，与古巴建立了密切的关系。他积极发展与其他拉美国家的关系，以"美洲玻利瓦尔替代计划"抗衡美国倡导的《美洲自由贸易区协定》。

2008年，全球金融危机爆发，国际市场上石油价格下跌，给90%的外汇收入依赖于石油出口的委内瑞拉经济带来严重影响。2014年，通货膨胀率达到100%，基本生活用品短缺，委内瑞拉货币大幅度贬值。2012年，查韦斯再次赢得连任，但是第二年，他因病去世。尼古拉斯·马杜罗继任委内瑞拉总统。由于经济衰退，马杜罗的支持率严重下降。2015年，爆发了反对腐败、通货膨胀和暴力的游行示威。2016年，执政党失去了议会多数席位。随着国际市场上油价继续下跌，委内瑞拉经济严重下滑。食品短缺，用电实行配给制，其他商品和服务也严重不足。抢劫和暴力事件时有发生。很多人越过边界，前往哥伦比亚购买食品。2019年新冠疫情的暴发，使委内瑞拉经济遭受进一步的打击。2020年国内生产总值增长率为-30.3%，在拉美和加勒比地区33个国家中垫底。2013—2020年连续七年的经济衰退使委内瑞拉的国内生产总值累计萎缩了77%。[1] 经济衰退加剧了贫困问题，社会环境更加动荡，反对派活跃，马杜罗政府面临着严峻的挑战。

1985年，巴西军人政权结束，恢复了文人政府。20世纪90年代，在国际货币基金组织的支持下，巴西各届政府推行了新自由主义的经济调整，取得了一定的效果，恶性通货膨胀得到抑制，宏观经济趋于稳定。然而，1997年亚洲金融危机的爆发，波及巴西。1999年，巴西发生金融动荡，导致货币贬值20%。在此形势下，2002年大选中，劳工党候选人卢拉赢得胜利，当选为巴西总统。

卢拉出生于巴西贫困的东北部，后移居圣保罗。十几岁时他就在金属工厂做工。20世纪70年代，卢拉作为工会领袖，领导了多次反对军政府的工人罢工运动。1980年，在罢工工会的基

---

[1] 柴瑜主编：《拉丁美洲和加勒比发展报告（2020—2021）》，社会科学文献出版社2021年版，第203页。

础上，成立劳工党。巴西恢复民主制后，卢拉曾作为劳工党候选人三次参加总统竞选，皆未成功。2002年，他缓和了竞选纲领，许诺尊重资本和国际债权人的利益，得到中产阶级的支持，成功当选。上台后，卢拉重申对资本的友好姿态，并任命了温和派的经济内阁。国际金融机构对卢拉的温和立场表示欢迎。卢拉政府继续坚持新自由主义，履行偿还外债的义务，依靠出口推动经济增长，维持财政收支平衡。卢拉政府还坚持前政府的货币政策，抑制通货膨胀。但与此同时，卢拉政府提高了最低工资，降低了某些税收，扩大了社会救助。例如，政府实行家庭救助金计划，直接给低收入家庭划拨小额资金，保证儿童上学和定期举行体检。卢拉的经济和社会政策赢得了各界支持，2006年，他以60%的选票赢得连任。

在第二任期内，卢拉继续扩大其社会计划，增加在交通、能源和社会服务等领域的开支。卢拉政府倡导种族平等，打击暴力。卢拉还积极扩大巴西在西半球的影响，力争在地区和国际事务中发挥更大的作用。他加强了巴西与南美洲各国的经贸和外交关系，以抵制美国在该地区的影响力。卢拉积极发展与中国的关系，减轻对西方工业国的依赖。

2010年大选中，迪尔玛·罗塞夫继任巴西总统，继续推行卢拉政府的政策。2014年罗塞夫获得连任后，政府斥巨资举办2014年世界杯足球赛和2016年夏季奥运会，引发了社会抗议运动。反对派指责政府将资金用于体育赛事而非缓解社会贫困。2015年，巴西许多城市爆发游行示威，罗塞夫的支持率下降。

反对派要求对劳工党官员通过巴西石油公司的合同收受回扣的腐败行为进行调查。与此同时，2014年后，巴西经济陷入衰退。2016年，罗塞夫总统被议会弹劾下台。2018年，来自右翼的社会自由党候选人雅伊尔·梅西亚斯·博索纳罗当选为巴西总统。2019年新冠疫情暴发后，巴西经济遭受重创，增长率为-5.3%。

2015年前后，拉美政治的钟摆再度右转。左派政府的改革触碰了传统利益集团的底线，改革力度超出了社会的承载力，加上经济的衰退，因此在许多国家，右翼政党在选举中纷纷上台，拉美政坛出现了"左退右进"的局面，"粉红浪潮"褪色。但是，右派上台后，也未能扭转经济衰退和社会动荡的局面，新冠疫情的暴发进一步加剧了经济和社会危机。在此形势下，2018年后，拉美左翼在多国重新执政：2018年，墨西哥左翼政党"国家复兴运动党"候选人安德烈斯·曼努埃尔·洛佩斯·奥夫拉多尔上台；2019年，阿根廷左翼联盟"全民阵线"候选人阿尔韦托·费尔南德斯上台；2020年，玻利维亚左翼政党"争取社会主义运动"候选人路易斯·阿尔塞上台；2021年，洪都拉斯、秘鲁、尼加拉瓜、智利左翼政党取得执政地位。2022年6月，哥伦比亚左翼竞选联盟"历史联盟"候选人古斯塔沃·弗朗西斯科·佩特罗·乌雷戈当选哥伦比亚历史上首位左翼总统。2022年10月，卢拉再次当选巴西总统。拉美政治迎来了第二波"粉红浪潮"。这新一轮的"粉红浪潮"将如何发展，值得我们密切关注。

第九章

独立以来的宗教与文学

1965年,卡米洛·托雷斯神父向哥伦比亚枢机主教提出辞呈。他在声明中写道:

> 我不愿违背教规,我也不愿违背良心。因此我请求枢机主教阁下准许我辞去神父的职责以便能够在俗世为我的人民服务。我为此牺牲了我最热爱的权利之一:作为神父主持教会礼仪的权利。我的牺牲是为了创造条件使信仰变得更加真诚……当我的邻人不再对我有任何敌意之时,当革命结束之后,如果上帝允许,我还将再次主持弥撒。[1]

1982年,马尔克斯在接受诺贝尔文学奖的演说中,表现出对拉美未来发展道路的强烈关注:

---

[1] 索飒:《丰饶的苦难:拉丁美洲笔记》,广西师范大学出版社2003年版,第273页。

为什么我们在文学领域中如此容易地得到的独特性,在我们为社会变革而做出的不同努力中却如此不信任地被拒绝了?为什么认为进步的欧洲人为他们自己的国家寻求的社会正义不能成为使用不同方法和拥有不同条件的拉美人的目标?不:我们历史中不可估量的暴力和痛苦是古老的不平等和无穷苦难的结果,不是在我们家园3 000里格以外的地方策划的预谋。但许多欧洲领导人和思想家是这样认为的。他们也有其祖辈的幼稚,忘记了其祖辈年轻时富有成果的追求,似乎认为除了任凭两大主人的摆布之外就找不到其他命运了。我的朋友,这就是我们孤独的严重程度。[1]

从这两段话中,我们不难看出20世纪拉丁美洲的宗教和文学领域发生的巨大变革,也不难理解,为什么"非常引起争议的'解放神学'在很大程度上是一个拉丁美洲现象",[2]为什么拉丁美洲的文学作品被译成各种语言,传播到世界各地。强烈地关注社会现实,思考国家和人民的命运,投身社会解放的运动,成为拉丁美洲教会和文学变革的重要特征。

---

[1] (美)托马斯·E.斯基德莫尔、彼得·H.史密斯:《现代拉丁美洲》,江时学译,世界知识出版社1996年版,第456页。
[2] (美)托马斯·E.斯基德莫尔、彼得·H.史密斯:《现代拉丁美洲》,江时学译,世界知识出版社1996年版,第485页。

一、天主教会的变革和解放神学

独立战争期间，由于许多教士站在保王党的立场上，教会的名誉在许多国家受到了损害。独立后，拉丁美洲与外部世界的接触增加，出现了观念相对宽容的环境。在一个又一个国家，自由派在限制教会对教育、婚姻、丧葬等事务的垄断方面取得了不同程度的成功。在政治斗争中，由于教会通常与保守派站在同一阵营，自由派的胜利也给教会的财产和特权带来了沉重的打击。例如，在巴拉圭，1841 年，一半以上的教堂人去楼空，很多神父要在两到三个教堂服务，除首都亚松森外，全国仅有 37 名神父。在委内瑞拉，从独立到 1881 年，加拉加斯教区的神父人数从 547 人下降到 115 人，这年，全国的神父人数仅为 393 人。[1]

因为享有声望和财富的英国商人的宗教信仰自由需要得到保证，殖民地时期单一宗教的原则也被动摇。实际上，恰是憎恨外国人并将耶稣会士召回阿根廷的罗萨斯，向英国国教徒赠予土地，使其在布宜诺斯艾利斯修建了第一座英国国教教堂。尽管一些狂热的教士试图煽动民众反对外国异端，但是天主教和其他教派之间还是逐渐出现了一种和平共处的局面。

19 世纪中期以后，实证主义思潮在拉美获得了显著的影响，科学代替神学成为人们追求真理的工具。在很多国家，出现了相对自由的思想环境，教会的影响和力量进一步下降。当然，在有

---

[1] José del Pozo, *Historia de américa latina y del caribe, 1825-2001*, LOM Ediciones, 2002, p. 28.

的情况下，保守派战胜自由派后，往往采取一些激进的支持教会的措施。最典型的是，1860—1875年统治厄瓜多尔的加夫列尔·加西亚·莫雷诺将共和国奉献给耶稣圣心。1880—1894年统治哥伦比亚的拉斐尔·努涅斯与梵蒂冈签订协约，恢复教会在殖民地时期拥有的一切权利。但是，这些个例并未阻止教会在知识阶级中间的影响全面下降。反教权主义成为绝大多数拉美知识分子、大量社会上层和中产阶层男子的意识形态的内在组成部分，甚至很多定期去教堂祈祷并遵守教会的外在形式和仪式的人也是如此。然而，教会依然在各阶层的妇女和社会下层中具有很强的影响。

进入20世纪后，世界和拉丁美洲形势发生的变化也直接影响到天主教会。现代资本主义打碎了社区和家庭之间传统的联系，以经济成就为基础评价个人，削弱了传统的宗教价值观。"各种明确的无神论的无政府主义和社会主义提出了新的挑战。城市知识分子中的自由思想是一股强大的力量，伴随着城市化过程而来的往往是各社会阶层对宗教日益冷漠。"[1]1958年，教皇约翰二十三世入主罗马教廷后，面对新的形势和挑战，力图使天主教面向当代世界，制定了天主教会改良主义的方针。他在1962年发布的《慈母与导师》通谕中指出，"我们所有的人都对世界上的穷苦人负有责任"。通谕主张建立新秩序，使人摆脱现代资本的奴役，主张实行社会化，让工人参加资本收益的分

---

[1] （英）莱斯利·贝瑟尔主编：《剑桥拉丁美洲史》，第六卷，下册，中国社会科学院拉丁美洲研究所组译，当代世界出版社2000年版，第576页。

配,消灭不平等现象。为了贯彻这些主张,1962年10月至1965年12月,召开了第二届梵蒂冈大公会议。教皇在开幕词中提出,教会在新时代的使命是"面对现实,认真考虑现代世界中的新情况和生活方式,因为它为天主教的布道开辟了新道路"。这次会议强调社会变革的正当性和必要性,强调由主教、教士、俗人集体行动的重要性,还强调了个人权利、帮助穷人的献身精神以及要对社会与政治结构做出相应变革。会议还强调,宗教领袖们有责任去"做出道德判断,而且一旦因为维护基本人权……使得这种判断变成必要时,还可以对政治秩序中的事务做出这样的判断"。[1] 在1963年的著名通谕《和平于世》中,约翰二十三世进一步阐发了这个新方针,提出两大意识形态集团应当对话与和平相处,并谴责资本主义公司的剥削。1963年约翰二十三世去世后,继任者保罗六世不仅继承和发展了约翰二十三世的思想,而且批评某些主教像鸵鸟把头埋在沙滩里一样无视社会现实,号召教会人士用具体行动改变现实。[2]

在教皇立场发生变化的同时,拉丁美洲的天主教会内部也出现了变革的潮流。一些教会人士担心,教会与社会精英集团的传统联盟将驱使下层民众的信仰从天主教转向马克思主义;一些教士,特别是中下层教士,由于长期接触下层民众,了解社会的贫困,也产生了进行激进的社会变革的愿望。例如,卡米

---

[1] (美)塞缪尔·亨廷顿:《第三波:20世纪后期民主化浪潮》,刘军宁译,上海三联书店1998年版,第89页。
[2] 关达等:《第二次世界大战后拉丁美洲政治》,中国社会科学出版社1987年版,第275—277页。

洛·托雷斯出身于哥伦比亚一个中产阶级家庭，曾在国立大学攻读法律，后到比利时鲁汶大学学习，与著名的解放神学理论家、来自秘鲁的古斯塔沃·古铁雷斯是同窗，在那里接受了基督教思想的影响。1958年他回国当了神父，参加国内土地改革工作并进行社会调查。凭他的职业和才能，他本来可以进入上流社会，过上优越的生活，但他宁愿深入小市镇和偏僻地区了解哥伦比亚的社会问题，探讨人民生活痛苦的根源。他在1965年3月17日发表了《人民统一运动纲领》，号召无党派人士联合起来，推翻亲美反动的"民族阵线"政府。这一行动震惊了全国，但遭到教会当局的反对。他被迫放弃神职，完全投入组织"人民运动阵线"的工作。由于各派力量在许多问题上存在意见分歧，统一阵线未能建成，他选择了武装斗争的道路，上山加入游击中心组织民族解放军。1966年2月15日在与政府军的遭遇中牺牲。[1]

1968年8月中旬，教皇保罗六世访问哥伦比亚首都波哥大，接着，8月26日至9月6日，在工业城市麦德林举行了第二届拉丁美洲主教会议。教皇出席了会议的开幕式。来自拉美国家和罗马教廷的249名代表参加了会议。会议的主题是"当前拉丁美洲改革中教会的存在"。在教会内部改革派的影响下，会议对罪恶这个概念做了重新解释。按常规，"罪"被视作个人问题，是人堕落的直接后果，罪人向告解室真诚忏悔后可由神父宣告

---

[1] 关达等：《第二次世界大战后拉丁美洲政治》，中国社会科学出版社1987年版，第294页。

其无罪。会议认为，凡剥削被压迫者和一无所有者并且阻止他们享有神的丰富财富，不让他们有机会体面地为来世做准备的那些权贵和财富机构都是罪恶深重的。只有社会本身获救，穷人才会获救。[1]会议的决议要求，通过更加具体的行动来实现正义，但必须避免使用暴力手段，以求得社会的和平安定。决议指出，拉丁美洲许多地区存在着可称为"合法暴力"的不正义局面，因为现在的结构侵犯人的基本权利，必须对这种局面进行全面的、大胆的、紧迫的改革，只有建立新秩序，本大陆才能实现和平。因此，主教们对拉丁美洲出现暴力的尝试"不应该感到奇怪"，但主教们坚决主张重申对和平解决问题的信念，因为这是基督教教义的理想。决议对权贵们呼吁，不要利用教会的和平立场反对必要的深刻的改革，否则他们就应对历史承担引起"拼死斗争的爆炸性革命"的责任。文件最后为主教的行动规定了重要方针，概括起来就是：通过交往唤起人民的觉悟；按照福音的思想维护穷人和被压迫者的权利，敦促政府和统治阶级消除不正义现象；强烈谴责剥削掠夺行为和贫富悬殊、强弱悬殊造成的不公正现象；鼓励和支持人民群众为争取和维护自己的权利而建立并发展自己的基层组织；等等。[2]

甚至在麦德林会议之前，拉丁美洲的一些主教就采取了支持社会主义的立场。埃尔德·卡马拉于1964年被罗马教皇保罗

---

[1] （英）莱斯利·贝瑟尔主编：《剑桥拉丁美洲史》，第六卷，下册，中国社会科学院拉丁美洲研究所组译，当代世界出版社2000年版，第579页。
[2] 关达等：《第二次世界大战后拉丁美洲政治》，中国社会科学出版社1987年版，第279—280页。

六世任命为巴西最重要的奥林达-累西腓教区的主教。他与其他7位巴西主教一起签署了一份致教区内信徒的信，信中要求，教会应避免将宗教"等同于对穷人和劳动者的压迫，等同于封建主义、资本主义、帝国主义"。虽然卡马拉反对以暴力作为实现革命变革的手段，但他对那些主张暴力是唯一有效策略的人表示理解和同情。巴西1964年政变后，卡马拉因勇敢地反对军政府而赢得全世界的赞许，极右派指责他是异教徒，是身穿"黑袍法衣的卡斯特罗"。[1]

正是在这种形势下，解放神学产生并得到了越来越多的教会人士的接受。解放神学是一些拉美国家主要的教会学者研究和反思的成果，这种学说认为，教会，归其本源，必须重新成为穷人的教会。教会必须不再与富人和权势阶层站在一起，而应致力于社会公正，唤醒民众，使民众意识到自身正遭受的虐待，以及团结一致地改变压迫他们的经济和政治体制。解放神学不接受马克思主义无神论思想，但是借鉴了马克思主义对于第三世界的贫困和压迫根源的解释。关于革命，解放神学虽然不主张使用暴力，但是认为，"防御性暴力"是反对暴政的暴力的最后手段。麦德林会议的工作文件区分了两种类型的暴力。第一种，被称为"制度化暴力"，是不平等不公正的压迫，让人民不能过上有道德的体面生活，因而是罪恶的。与这种"制度化暴力"相反的是"防御性暴力"。"在明显和漫长的暴政处境下"，"防

---

[1] （英）莱斯利·贝瑟尔主编：《剑桥拉丁美洲史》，第六卷，下册，中国社会科学院拉丁美洲研究所组译，当代世界出版社2000年版，第581页。

御性暴力"是正当的。暴力的消极后果不仅仅要由革命者负责，还要由那些暴力源头的人——统治阶级——来承担。[1] 萨尔瓦多的大主教奥斯卡·阿努尔福·罗梅罗在1980年3月被暗杀前的最后一次布道中宣布："当所有的和平方式都用尽之后，教会认为武装起义是道德的、正当的。"[2]

为了将解放神学的学说付诸实施，进步的教士着手建立新型的基督教草根组织。这些组织由城乡的穷人组成，在教士和学生的帮助与指导下，将宗教学习和反省与搞清和解决本区域的实际问题结合起来。大地产主和当局常常将这些组织贴上颠覆者的标签，无论是俗人还是教士，也都常常成为严酷镇压的对象，由此导致了一些地区高度政治化和激进化，一些教士卷入革命运动。在尼加拉瓜，基督教社团加入桑地诺民族解放阵线领导的革命斗争。1979年尼加拉瓜革命胜利后，5名教士在革命政府内担任了高级职务，公然对抗梵蒂冈阻止教士直接卷入政治生活的禁令。很多教士和修女热情支持和参与新政府的扫盲等重建计划。然而，以大主教米格尔·奥万多·布拉沃为首的教会当局对桑地诺政府采取批评立场，米格尔·奥万多·布拉沃在布道中批评在政府任职的教士或者支持政府政策的信徒。

1979年3月，第三届拉丁美洲主教会议在墨西哥的普埃布拉举行。在这次会议上，传统派和进步派之间再次发生了激烈的

---

[1] Manzar Foroohar, "Liberation Theology: The Response of Latin American Catholics to Socioeconomic Problems," *Latin American Perspectives*, Vol. 13, No.3, 1986, pp. 47-48.
[2] Benjamin Keen, *A History of Latin America*, Fifth Edition, Houghton Mifflin Company, 1996, p. 562.

争论和斗争。在麦德林会议上，进步派占了上风，而在普埃布拉会议之前，传统派控制了会议的筹备工作，旨在压制解放神学及其支持者。350名与会代表中，有一半是由梵蒂冈暗中指定的保守派人物，218名主教级以上的高级神职人员中，约有四分之一是保守派，其余是左右摇摆的中间派。1978年新上任的教皇约翰·保罗二世亲临会议，为会议定下了保守色彩的基调。由于教皇的直接干预和保守派的精心策划，普埃布拉会议的结果是，拉丁美洲主教理事会否定了麦德林会议上占上风的首先关心社会现实问题、用具体行动和斗争来实现社会主义的激进路线，回到了拯救灵魂、恢复信仰和传播福音这条传统的路线上来。[1]

此后，教皇对解放神学和人民教会的敌对立场更加坚定。1983年，教皇约翰·保罗二世访问尼加拉瓜，在有50万到70万民众出席的露天布道会上，教皇猛烈抨击"人民教会"，批评为桑地诺政府服务的教士。前来出席的民众本来希望听到的是教皇抨击美国及其支持的反政府武装、要求实现和平的声音，于是高唱圣歌"我们要求和平"。愤怒的教皇三次高喊："安静！"在巴西，很多主教接受了解放神学的思想，积极投身于土地改革和其他社会改革，并得到几千个草根组织的支持，于是成为教皇攻击的另一目标——教皇通过任命更多的保守派主教来削弱进步派的力量。在拉丁美洲，天主教会新旧两派之间的斗争仍在继续。

---

[1] 关达等：《第二次世界大战后拉丁美洲政治》，中国社会科学出版社1987年版，第283—284页。

萨穆埃尔·鲁伊斯·加西亚于1959年被任命为墨西哥恰帕斯教区主教，曾参加第二届梵蒂冈会议和1968年的麦德林会议。此后，他在恰帕斯着手建立"真正的教会"，向当地的印第安人提供各种形式的社会服务和司法援助。1974年，他在恰帕斯州的前首府圣克里斯托弗举办了首次土著大会，发动讲不同语言的印第安人组织和行动起来，反对社会不公正现象，捍卫自身的生存权利。他的行动遭到政府和教会保守派的攻击。1994年，"萨帕塔民族解放军"发动武装起义后，萨穆埃尔·鲁伊斯·加西亚成为政府和起义军之间谈判的协调人。

二、独立以后拉美的文学成就

在文学领域，拉丁美洲的文明散发出最炫目的光辉。特别是在20世纪以后，有7位诺贝尔文学奖获得者来自拉丁美洲和加勒比地区，他们是智利女诗人卡夫列拉·米斯特拉尔（1945）、危地马拉作家米盖尔·安赫尔·阿斯图里亚斯（1967）、智利诗人巴勃罗·聂鲁达（1971）、哥伦比亚作家加西亚·马尔克斯（1982）、墨西哥诗人奥克塔维奥·帕斯（1990）、圣卢西亚诗人德里克·沃尔科特（1992）、秘鲁作家巴尔加斯·略萨（2010）。在这样一个贫困、落后、文盲率高、文学作品市场狭小的地区，竟产生了如此众多成就斐然的作家和诗人，这是有其内在原因的。首先，20世纪初，出口经济的繁荣为文学的发展创造了必要的经济和社会条件。其次，自殖民地时期以来，文学家在拉丁美洲就享有较高的声望，至少与美国相比是如此。最后，拉丁美洲社会生活现实——富裕与贫困的巨大差异、野蛮的独裁统治、不同地区的千差万别、尚未驾驭的大自然——极大地激发了拉美作家的想象力。在很大程度上，拉美文学是抗议与斗争的文学。[1]

独立战争期间产生的最重要的文学作品是墨西哥著名作家和政治家费尔南德斯·德·利萨尔迪（1776—1827）创作的小说《癞皮鹦鹉》（又译《佩里基略·萨尼恩托》）。拉美独立以后，在政局不稳、经济衰退、考迪罗盛行的历史背景下，产生了拉丁美洲的浪漫主义文学，它的主要口号是反对独裁统治，争取民族平等和社会文明。尤其是在阿根廷反对罗萨斯独裁的斗争中，产生了两部重要的小说。一部是埃斯特万·埃切维利亚的《屠场》（1871），在小说中，一个受过教育的、欧化的青年在一座屠宰场被一群暴徒杀害，因为这些暴徒把他看作自己盲目崇拜的独裁者罗萨斯的敌人。另一部是何塞·马莫尔的《阿玛莉娅》（1851），小说描写了一对年轻的恋人受到独裁者的迫害，被迫逃离并结婚，但最终还是被逮捕杀害。然而，这一时期阿根廷最重要的作品还是多明戈·萨米恩托的《法昆多：文明与野蛮》（1845），萨米恩托后来当选为阿根廷总统（1868—1874）。《法昆多：文明与野蛮》是拉丁美洲第一部散文作品。该书描写了一位考迪罗法昆多·基罗加的生平，这是一个野蛮的地区考

1　Benjamin Keen, *A History of Latin America*, Fifth Edition, Houghton Mifflin Company, 1996, p. 568.

迪罗，也是罗萨斯最强有力的竞争对手。这本书还研究了阿根廷的政治和社会问题，萨米恩托认为，这些问题的根源在于潘帕斯草原上半野蛮的生活方式，以及西班牙和印第安人传统的消极影响。他提出的解决方案是，让"文明"人在潘帕斯草原上定居。这充分反映了这一时期阿根廷自由派知识分子强烈的欧化思想。19世纪后半期，哥伦比亚的豪尔赫·伊萨克斯发表了著名的长篇小说《玛丽亚》（1867），这部小说被普遍认为是拉丁美洲最优秀的浪漫主义小说，描写了在哥伦比亚田园诗般的背景下一对青年男女不幸的爱情故事。若泽·德·阿伦卡尔是巴西浪漫主义文学的奠基人，致力于以文学的方式构建统一的巴西民族认同。阿伦卡尔一生创作了20余部长篇小说及戏剧作品，主题多样，涵盖巴西不同历史时期及各个区域，其中最重要的作品为《伊拉塞玛》（1865）。作为一部印第安题材的作品，这部小说的女主人公的名字伊拉塞玛（Iracema）实为"美洲"（America）各字母的重新组合，她与白人战士相恋，生下儿子莫阿西尔（意为"痛苦之子"）后不久便撒手人寰，这一悲剧故事构成了巴西民族的创世寓言。

独立后，拉丁美洲的诗人有意识地摆脱西班牙传统，寻求文化独立。厄瓜多尔诗人何塞·华金·德·奥尔梅多发表的《胡宁大捷》（1825）是一篇歌颂解放者玻利瓦尔和独立战争中的拉美英雄的颂歌。安德烈斯·贝略是玻利瓦尔的老师，也是委内瑞拉著名的诗人、律师和教育家，他写了两首著名的诗《致诗神》（1823）和《热带农艺颂》（1826），后来这两首诗被统称为《美洲的席尔瓦》。在形式与格调上,《美洲的席尔瓦》具有古典诗歌的基本特征,它以维吉尔、卢克莱修、贺拉斯等古罗马诗人为楷模,采用田园牧歌的形式,歌颂朴实自然的乡村,反对喧嚣繁华的城市。在思想内容上,它又与古典诗歌迥然不同。用古典的形式来表达全新的启蒙运动思想,正是新古典主义诗歌的典型特色。[1] 卡斯特罗·阿尔维斯是巴西浪漫主义时期最重要的诗人,在注重韵律与形式的同时融入社会关切,创作有《浮沫集》(1870)、《奴隶集》(1883)等作品,善于通过诉诸情感,唤起大众对于共和主义及废奴主义的支持,回应巴西当时最重要的社会与政治问题。阿根廷诗人何塞·埃尔南德斯的《马丁·菲耶罗》(第一部,1872;第二部,1879)是更加具有美洲特色的诗篇。该诗写于萨米恩托的《法昆多:文明与野蛮》约30年之后,以忧伤、怀旧的笔触反映了受到萨米恩托所倡导的"文明"冲击的古老家长式牧场、未设篱笆的大草原和高乔人自由生活方式的消失。埃尔南德斯是一名联邦主义者,他反对米特雷、萨米恩托的中央集权主义,支持最后的高乔人首领洛佩斯·霍尔丹(López Jordán)领导的起义。他认为,城市——中央政府的所在地——正在剥削和窒息农村。在他的笔下,高乔人是"文明"力量——法官、征兵官、腐败的警察——的牺牲品。在写作风格上,《马丁·菲耶罗》受到了高乔吟游歌手的影响,并运用了一些高乔人的方言。在诗歌领域,最有影响的是现代主

---

[1] 赵德明、赵振江、孙成敖:《拉丁美洲文学史》,北京大学出版社1989年版,第93页。

义思潮。为了摆脱西班牙语世界的乡土和地区主义倾向,现代主义者发掘异国情调尤其是东方的题材;为了反对粗俗平庸的文风和陈腐刻板的表达方式,一些现代主义诗人拒绝将文学视为社会和政治斗争的工具,转向象牙之塔,在那里,他们力图创造一个幻想的世界和种种神奇怪诞的形式,[1]因此他们也被称为逃避现实诗人。但是,后来,一些著名的逃避现实诗人意识到拉美大陆的社会和政治问题以及作家的社会责任。尼加拉瓜诗人鲁文·达里奥就经历了这一转变过程。他的早期诗作中充满了半人半兽的森林之神、居于山林水泽的少女、人首马身的怪物、孔雀、天鹅,但是,他后来的诗作反映了他的美洲主义思想和对社会政治问题的关注。他的《致罗斯福》写于1904年,即美国战胜西班牙六年之后、巴拿马脱离哥伦比亚独立一年之后,达里奥把罗斯福称为"百发百中的猎手"和"精力充沛的教授",以此来象征美国势力,说明美国能够像一头猛兽那样捕捉战机。诗人回顾了西班牙美洲光辉的历史,提醒人们注意美国入侵拉丁美洲的危险。在《乐观主义者的敬礼》中,作者发出了寄希望于未来的呐喊,批评不相信西班牙美洲世界有强大活力的那些人,号召青年一代重新发现这个种族古已有之的力量,呼吁西班牙美洲各国人民团结起来。[2]

美西战争标志着拉丁美洲进入了一个新的历史时代,欧洲

---

[1] (秘)欧亨尼奥·陈-罗德里格斯:《拉丁美洲的文明与文化》,白凤森等译,商务印书馆1990年版,第245页。
[2] (秘)欧亨尼奥·陈-罗德里格斯:《拉丁美洲的文明与文化》,白凤森等译,商务印书馆1990年版,第246页。

殖民势力基本退出拉丁美洲，美国在拉美的扩张不断加剧。古巴诗人、独立运动的英雄何塞·马蒂留下了大量的文章和诗篇，号召拉美加强团结，警惕美国入侵的危险。对于何塞·马蒂是不是现代主义的先驱或者现代主义的主要代表和创始者，文学批评家中间存在着争论。但可以肯定的是，何塞·马蒂的精神与很多逃避现实的诗人是相去甚远的。他不在象牙之塔内寻求避难所，而是毕生献身于古巴的独立事业。马蒂对人性和进步的信仰反映出他受到欧洲启蒙思想、浪漫主义和19世纪晚期乐观的进化主义思潮的影响。马蒂认为，文学不能脱离社会，艺术家应具有社会责任。艺术应该反映民众的欢乐与疾苦。崇高的艺术境界，积极的进取精神，朴实、明朗、坦率的艺术风格，使马蒂的诗歌具有永恒的生命力。[1] 乌拉圭文学家何塞·恩里克·罗多的论文《爱丽儿》(1900)也对美国的物质主义和拉丁美洲的精神性进行了对比，在他看来，后者才是希腊和罗马古典文化的真正承继者。

1910年爆发的墨西哥革命是20世纪第一次真正的社会和政治革命。革命激发了一大批文学艺术家的创作灵感，他们以这场革命为题材，产生了一系列重要的文学作品。马里亚诺·阿苏埃拉的《在底层的人们》(1915)是革命中产生的最优秀的小说。作者阿苏埃拉原是墨西哥一个小镇的医生，后来参加了革命，小说生动地展示了革命环境中人的行为，人物包括因无知

---

[1] 赵德明、赵振江、孙成敖：《拉丁美洲文学史》，北京大学出版社1989年版，第237页。

而变得野蛮的农民，因自私而变得残忍、愤世嫉俗的政治家。马丁·路易斯·古斯曼的《鹰与蛇》(1928)刻画了革命领导人比利亚的形象。作者是一名知识分子，曾担任比利亚的秘书，作品详细描述了比利亚的个性，展示了他的勇气和魅力，也描写了比利亚的残忍。阿古斯丁·亚涅斯的《山雨欲来》探讨了墨西哥革命的起源，描述了一个在教会的控制和保守传统窒息下的小镇的生活。1955年，胡安·鲁尔福出版了《佩德罗·巴拉莫》，以魔幻现实主义的手法描写了革命前后一个墨西哥村庄的生活，书中，生命和死亡、神话和现实灵巧地交织在一起。当地考迪罗佩德罗·巴拉莫通过操纵他一直控制的农民在革命中幸存下来，但后来死于他的一个私生子之手。佩德罗·巴拉莫虽然总是能够得到自己想要的东西，包括很多女人，但到最后他认识到他的真正爱情是无法得到的。

三位出生于19世纪和20世纪之交的作家——危地马拉作家米盖尔·安赫尔·阿斯图里亚斯、阿根廷著名诗人豪尔赫·路易斯·博尔赫斯、古巴著名作家阿莱霍·卡彭铁尔——长期多产的创作生涯，使他们既是20世纪六七十年代拉美文学爆炸的先驱，也是文学爆炸的同时代人。阿斯图里亚斯的《总统先生》成功地塑造了一个拉丁美洲专制暴君的典型形象。在艺术方面，阿斯图里亚斯借鉴了超现实主义和印第安神话中某些表现手法，力求解释拉美人的心灵，从而形成了自己的创作风格。具体地说，阿斯图里亚斯已经明确提出了魔幻现实主义的创作原则，肯定了梦幻与非理性意识描写的价值，因为梦幻是拉美人感知和理解生活的重要组成部分。[1] 博尔赫斯是诗人、随笔作家和短篇小说作家，他的声望主要来自两部短篇小说集《虚构集》（1944）和《阿莱夫》（1949）。"他是用西班牙语写作的文体最优美的作家之一。他的艺术风格里融合着幽默、幻想和极大的独创性，引导我们步步踏入他那想象的迷宫。他的诗歌、杂文和侦探故事以及他那轻快、文雅的散文，在近几十年中吸引了众多的作家竞相模仿。"[2] 卡彭铁尔在《人间王国》（1949）中，运用魔幻现实主义的手法描写西印度的黑人，以法国大革命时期的海地为背景，通过一个家奴的眼睛，透视了黑人独裁者亨利·克里斯托夫的兴衰和新的穆拉托统治阶级的出现。革命和革命者的腐化是卡彭铁尔的另一部小说《光明世纪》（1962）的主题，这部小说的时代背景依然是法国大革命时期，但涵盖了整个加勒比地区。

巴勃罗·聂鲁达是拉丁美洲第一个伟大的革命诗人。他的早期作品《二十首情诗和一支绝望的歌》受到现代主义的强烈影响。但他很快抛弃了现代主义风格，追求一种超现实主义的表现手法。1936年，西班牙内战爆发，聂鲁达坚定地站在西班牙人民一边，参加了保卫共和国的战斗。1937年，他写了《西班牙在心中》，以直接而通俗的语言抗议佛朗哥的战争恐怖。回国之后，他作为共产党的候选人被选进议会，但共产党被宣布为

---

[1] 赵德明、赵振江、孙成敖：《拉丁美洲文学史》，北京大学出版社1989年版，第330页。
[2] （秘）欧亨尼奥·陈-罗德里格斯：《拉丁美洲的文明与文化》，白凤森等译，商务印书馆1990年版，第255页。

非法，他被迫再次流亡国外。在这些年中，聂鲁达完成了他最重要的诗作《漫歌》，这是一部从前哥伦布时代到他所生活的独裁统治下的智利的拉丁美洲伟大史诗。另一位著名的革命诗人塞萨尔·巴列霍在年轻时离开祖国秘鲁，来到巴黎，在西班牙内战期间也站在共和国一边。年仅26岁时，巴列霍就出版了诗集《黑色的使者》（1918），1922年又出版了《特里尔塞》。后来，他写了《西班牙，我喝不下这杯苦酒》（1938）和《人类的诗篇》（1939），支持西班牙共和国。墨西哥诗人、1990年诺贝尔文学奖得主奥克塔维奥·帕斯也参加了西班牙内战，支持共和国。他的主要作品是诗歌、杂文，其中《孤独的迷宫》是分析墨西哥民族性的著名思想随笔。

若热·亚马多是另一位著名的拉美共产主义作家。亚马多于1932年加入巴西共产主义青年党，1933年出版的长篇小说《可可》，被视为巴西历史上第一部无产阶级小说。从这部小说开始一直到《加布里埃拉》（1958）出版，亚马多的创作重点以阶级斗争为主，并将其与巴西种族问题及民俗传统紧密结合，创作出《拳王的觉醒》《无边的土地》等经典著作。《加布里埃拉》之后，亚马多的创作兴趣转向风俗写作，尤其注重对巴西大众文化与非洲裔文化的书写与歌颂，他也成为巴西"种族民主"神话的重要构建者。

20世纪六七十年代，在文学爆炸时期的小说家中影响最大的是胡利奥·科塔萨尔、卡洛斯·富恩特斯、巴尔加斯·略萨、加西亚·马尔克斯。胡利奥·科塔萨尔是阿根廷著名作家，以标新立异的"反小说"《踢石戏》闻名于世。在小说创作中,他敢于冲破传统手法的束缚,大胆改革小说的结构和语言,在追求具有拉美独特风格的文学表达方式上,做出了卓越的贡献。[1]

墨西哥作家卡洛斯·富恩特斯是文学爆炸时期最多产的作家,除了很多长篇小说外,他还写了大量短篇小说、剧本、文学评论、杂志文章,并经常在大学和电视上发表演讲。他的小说几乎都是反映墨西哥历史和社会现实的。他的《阿尔特米奥·克罗斯之死》(1962)通过阿尔特米奥·克罗斯的经历,全面展示了墨西哥革命的历史,小说的时间跨度很长,从19世纪晚期一直写到20世纪50年代。阿尔特米奥·克罗斯是一个土地贵族的私生子,后来参加革命,获得了巨大的政治和经济权力,最后逐渐腐化。富恩特斯的巨著《我们的土地》(1975)试图把美洲的历史写成小说,以反映墨西哥社会的本质。

秘鲁作家巴尔加斯·略萨是剧作家、学者、评论家,也是政治家,曾竞选总统。他的小说激怒了秘鲁政府,以至于他的一部著作曾被当众焚毁。《城市与狗》(1963)揭露了一所军事学院的残忍与腐败。长篇小说《绿房子》概括了从20世纪20年代起整个秘鲁北部长达40年的社会生活,涉及了社会生活的各个方面和社会上各式各样的人物,从政客到二流子、从修女到妓女、从孤儿到医生、从军官到士兵、从神父到妓院老板、从外国冒险家到忍无可忍起而反抗的印第安人等。略萨的作品还

---

[1] 赵德明、赵振江、孙成敖:《拉丁美洲文学史》,北京大学出版社1989年版,第377页。

有《潘达雷昂上尉和劳军女郎》(1973)、《胡利娅姨妈与作家》(1977)等。他的《世界末日之战》(1981)与巴西作家欧克里德斯·达·库尼亚的名作《腹地》一样,描写了巴西内陆高原卡努杜斯农民起义。

加西亚·马尔克斯是文学爆炸时期在西班牙语世界乃至整个世界文学中影响最大的作家之一。"如果说拉丁美洲处于文学的黄金时代,那么,马尔克斯就是它的塞万提斯,而《百年孤独》就是它的《堂吉诃德》……马尔克斯不仅改变了人们对拉丁美洲的理解,而且改变了今天很多作家的写作方式。"[1]《百年孤独》描绘了加勒比沿海一个想象中的小镇马孔多从一片完全崭新的天地建造村庄开始,经过几代人的繁衍生息,在长达100年的时间里,历经"香蕉繁荣"、自由党与保守党的长期内战、香蕉工人的大罢工等重大事件,最后毁灭在四年十一个月零两天的大雨之中。作品的基本手法是现实主义的,作者采用了讲故事的方法,叙述了一个家族的兴衰史。"但是作者的叙事角度确实是高屋建瓴的,他仿佛站在寰宇之上俯视人间,在他眼中聚集着芸芸众生的马孔多好似一个马蜂窝。他按照循环往复的叙事法,将主观时间和客观时间混合在一起,把残酷的历史现实抹上非理性的神秘色彩,从而打破了主观和客观事物的空间界限;非理性的魔幻成分突破了狭窄的客观现实范围,为题材的

---

[1] Gustavo A. Alfaro, "Five Hundred Years of Latin American Literature," Julio López-Arias & Gladys M. Varona-Lacey, eds., *Latin America: An Interdisciplinary Approach*, Peter Lang Publishing, Inc., 1999, p. 193.

开拓、人物性格的刻画和作品的艺术风格的发挥提供了极广阔的天地。"[1] 马尔克斯不仅是一个能力非凡的作家,更是一个有正义感的拉美人。早在1972年,《百年孤独》就获得了委内瑞拉一项国际文学奖,他却设法将这笔奖金转赠给委内瑞拉的一个左翼组织。1973年智利发生军事政变,处于创作高峰期的马尔克斯发表声明"罢写",以示抗议。[2]

---

1 赵德明、赵振江、孙成敖:《拉丁美洲文学史》,北京大学出版社1989年版,第392页。
2 索飒:《丰饶的苦难:拉丁美洲笔记》,广西师范大学出版社2003年版,第290—291页。

第十章

中华文明与拉美文明的交流

1565年6月2日,航海家、西班牙神父安德烈斯·德·乌达内塔指挥的"巴勃罗号",从菲律宾扬帆出港,驶入浩瀚的太平洋,想要寻找一条通往墨西哥的新航道。

此前,乌达内塔从墨西哥也是横渡太平洋到达菲律宾的,但因逆流逆风而不可能照原路返航。太平洋海域近7 000万平方英里,比大西洋大一倍,激流汹涌,飓风横生,有世界航程最长的远洋航线,而由西向东的航程尤为险恶,诡异莫测的气候和洋流随时会让探险者葬身海底。因此当年首次成功穿越太平洋的麦哲伦船队,却未敢继续在太平洋中探险,而是取道熟悉的印度洋返回欧洲。然而,西班牙征服美洲后,一心打通太平洋航道,以巩固和扩展其在东方的势力。现在,乌达内塔正是奉旨探寻这条新航线。事实证明,他是一位富有经验而又幸运的航海家,虽历尽艰辛,费时129天,却终于在10月8日抵达了墨西哥的阿卡普尔科港。一条新的以中国为起点、跨越太平洋的"海上丝绸之路"由此开辟。

17世纪早期的中国正值明朝万历年间,大明帝国经济繁荣,处于中华文明发展的鼎盛期。这条新航线的开辟,在太平洋上第一次架起了沟通中华文明与拉丁美洲文明的桥梁。那么,在此之前,中华文明与拉丁文明之间是完全隔绝,还是有所往来呢?

一、关于中国人"发现"美洲的猜想

在辽阔的太平洋两岸,一边存在历史悠久的美洲古文明,另一边是更加古老的华夏文明。追踪东西两岸古文化的联系,不免令人神往,探索和研究的热情百年未减,在中外学术界出现过三次讨论的热潮。

第一次热潮:中国僧人慧深发现美洲说。

早在1761年,法国汉学家吉涅就提出了"中国人最早发现美洲说"。吉涅的观点在国际学术界引起了广泛兴趣和讨论。赞成者有之,反对者也有之,出现了观点截然相反的两大派。两派争论的主要依据,都是中国史籍——《梁书·诸夷传》——中有关"扶桑国"的记述。[1] 持肯定观点的学者认为,史籍中的扶桑木,是指盛产于中美洲的龙舌兰、玉米、棉花或仙人掌等作物中的一种;史籍中所记扶桑国的建筑、文字、刑法制度和奴隶状况,也与古代墨西哥的情况一致。据此,这些学者认为,慧深所

---

[1] (唐)姚思廉:《梁书》,卷第五十四,列传第四十八。关于双方争论,一般不再注明资料出处,查考请参阅罗荣渠:《中国人发现美洲之谜》,重庆出版社1988年版。

言扶桑国的大体地理位置很可能是美洲，而慧深是中国人，有的还考证他是宋文帝时期高僧慧基的弟子，于452—459年远游美洲，回国后成为魏宣帝的高僧。有的还举证，除了《梁书》的记载外，100多年来，墨西哥、秘鲁等地出土了大批公元5世纪前后的中国文物；在印第安人的历法、工艺、音乐与舞蹈等方面保留着许多明显的中国遗风。这成为慧深到达美洲的重要旁证。

另有一些学者则持反对意见。他们认为，《梁书》中所述的扶桑国不是在墨西哥，而可能是在日本；《梁书》说得很明白，慧深是扶桑国人，不是中国人；《梁书》中所引慧深说的485年印度僧人到扶桑国传播佛教一事，显然与古代美洲印第安人的宗教信仰无任何相似之处，倒是与日本接受和弘扬佛教的社会现实相符；所述扶桑木，其特征与龙舌兰、玉米、棉花均不完全相符，不可能是这三种植物中的任何一种；另外，《梁书》中所记的扶桑的某些官职和社会习俗也不见于美洲古代社会，倒可以在日本的社会发展中找到痕迹。

很长时期以来，中国学者几乎一致支持吉涅的观点，代表人物有朱谦之、陈志良和马南邨（邓拓的笔名）等。1947年，韩振华在《福建文化》上发表《扶桑国新考证》一文，是最早提出反对意见的中国学者。1962年，罗荣渠发表《论所谓中国人发现美洲的问题》一文，大概20年后，又发表《扶桑国猜想与美洲的发现》，全面反驳了中国人在哥伦布之前到达美洲的观点，产生了广泛影响。由此，中国学术界改变了"一边倒"的倾向，形成了两派不同观点的争论，但至今并未形成共识。当代国外学者对此也看法不一，例如，墨西哥学者古斯塔沃·瓦加斯·马丁内斯就明确指出，扶桑国绝不可能是墨西哥。

第二次热潮：殷人东渡美洲说。

这场争论是由美国传来的加州海岸发现"石锚"的消息引起的。1973年11月，有人在加利福尼亚南部海岸外水下打捞出一件中间有孔的圆形人工石器。1975年初，加州洛杉矶附近海滩水下又有人工石器被捞出，有的也被认为是石锚。据此，加州圣迭戈大学海洋考古学家詹姆斯·莫里亚蒂和他的助手皮尔逊发表了两篇论文，认为使用这些大石锚的古老船只可能来自中国。

1979年8月19日，房仲甫在《人民日报》国际副刊上发表《中国人最先到达美洲的新物证》一文，支持莫里亚蒂的观点。1981年，他撰文《扬帆美洲三千年——殷人跨越太平洋初探》，提出"石锚"为殷人东渡美洲遗物的新见解，认为"中国与美洲的传统友谊，很可能上溯三千年"。

实际上，最早提出"殷人东渡美洲说"的是英国汉学家梅德赫斯特。早在1846年，他就猜测，公元前1000年左右可能有大批被周打败的殷人渡海逃亡，漂泊到美洲西海岸，甚至在墨西哥建立了国家。近100年后，中国学界有人响应，陈志良发表《中国人最先移植美洲说》，认为一部分殷民族由被纣王囚禁过的箕子率领，向东北迁徙，最后到了美洲。殷人东渡美洲说旧话重提还同奥尔梅克文化和查文文化考古新发现有关联。中美洲奥尔梅克文化、南美洲查文文化兴起的时间为公元前1000年左右，正好与所谓殷人到达美洲的时间相吻合。

然而,"石锚"说很快受到了质疑。由于在同一水域中发现的这类遗物越来越多,这就难以用偶然遇难的沉船的遗物来解释。美国学者 F. 弗罗斯特加认为,在加利福尼亚附近发现的石锚,是不到 100 年前居住在那里的华工丢弃的,而且其石材是"加利福尼亚南部最常见的岩石之一"。

除了"慧深发现美洲说"和"殷人东渡美洲说"之外,还有另外一种看法。1900 年法国学者提出东晋高僧法显先于哥伦布到达美洲的观点,并见诸报端。随后,国内章太炎发表专论,支持此说。但法国报纸与章太炎的论据和论断有许多错误,难以令人信服,故此说未引起人们的注意。

第三次热潮:郑和船队发现美洲说。

2002 年,英国海军退休军官加文·孟席斯,写了一部题为《1421:中国发现世界》的书,声称明代郑和船队先于哥伦布最早到达美洲,一时颇为轰动。于是,在纪念郑和航海 600 周年之际,又掀起新一轮"中国人发现美洲"的讨论热潮。

在孟氏书中涉及的年代,奥尔梅克文化和查文文化早已消失和湮没在莽莽丛林之中,只有玛雅人还活跃在中美洲这片土地上。因而,玛雅人的生活及其文化成了孟席斯关注和研究的对象。他曾亲自到包括尤卡坦半岛在内的美洲广大地区进行考察,认为早期中国人对玛雅地区的影响"随处可见",以至于可以把那个时代的美洲大陆称为"中国美洲"。在孟席斯的眼里,"玛雅人的世界"简直就是"中国人的世界",中国人在哥伦布之前到达了美洲,乃是确定无疑的事实。[1]

上述种种猜测和争论集中到一点,那就是美洲古代文明究竟是土生土长的,还是源自华夏古文明?

这里,首先需要弄清的一个问题是:人种起源与文明起源并非一回事。大凡一种文明的诞生,都离不开"农业"(包括种植庄稼和驯养家畜)的出现。而进入美洲的先民乃是一群原始狩猎者,"印第安文明"是在他们进入美洲大陆后,成功地培育了一种新的谷物——玉米,才逐步发展起来的。美洲古代文明,并非离欧亚大陆越近的地区越先进,主要文明中心都产生在远离他们的始发地而自然环境适于农耕的地区,这便是印第安文明"土生土长"的一个有力证明。

实际上,关于古代美洲文明的起源问题,国际学术界已做出了很多卓有成效的研究。笔者曾有机会到玛雅文化遗址实地考察,更多了几分感性认识。大量的考古发掘和研究说明:印第安文明是在与外部世界相隔绝的条件下独立发展起来的,自成一体,自有源头。

印第安文明是自成一体独立发展起来的,首先表现在印第安文明的独特性上。

打开地图,我们会惊奇地发现被称为印第安文明核心区的"中部美洲",与中国南部几乎处在同一纬度上,有类似的生态环境,居民都以农业为生,但他们天各一方,创造了不同类型

---

[1] (英)加文·孟席斯:《1421:中国发现世界》,师研群译,京华出版社2005年版,第137—150页。

的文化。中部美洲植物资源丰富，品种繁多，生活在这里的印第安人培育了玉米、马铃薯、红薯、西红柿、辣椒、烟草和可可等作物，而这些农作物在中国乃至整个旧大陆，却是见所未见、闻所未闻；在美洲大陆，虽然同样是原野辽阔，森林茂密，高山绵延，但少有大型哺乳动物繁衍，牛、马等与一个民族发展关系密切的大牲畜，是哥伦布之后从旧大陆传入美洲的。印第安人没有大牲畜，没有金属工具，也从未使用车轮，他们是在这样的"三无"条件下进行农业生产、从事文化创造的。

印第安文明的独特性还表现在社会和文化生活的各个方面。城市是印第安文明的中心，但印第安城市在功能、结构和布局方面都独具特色。当你进入玛雅文化遗址时，首先给你的强烈印象，是别具一格的城市建筑布局。以现今保存完好的奇琴伊察为例，耸立于中央广场的金字塔及其周围的建筑群，成为城市的中心。城市道路从广场向外伸延，呈辐射型，偌大城市，除一处用于集市贸易的广场外，没有街区，民居罕见，呈现一片肃穆景象。[1] 广大印第安人分散居住在城郊小茅屋里，只有举行宗教祭祀活动时，才从四面八方聚集到市中心来。可见，印第安城市以中央广场和大型宗教建筑为中心规划而成，表现了强烈的宗教色彩，而古代中国的城市则以政治统治为中心，宫殿建筑和军事防御被置于规划的中心地位，表现了王权至上的特色。以"神权"为中心的印第安社会，与以"王权"为中心的中国古代

---

[1] 也有个别城市出现了密集街区，如特奥蒂瓦坎及仿照此城而建的特诺奇蒂特兰，但它们同样以大型宗教建筑为城市的中心和标志。

社会相比较，两种文化的差异是十分明显的。

印第安人在文化、科技方面也有众多创造。玛雅人是世界上最早认识和使用"0"概念的民族。在世界其他地方，最早发明"0"的是印度人，时间在公元4—5世纪。古代中国在数学上也成就巨大，但"0"符号的出现大约在公元8世纪。[1]而玛雅人在公元前后已用一个贝壳形状来表示"0"，记数和运算方法独特而又简明高效，说明这一数学成就，实为印第安文明独家原创性成果。

印第安文明自成一体独立发展，还表现在其文化发展的历史连续性上。

丰富多彩的印第安文明为殖民者所摧毁，湮没于莽莽热带丛林而长期不为人所知。一有重大考古发现，它们都会被看作从地下突然"冒"出来的，或者被看作天外来客留下的杰作。热心于中国文化的学者，则把这些发现与中国历史上殷人出海、僧人云游、郑和船队联系并对应起来。他们有一个共同点，就是认为这些重大发现在美洲本土无根无源，否定印第安文明自身发展的历史连续性。然而，大量的考古发现充分证明，古代美洲文明的起源可以追溯到公元前4000年玉米的驯化，印第安文明几乎同华夏文明一样古老，而在其长达几千年的演化进程中，又表现了自身很强的连续性。在文化发展的各阶段，前后相继，保持着固有特色，说明不同民族的印第安文化具有同源性和同

---

1 潘永祥主编：《自然科学发展简史》，北京大学出版社1984年版，第33、56、136页。

质性。例如历法、神祇、金字塔坛庙、球赛、血祭等，都是他们共同文化特征的突出表现。

有的学者以"龙虎文化"为主题特征，把华夏文明与印第安文明联系起来，肯定后者源自前者。的确，在印第安文化遗址，到处设有"虎神"庙宇或"虎"的雕刻和画像，宏伟的金字塔和神庙殿堂更装饰着栩栩如生的"龙头"。当笔者初进玛雅遗址时，这一"龙"一"虎"，不禁使我为之一惊，似曾相识之感油然而生：这般活脱脱的模样岂非来自华夏大地！然而，经过一番仔细观察和研究，发现这"龙"、这"虎"，原来却是美洲大地上土生土长的。

所谓"虎"，其实是出没于美洲丛林的"豹"。在印第安人眼里，美洲豹为百兽之王，是力量和智慧的象征。据考证，在古代美洲，有豹、有狮，还有形体小得多的"豹猫"，却唯独没有虎。凡是美洲豹的雕塑或画像，印第安艺术家们没有忽略"窥一斑见全豹"的道理，都一一加上了斑点。可是，当年殖民者刚到达美洲时，某个粗心的传教士把土著人崇拜的"美洲豹"（Jaguar，玛雅语叫 Balam），误译为"大老虎"（Tiger），后来这一名称就将错就错地流传开来。所谓美洲的"龙"，为印第安人崇奉的"羽蛇神"，它是印第安人神话中蛇和鸟的复合体，与华夏文化独创的"龙"并非一回事。在南美丛林生长着一种格查尔鸟，羽毛非常鲜艳美丽，阿兹特克帝王的王冠就是用这种羽毛编织成的，今天危地马拉的国旗也以这种鸟为标志。在印第安人心目中，这种动物异常珍贵，他们便把它同热带丛林里到处可见的大蟒蛇结合起来加以崇拜。总之，印第安人对美洲豹、蛇的崇拜，源自比中国殷商更早的远古时代，扎根于美洲大地，并非舶来品，不可同华夏"龙虎文化"混为一谈。

一方水土养一方人，凡是一种有影响的古代文明，总会为自己培育的某种主要谷物所滋养。在这个意义上，可以把古代西亚称为"小麦文化"，把古代东亚称为"稻米文化"，那么，古代美洲，则是独特的"玉米文化"。玉米是印第安文明诞生和发展的基础。作为一种文明形态，印第安古文明是在美洲大地上孕育和繁衍起来的，它和中华古文明各有不同的文化内涵和特质，它们是彼此独立地完成了从农业兴起到文明昌盛的发展过程。印第安古文化曾受到外来文化某种影响的可能性不能排除，[1]但是，中国和拉丁美洲在哥伦布之前发生过直接交往的说法，至今并未得到历史的证实。因此，学术界较为一致的意见是，这两个地区之间的接触和联系的建立是近代殖民主义兴起的结果。

二、马尼拉大帆船贸易与中华文明对拉美的早期影响

虽然对中、拉的早期接触存在种种猜测，但真正有证可查的联系，是始于美洲"发现"后的全球化进程。这一早期全球化进程是由西班牙、葡萄牙殖民主义浪潮所直接推动的。

西班牙、葡萄牙在侵占美洲后，又进一步开辟连接东西方

---

[1] 有种种迹象表明，美洲印第安古文化受到了来自大洋洲方面的某些影响。

的海上通道。葡萄牙在亚洲以澳门和果阿为据点，开辟了澳门—果阿—里斯本—巴西（或先到巴西再到里斯本）的商贸航线。这是中国与美洲联系的第一条渠道。中国与美洲联系还有另一条渠道：西班牙在亚洲以菲律宾为据点的航路，即从塞维利亚（西班牙）—阿卡普尔科（墨西哥）—马尼拉（菲律宾），最后到中国闽粤口岸的商贸航线。这就是1565年开辟的太平洋通道。

1565年4月，以米格尔·洛佩斯·莱加斯皮（在中国古文献上译为黎牙实比）为司令的远征军入侵宿务岛，在菲律宾建立起第一个西班牙殖民据点。是年6月，乌达内塔奉命率"巴勃罗号"启航，探索一条经北太平洋由西向东的新航路。这位航海经验丰富的探险家，先随季风穿过莱特湾，经圣贝纳迪诺海峡驶入太平洋，再顺风北上，绕北太平洋借西风东驶，当靠近北美海岸时，再向南航行，于10月8月抵达墨西哥的阿卡普尔科港。后来从马尼拉开往阿卡普尔科的大帆船，都是走的这条航线，马尼拉大帆船航路由此相对固定下来。经后来多次航行，路线稍微有所调整，即北太平洋航线一段再向北移至北纬40～42度之间的海域，以便更好地利用日本至美洲的由西向东的"黑潮"海流来加快航速。航程一般需时半年。出航时间，通常也定在每年6月中旬至7月中旬，以利用季风，并避免7月中旬以后随时可能遭遇的海上飓风的危险。相比之下，从阿卡普尔科到菲律宾的返程航线较为便捷：次年2月中旬至3月底离港，先向南行驶，至北纬10～13度海域，借东风西航，横跨太平洋，经关岛至马尼拉，全程一般需要3个月。因此可以说，是1565年乌达内塔"巴勃罗号"的航行开辟了从菲律宾至阿卡普尔科的这条重要的太平洋航道。

中国与拉美的关系主要是通过太平洋通道发展起来的。借助这条航道，以丝绸为主的中国商品源源不断地经由马尼拉运往墨西哥，行销于拉美各地并远销至欧洲。于是，中国古代通往西方的传统"丝绸之路"主要转移到太平洋上，形成了太平洋上的"丝绸之路"。

行驶在这条航线上的西班牙船只，一般是一百多吨至三四百吨的三桅帆船，为马尼拉华工利用当地木材打造，故叫马尼拉大帆船。这种以菲律宾为中转地的中国与拉美之间的贸易活动，通常被称为"马尼拉大帆船贸易"。

1573年7月1日，即太平洋航线开辟8年之后，两艘载着中国货物的大帆船扬帆首航，离开马尼拉前往美洲，所载货物包括712匹中国丝绸和22 300件精美瓷器。[1] 这次航行历时5个月，于同年11月抵达墨西哥的阿卡普尔科港。这就是历史上著名的马尼拉大帆船贸易的开端。1573年马尼拉大帆船首航成功后，往返马尼拉和阿卡普尔科的大帆船络绎不绝，贸易量与日俱增。1575年帆船骤增为14艘。[2] 清代张荫桓的《三洲日记》描述了当年的贸易状况，"查墨国记载，明万历三年，即西历一千五百七十五年，（墨）曾通中国。岁有帆船数艘，贩运中国

---

[1] W. L. Schurz, *The Manila Galleon*, E. P. Dutton, 1959, p. 27.
[2] 钱江：《1570—1760年中国和吕宋贸易的发展及贸易额的估算》，载《中国社会经济史研究》，1986年第3期，第69—78页。

丝绸、瓷、漆等物，至太平洋之亚冀巴路商埠[1]，分运西班牙各岛[2]。其时墨隶西班牙，中国概名之为大西洋"。[3] 从 1575 年起至 1815 年中拉早期贸易结束，"每年驶往马尼拉的中国帆船数通常在 20 至 60 艘之间"。[4]

通过马尼拉大帆船输往拉丁美洲的货物品种繁多，其中最具特色的要算中国生丝、丝织品和瓷器。绚丽多彩的丝绸，体积小、重量轻而价值大，在当地广受欢迎，自然成为越洋远程贸易的主要商品。因此，马尼拉大帆船也被称为"丝船"，或"中国之船"。

中国丝绸自古闻名于世，明代中叶以后，丝绸工业得到很大发展，技术先进，产量丰富，价廉物美，使欧洲同类产品黯然失色。中国丝绸成为美洲市场上的畅销货，在大帆船贸易各类商品中居于首位。每当满载中国货的大帆船到达阿卡普尔科，这里都会举办大规模的集市。届时，各路商贾云集，教堂钟声齐鸣，人们载歌载舞，犹如庆祝盛大的节日。阿卡普尔科成为中国货物的美洲集散地。集市贸易一结束，各有所获的商人们分成两路：一路乘船沿太平洋海岸南下秘鲁并转销于智利和阿根廷；一路雇用骡队赶运墨西哥城高价出售，其中部分从墨西哥转运到中美洲、加勒比海地区，而很大部分则从韦拉克鲁斯通过大西洋运往欧洲。从阿卡普尔科到墨西哥城这条长达 110 里格的崎

---

[1] 此即阿卡普尔科港。
[2] 指西属美洲大陆和加勒比海诸岛。
[3] （清）张荫桓：《三洲日记》，下册，岳麓书社 2016 年版，第 305—306 页。
[4] W. L. Schurz, *The Manila Galleon*, E. P. Dutton, 1959, p. 71.

岖山路，一时因运载中国货物的骡队不绝于道而热闹非凡，被称为"中国之路"。

丝绸、瓷器等中国货一船又一船，一年又一年，络绎不绝运往美洲，美洲拿什么作为交换呢？大自然似乎为解决这个难题做了巧妙的安排，大洋彼岸发现了大批蕴藏丰富的银矿。16世纪末，世界贵金属开采中约83%出自西班牙美洲。美洲银矿大量被发现与开采之际，正是中拉之间的贸易走向高潮之时。通过中拉早期贸易，约有2亿比索的白银和墨西哥银圆流入中国，墨西哥银圆一度成为中国通行货币之一。而中国对白银的巨大需求，又进一步促进了美洲白银的开采。因此，所谓马尼拉大帆船贸易，其主要特征就是丝绸从中国源源流向美洲，而白银则从美洲源源流向中国，故而它也被称为"丝银贸易"。

马尼拉大帆船贸易通道，实际上就是早期中拉文明交流的通道。通过大帆船运往拉丁美洲的中国制造品，很多是精美的工艺品，它们作为中华文明的载体，不能不对拉丁美洲的社会产生广泛的影响。

中国丝料在拉美各地深受欢迎，人们以穿来自中国的丝绸衣服显示高贵。在墨西哥城，不论男女，都争相穿戴来自中国的丝绸，绫子、缎子、斗篷、缎带，"每天下午近5点钟，大道上满是贵妇人的马车，她们穿着来自中国的丝绸……骑士们头戴宽边礼帽，身穿丝绸裤子"，[1]丝绸成为富贵和时尚的标志。在秘

---

1 （美）派克斯：《墨西哥史》，瞿菊农译，生活·读书·新知三联书店1957年版，第99页。

鲁,特大银矿的发现,使社会变得更加富裕。1602年5月15日蒙特雷公爵上书西班牙国王,描述了秘鲁社会男女争穿中国丝绸的情况,他写道:"那里(利马)的西班牙人都过着非常奢华的生活。他们都穿最上等、最昂贵的丝绸衣物。妇女们盛装丽服,花色之繁多与奢侈,为世界上其他国家所罕见;因此,每年只要有四艘商船开往秘鲁,所有的衣料都会销售一空。"[1]不仅西班牙殖民贵族喜欢穿中国丝绸,西班牙僧侣也用它来缝制圣衣,装饰教堂,就连印第安人的教堂也用便宜的中国丝织品做装饰物。

与丝绸同样受到欢迎的,是中国瓷器。瓷器初入美洲,价格昂贵,往往要用同等重量的白银做交换。所以上层社会常以拥有中国瓷器来炫耀自己高贵的门第和财富。墨西哥和巴西一些富有的家族,专门派人到中国定制成套的"纹章"瓷,这些茶具或餐具上绘有家族特殊纹徽或勋章的图案。葡萄牙贵族阿维拉斯公爵携往巴西的一个茶壶,就是在中国定制的,壶上绘有公爵家族的纹章。19世纪初,葡萄牙王室迁往巴西,1818年若昂六世即位时,中国清朝嘉庆皇帝赠送一套精美的茶具,瓷盘中央绘有葡萄牙-阿尔加维-巴西联合王国徽章,四周有汉字"书有今古文,诗分大小雅"。1822年巴西获得独立时,一些爱国者为了表示纪念,在中国定制了一套瓷餐具,瓷盘上面写有葡文"巴西独立万岁"字样。[2]这些都成了中拉文化交流史上的佳

---

1 Emma H. Blair & James A. Robertson, *The Philippine Islands, 1493-1898*, Vol. 12, pp. 63-64.
2 Michel Beurdeley, *Porcelaine de la Compagnie des Indes*, Fribourg Office du Livre, 1969, p. 191.

话。传入巴西的瓷器主要通过伊比利亚与澳门的通道,而瓷器作为商品大宗输往拉丁美洲,则始于大帆船贸易。1573年首航美洲的马尼拉大帆船,所载货物的清单中列有中国瓷器22 300件,此即最早的记录。[1]日本学者三杉隆敏的《探索海上丝绸之路》中介绍,1968—1970年,墨西哥城在修建地铁时出土291片中国陶瓷残片。其中有嘉靖至万历时期的青花与五彩,包括桃形"寿"字青花碎片,莲塘水禽与长颈凤凰,还有底足书"富贵佳器""万福攸同"的瓷器碎片。

马尼拉大帆船贸易对拉美地区的经济发展起到了促进的作用。16世纪30年代前后,西班牙殖民者曾在墨西哥经营养蚕业,建立丝织工场。墨西哥城、普埃布拉和安特卫拉这些重要纺织中心,主要使用附近米斯特加地区的生丝为原料,也使用西班牙的生丝。到1600年,西班牙为保证本国的蚕丝业,对殖民地养蚕业加以限制,墨西哥等地的丝织业生产一度陷于危机。中国生丝的输入,为墨西哥纺织厂提供了原料,使14 000多人获得了就业的机会。中国陶瓷对墨西哥本地的陶瓷制作业,从造型到釉彩的运用,都产生过影响。普埃布拉城在18世纪末有46家制瓷工场仿造中国瓷器。

一些城镇也由于大帆船贸易而兴起或变得繁荣起来。阿卡普尔科原是一个偏僻的海边小镇,1598年仅有250户人家。随着中拉贸易的发展,阿卡普尔科一跃而为墨西哥著名港口。到

---

[1] Emma H. Blair & James A. Robertson, *The Philippine Islands, 1493-1898*, Vol. 13, pp. 246.

19世纪初，这里常住人口达4 000人，在集市贸易期间可增至12 000余人。[1] 18世纪末到墨西哥考察和游历的德国著名学者洪堡曾将阿卡普尔科誉为"世界上最享盛名的集市"。[2]

马尼拉大帆船不仅源源运送中国货物，而且也把中国人带到了大洋彼岸的美洲。大体上来看，首先抵达墨西哥的中国人，最有可能是马尼拉的华人。16世纪，在马尼拉大约有上万名华侨，他们最有机会乘坐马尼拉大帆船到达美洲。据记载，早在1571年，就有一批造船华工来到时属新西班牙管辖的加利福尼亚，为西班牙人雇用从事造船活动。[3] 在菲律宾华侨中有很多造船高手，从时间上看，这批造船工很可能是从菲律宾来到美洲的第一批华人。后来，随马尼拉大帆船贸易的兴起，到达美洲的华人也多了起来。在马尼拉大帆船的终点阿卡普尔科，当时有数百户亚洲人和黑人杂居于港口，其中也有中国人。他们可能是曾为西班牙商人充当仆役的华人，或者是被当作奴隶贩卖到那里的，也有少数是来做生意的。据西班牙编年史家门多萨的记载，早在1585年（明万历十三年），曾有三个中国商人到过墨西哥。16世纪末，西班牙王室曾下令允许华人工匠进入殖民地，于是成批的织工、裁缝、金银首饰匠及理发师从马尼拉转往拉丁美洲做工。根据比较确切的记载，17世纪已有不少华人在墨西哥城居住，有的从事理发行业。1635年，墨西哥城市

---

1 W. L. Schurz, *The Manila Galleon*, E. P. Dutton, 1959, p. 375.
2 W. L. Schurz, *The Manila Galleon*, E. P. Dutton, 1959, p. 381.
3 陈翰笙主编：《华工出国史料汇编》，第七辑，中华书局1984年版，第1页。

议会审议了关于华人理发馆应限制为12家的提议,并规定这些理发馆不得设在市中心地区。[1]可见,当时华人已活跃在墨西哥城的社会生活中,据称早在16世纪墨西哥城就已有了唐人街。[2]据估计,从16世纪末到17世纪中叶,移入拉丁美洲的马尼拉华人有五六千人。

在墨西哥,曾流传一个"中国姑娘"的动人故事。传说在17世纪初,一位中国公主被商人带到墨西哥(另说是被拐骗到奴隶市场),卖到普埃布拉大商人米洛索萨的家中当女仆。她所设计的一种丝料女装,长裙,无袖,墨色底衣上加金色镶边和红、白、绿色的绣花,鲜艳夺目,惹人喜爱。后来墨西哥妇女仿效制成名为"中国姑娘"(China Poblana)的女装,流行至今,成为墨西哥妇女的一种民族服装。这位中国姑娘的西班牙教名叫卡塔利娜·德·圣胡安。她受人尊敬的事迹保留在墨西哥耶稣会教堂的刻壁上,她手牵长裙、亭亭玉立的塑像,今天仍矗立在普埃布拉市的一处广场上。

一些拉美国家还引入华工传授种茶等中华农业技术。据史籍记载,1808年,迁居巴西的葡萄牙王室从澳门招收中国茶农去里约热内卢近郊种茶。1810年,几百名中国的茶农来到里约热内卢植物园的茶树种植园。由此,茶树种植在巴西圣保罗和米纳斯吉拉斯曾有过一定发展。到1817年,巴西种植的茶树已

---

1 Homer H. Dubs and Robert S. Smith,"Chinese in Mexico City in 1635," *The Far Eastern Quarterly*, 1-4, 1942, pp. 387-389.
2 C. H.Haring, *The Spanish Empire in America*, Oxford University Press, 1947, p. 197.

达6 000株，在里约热内卢市场上有大量茶叶销售。圣保罗至今还留有"茶谷""茶桥"等名称。清廷官员傅云龙在光绪十五年（1889）曾游历巴西，在他的游记中就有关于中国茶的记述，他写道："泰西语茶曰梯，厥音转自福建，而巴西语茶曰沙，据言传自湖北，时在嘉庆十七年（1812）。嗣是植茶彼土，而焙茶之工，专资湖北之民，今则华工凋谢，三年以前焙茶仅遗八人矣……"[1] 除巴西外，墨西哥、危地马拉、牙买加、阿根廷、秘鲁和巴拉圭等地也在19世纪引种过茶，但最后均未获成功。除茶树外，通过马尼拉大帆船传入美洲的中国农作物还有柑橘、樱桃、杧果和罗望子等。

丝绸、瓷器等众多中国商品的输入和华工的到来，使中国古代文明在拉美社会得到了广泛的传播。瓷器是中国艺术的独创，瓷器上绘有各种花纹、图案、中国风景和历史故事，表现了中国优美的文化传统和审美观念，成了传递古典东方情趣的媒介。中国的漆器、画屏和形式多样的扇子、梳子也由大帆船传入美洲。据记载，1767年"圣卡洛斯号"帆船一次就带去8万把梳子。华人工匠把扎制风筝、灯笼和制作爆竹礼花等技法介绍给当地人民。著名的墨西哥城瓜达卢佩圣母大教堂中的一些木雕，据说也是马尼拉大帆船运去的中国工匠的作品。一些上层人家，厅堂墙上悬挂中国山水字画，陈设中国漆器瓷瓶，有的还仿建中国亭台楼阁，雕梁画栋，充满浓浓的东方情调。在节日

---

[1] 陈翰笙主编：《华工出国史料汇编》，第一辑第三册，中华书局1981年版，第1202页。

活动时，人们升放焰火，"中国传统的龙的形象升腾在南美的天空"。钟情丝绸、瓷器及华夏古文化，一时成为社会风尚，美洲大陆兴起早期的"中国热"。

三、"契约华工"在拉丁美洲

从 16 世纪中期到 19 世纪初的 250 年间，中华文明与拉美文明之间的交流，主要载体是"物"，联系主要是通过马尼拉大帆船贸易进行的。19 世纪拉美国家相继独立后，文明交流的主要载体则由"物"变成了"人"，交流形式和内容也发生了重大变化。

进入 19 世纪，拉美和中国的国情及外部形势都有了很大不同。在拉丁美洲，西属美洲和葡属巴西先后摆脱了殖民统治，获得了政治独立。1815 年，最后一艘马尼拉大帆船"麦哲伦号"返回马尼拉，中拉早期贸易由此告终。但西、葡殖民统治垮台后，英、法等欧洲国家以及美国先后乘虚而入，拉丁美洲仍处于西方新殖民主义的控制之下。随着奴隶贸易的衰落和黑人奴隶制的废除，拉美的热带种植园和矿山迫切需要补充新的劳工。而中国在鸦片战争后门户洞开，在腐败的清政府的统治下，经济凋敝，民不聊生，东南沿海成了西方殖民者掠取廉价劳动力的最大市场。于是，太平洋上的丝绸之路变成了贩运契约华工"苦力贸易"之路。

西方殖民主义者掠卖华工到拉丁美洲，始于 19 世纪初。1806 年，首批华工 147 人被运抵英属特立尼达岛，由此揭开了西方殖民者把中国劳工输往拉美的序幕。[1] 1847年（清道光二十七年）6月和7月，分别载有212名华工和400名华工的贩奴船，先后运抵哈瓦那，标志着中拉关系史上为时近30年之久的所谓"苦力贸易时代"的开始。从1847年以后，契约华工被源源不断运往拉丁美洲，古巴和秘鲁成为华工最集中的地区。据19世纪曾出任中国驻古巴总领事的谭乾初的调查统计，1847年以及从1853年至1874年期间，在古巴登岸的来自厦门、澳门、香港、汕头、黄埔的契约华工达126 008名（运输途中因溺水、病故、逃亡、自杀等而死亡的17 032名除外）。[2] 从1849年到1875年，运至秘鲁的华工约在10万人，其数量之多，仅次于古巴。此外，英属圭亚那、西印度群岛、墨西哥、智利和巴拿马等都有华工到达。据不完全的资料统计，19世纪中叶前往拉丁美洲的华人总数在30万以上，其中约27.6万人集中在古巴、秘鲁和英属圭亚那三地区。其他华工较多的国家和地区有：巴拿马（20 000人）、墨西哥（4 500人）、牙买加（1 400人）、英属特立尼达（1 400人）和巴西（2 000人）等。

西方称贩卖华人劳工为"苦力贸易"，这些华工因为与雇主签有书面合同，所以又被称为"契约华工"。实际上，他们大都是被拐骗甚至用暴力强行掠卖的。船一抵岸，他们即被送入"卖人行"，像先前的非洲黑人奴隶那样被公开拍卖。发卖时，他们

---

[1] 这可能是华工输往拉美时间上最早的记录。参阅陈翰笙主编：《华工出国史料汇编》，第四辑，中华书局1984年版，第500—505页。
[2] 谭乾初：《古巴杂记》。该书附有作者从英领事署册部抄出的华工去古巴人数统计表，见陈翰笙主编：《华工出国史料汇编》，第六辑，中华书局1984年版，第105—106页。

被"脱去周身衣服。看有力与无力,如卖牛马无异"。古巴华工多数被卖进榨糖作坊,每天劳动18至20个小时。这些被掠往古巴的都是青壮年,但是他们多数人很早就被折磨致死。"死者拉出浅埋,日久挖骨成堆,水淋日晒,渐渐消化。大凡糖要光白,俱下牛骨灰,又时掺杂人骨,色更洁白。"近人容纯祖诗云:"肉破皮穿日夜忙,并无餐饭到饥肠,剩将死后残骸骨,还要烧灰炼白糖。"在秘鲁,很多华工被强迫到钦查群岛挖鸟粪矿,条件更为恶劣,死者过半。由于华工与当地人民的共同斗争,以及国际舆论的谴责,盛行近30年的"苦力贸易"于1874年前后被废止。契约华工变成了自由的独立劳动者。

"苦力贸易"与当年的"黑奴贸易"一样,是一次人口的海上大迁徙,为殖民主义在全球化舞台上导演的惊心动魄的一幕。"苦力贸易"之路与和平友好的"丝绸贸易"之路形成鲜明对照,完全扭曲了人类文明的正常交往。尽管如此,大批远涉重洋的拉美华工,作为这一特殊时代中华文明的承载者,为促进拉美地区经济发展和社会进步以及不同文明之间的进一步交融做出了自己的贡献。

首先,契约华工及其他华侨,是一支人数达几十万的劳动大军,他们用自己的辛勤劳动和智慧参与了美洲大陆农、矿业的开发,创造了难以估量的社会财富。这是早期华工最为直接的巨大贡献。

19世纪中叶,国际市场上对蔗糖和棉花的需求旺盛,为拉美农业的发展提供了大好的机会。在古巴,先后有8万多名华工补充到甘蔗种植园和制糖厂，作为古巴经济支柱的蔗糖业得以维持高速增长。从 1850 年到 1868 年间，古巴糖产量增长了 3 倍。一些最先使用华工的种植园都称赞华工"聪明，安分，老实，谦卑"，"具有与我们的文化不同的先进文化"。[1] 因此，制糖中的一些技术性较强的工作，如轧糖、提纯，主要由华工承担。相关统计表明，华工输入多少，对于古巴蔗糖产量的增长具有重要影响。1858 年和 1866—1867 年输入"苦力"最多，随之，1859 年和 1868—1870 年古巴的糖产量的增长也最快。正如陈兰彬所说："该国入款以糖税为大宗，而糖寮出息，又以华佣多寡为盈拙关键，故该国上下无不注重招工。"[2]

在秘鲁，所输入的近 10 万劳工中，十之八九都被投入种植园。种植园集中的沿海地区，原来的黑人奴隶几乎全部由华工所代替，从而对秘鲁的农业危机"起到一种挽救作用"。当时一位法国旅行家曾沿着秘鲁沿海和山区漫游，他说在一些靠近太平洋的谷地，他们看到的都是中国人，怀疑自己是不是来到了"亚洲的田野"。[3] 从 1865 年到 1873 年的 8 年间，秘鲁的棉花产量增长了 10 倍，1870 年至 1880 年的 10 年间，蔗糖产量猛增了 318 倍，这些成就都是和华工所付出的辛勤劳作分不开的。据统计，在 19 世纪 70 年代，秘鲁蔗糖出口总量的 68%、秘鲁棉花出口总量

---

1 D. C. Corbitt, *A Study of the Chinese in Cuba, 1847-1947*, Asbury College, 1971, pp. 9-11.
2 （清）王彦威、王亮纂辑：《清季外交史料》，第二十一卷，书目文献出版社 1987 年版，第 1 页。
3 《秘鲁华工编年资料》，张凯译，载陈翰笙主编：《华工出国史料汇编》，第六辑，中华书局 1984 年版，第 250 页。

的 94% 都产自北部、中部沿海华工集中的地区。在生产技能方面，华工也表现出色。当时，秘鲁的糖厂已广泛使用"真空平锅"技术，而"煮糖、管机重要之工亦华人也。大约华人心智较灵，每习一艺，容易见长，但使工价稍优，决不避就；嗜好较西人为多而不饮酒，故西商每喜招置之"。[1] 英属圭亚那和特立尼达等地的种植园里，也广泛使用了华工。

秘鲁的鸟粪场、硝石矿、墨西哥的银矿、铜矿和煤矿，也都有大量华工在那里劳动。据统计，从 1840 年至 1880 年，秘鲁总共开采了 1 200 万吨鸟粪，价值 7.5 亿比索，其收入占国家财政收入的 80% 左右。而承担鸟粪开采这一艰苦劳作的主要是华工。

随着经济发展和出口需要，秘鲁、墨西哥和巴拿马等国掀起了修筑铁路的热潮。在秘鲁，来自鸟粪的巨大收入被投资于兴建铁路。19 世纪 70 年代，美国人恩里克·梅格斯在秘鲁承包兴建从利马到拉奥罗亚的中央铁路工程。这条铁路以海港卡亚俄为起点，穿越高峻的安第斯山，直通位于中部中心的拉奥罗亚。这里正是秘鲁矿产品种繁多、藏量丰富的心脏地带。因而，这条线路的开辟大大地促进了秘鲁白银及其他矿藏和物资的开发和出口，使秘鲁在"鸟粪年代"消退后又迎来了新的"白银年代"。铁路要穿山越岭，克服各种障碍，在工程技术方面被认为"举世无双"。而华工在修筑这条铁路的劳工总数中，占到了一半。那个美国承包商梅格斯称赞这些华工"是我们所能找到的最优

---

[1] 福建师范大学历史系华侨史资料选辑组编：《晚清海外笔记选》，海洋出版社 1983 年版，第 240 页。

秀的工人"[1]。

巴拿马运河与巴拿马铁路皆为横贯地峡、连接太平洋和大西洋的国际交通工程，华工为此做出了巨大的贡献，甚至献出了自己的生命。张荫桓在1888年（光绪十四年）9月11日的日记中写道，巴拿马招工开河，在广东"拐贩至六千人，已往者五百六十一人，瘴殁逾半"。[2] 据统计，为修筑巴拿马铁路和巴拿马运河两大工程，共有2万名华工牺牲了自己的生命。后来，为了表彰这些华工所做的贡献，巴拿马人在当年运河工程最艰难的地段——库莱布拉山，修建了一座纪念亭子，称作"华工亭"。

其次，早期华工和华侨的贡献，还表现在向当地人民传播先进的农业技术。

赴拉美的华工基本上是农民，精通农业和园艺，随着他们的到来，中国农业生产技术也被带到了拉丁美洲。17世纪末水稻种植技术已传入古巴，由于后来大批契约华工的努力，不断改进生产技术，古巴水稻种植业有很大发展。1862年，古巴可耕地面积已超过100万公顷，比1827年扩大了一倍。张荫桓在《三洲日记》中记述了19世纪80年代秘鲁的水稻种植情况，他说，秘鲁"近以蔗园生意日减，遂亦种稻，赖华工为之，岁仅一获，米却不恶"。[3] 华工还引种中国的菜蔬瓜果，改进当地的

---

[1] 陈翰笙主编：《华工出国史料汇编》，第六辑，中华书局1984年版，第249页。
[2] 福建师范大学历史系华侨史资料选辑组编：《晚清海外笔记选》，海洋出版社1983年版，第235页。
[3] 福建师范大学历史系华侨史资料选辑组编：《晚清海外笔记选》，海洋出版社1983年版，第240页。

园艺技术。19世纪初巴西葡萄牙王室曾从中国引种茶树,未得成功,由于华工的到来,茶叶生产又发展起来。光绪初年袁祖志出访拉美,记载说,巴西"产茶亦多,惟土人不解焙制之法,故颇愿华人之至此也"。[1]华工还在古巴成功地引种了芝麻等中国作物。首府哈瓦那以及其他不少城镇居民吃的蔬菜,其生产和供应也一度都依靠华人为之。

再次,早期华工和华侨通过与当地人民共同生活,促进了文化习俗方面的交流和融合。中国的烹调技艺在拉丁美洲享有盛名,拉美人大部分都喜爱中国饭食。在秘鲁利马,当地居民称中国饭馆为"契发"(Chifa),即广东话"食饭"的谐音。许多中国蔬菜如萝卜、豆芽、绿豆、生姜、白菜、芋头等,以及许多食品如豆腐、云吞(馄饨)、虾饺、叉烧包、蛋卷、萝卜糕、煎堆、绿豆沙、寄生蛋茶、鱼生粥、凉粉、凉糕、马拉糕和五加皮酒等,都被华侨引进拉丁美洲人特别是秘鲁人的日常食谱。[2]

获得自由的华工从种植园和矿场纷纷流向城镇,从事商业和经营手工业。当年以"苦力"入境的华人在拉美首次发生角色转换,一些人由"华工"变成了"华商",并形成了新兴的华商阶层。由于华商经济的发展,许多拉美城市都出现了唐人街。古巴哈瓦那的桑哈大街首先出现华人的店铺,其后在拉伊奥斯、库契略、德拉贡内斯、卡姆帕纳里奥、萨鲁特和曼里盖等

---

[1] 福建师范大学历史系华侨史资料选辑组编:《晚清海外笔记选》,海洋出版社1983年版,第231页。
[2] 张铠:《十九世纪华工与华人对拉丁美洲的历史贡献》,载《近代史研究》,1984年第6期,第176页。

几条大街,从19世纪60年代开始,华商渐集,哈瓦那的唐人街就是在此基础上发展起来的。墨西哥下加利福尼亚州的墨西加利市,1919年当地居民仅700人,而华人达9000人,因而有"小广州"之称。[1] 华商以小商小贩居多,也有的取得了事业上的成功,成为侨居地颇有资产的名人。到19世纪末20世纪初,华商的经营活动已遍及拉美的100多个城市。在华人聚居区域,他们往往自办华人子弟学校,创办华文报纸,既宣传中国传统艺术文化,又介绍居住国的文化习俗。在古巴,当地人"与华民平素相习","土客甚为相宜"。[2] 在墨西哥,华工被亲切地称为"拔山拿"(Paisano),意即"乡亲"。[3] 一些华人渐渐"同化于这个国家的风俗和习惯"。于是,有的学者评论说,"'东方就是东方,西方就是西方',但东方和西方已经在秘鲁相汇了"。[4]

华工中有的懂医术,或原本行医,对于传播中华医术起到了积极作用。傅云龙《游历秘鲁图经》记载:"华医之术,颇行于彼。"广东台山县陈黄阳,1858年赴古巴,在哈瓦那行医,用中医药为华侨及当地人治病,成为远近闻名的中国医生。新会县李锦泉,原行医澳门,1873年被拐卖到古巴,也在哈瓦那行医,并把自己的医药知识传授给古巴人民。古巴人H.D.孔斯塔还根据一位中医的口述,详记其医疗方法,编辑成书,书名为《中

1　张铠:《十九世纪华工与华人对拉丁美洲的历史贡献》,载《近代史研究》,1984年第6期,第182页。
2　福建师范大学历史系华侨史资料选辑组编:《晚清海外笔记选》,海洋出版社1983年版,第257页。
3　谢希傅:《墨西哥述略》,光绪年间刊本。
4　(美)瓦特·斯图尔特:《秘鲁华工史》,张铠、沈桓译,海洋出版社1985年版,第195页。

国医生：天朝医学概论》，颇有影响。1868年参加古巴第一次独立解放战争起义军的华工王森，也是一位有名的中医大夫。这位身兼医生的战士，由于功勋卓著，受到古巴共和国领导人和古巴人民的高度赞扬。

最后，早期华工和华侨在反抗殖民压迫中，与当地人民并肩战斗，结下了深厚的革命情谊。1868年，古巴反殖民统治的第一次独立战争（1868—1878年，亦称"十年战争"）爆发，有1 000多华工投入起义者行列。他们无私无畏，英勇善战，有些华工曾是参加过太平天国革命后来流亡到古巴做苦力的老战士。华工战士英勇战斗的业绩，在古巴人民中传为美谈。这次战争的著名领导人之一贡萨洛将军写了一本小册子：《中国人与古巴独立》。书中曾这样描述华人踊跃参加起义的情形："1868年10月10日，亚拉（Yara，地名）起义，登高一呼，万山响应，白奴（指古巴人）高举博爱之旗帜，无论何种奴隶，均可求自由于该旗帜之下。华人身虽受苦，而机灵犹存……莫不欣然附从，誓为民主国之旗效力。由是军威骤振，可见历年迭遭强暴之虐待，久为奴隶之华工，终不能磨灭其英雄之气概也。"[1] 这次战争的重大成果之一，就是在古巴废除了奴隶制。《桑洪和约》规定"给予目前在起义军队伍中的奴隶和亚洲移民以自由"。1895年，爆发了新的争取独立的革命战争，亦称第二次独立战争。在这次席卷古巴全岛的战争中，华工参加的人数更多，规模更大。各起

---

1 陈翰笙主编：《华工出国史料汇编》，第六辑，中华书局1984年版，第120—121页。

义部队的军团中，涌现了一大批勇敢的华工战士，他们单独被编成中国人小分队，不少中国人被擢升为革命军官。经过3年浴血奋战，古巴终于摆脱了西班牙殖民统治而取得独立。很多华工为古巴独立流尽了自己最后一滴血。为了纪念独立战争中壮烈牺牲的中国战士，古巴人在首都哈瓦那的广场上特地建立了一座6米多高的圆柱形纪念碑，碑的底座上嵌有一块铜牌，上面铭刻着贡萨洛将军对华人烈士的赞词："在古巴的独立战争中，没有一个中国人做叛徒，也没有一个中国人当逃兵。"

拉美国家为了引进华工，希望与中国建立外交关系，中国也希望借此保护在拉美的华工利益，由是促成了中国与一些拉美国家正式外交关系的建立。1875年，中国和秘鲁两国立约建交，这是拉丁美洲地区第一个和我国清朝政府正式建立外交关系的国家。从19世纪70年代到20世纪头10年间（清季同治、光绪和宣统年间），与中国建交的还有巴西（1881）、墨西哥（1899）、古巴（1902）和巴拿马（1910）。

1911年中国爆发辛亥革命，清王朝被推翻。1913年，巴西和秘鲁率先承认"中华民国"。1916年，中国与智利建交。1930年，墨西哥主动宣布取消在华领事裁判权。1942年，中国和巴西双方使节升格为大使级；1943年，两国签署《中巴友好条约》；1946年，两国签署《中巴文化专约》，巴西放弃在华一切特权。1945年，中国与阿根廷建交。到1949年中华人民共和国成立前夕，与"中华民国"建交的拉美国家还有玻利维亚、哥伦比亚、哥斯达黎加、厄瓜多尔、萨尔瓦多、危地马拉、洪都拉斯、尼加拉瓜、多米尼加、委内瑞拉。其中，萨尔瓦多于1934—1943年一度承认伪满洲国。但辛亥革命后，由于中国国内政局动荡，拉美国家受单一经济的局限，双方虽有贸易往来，但贸易额较小。

四、中拉文明交流的新篇章

中华人民共和国成立后，由于历史因素，并受美国反华政策的影响，拉美一些国家继续维持着同台湾当局的关系，没有与新中国建交。在此形势下，新中国成立的前十年，中国政府提出"细水长流、稳步前进"的民间外交方针，通过文化交流架起中拉人民之间友谊的桥梁。20世纪50年代，中国邀请了拉美许多国家的作家、画家、议员等各界人士来华访问，同时派出文化代表团、民间艺术团、杂技团、新闻工作者等访问拉美国家。一些拉美国家成立了对华文化协会或对华友好协会，促进中拉之间的了解和友谊。1959年，古巴取得了革命胜利，于1960年9月宣布同中国建交，这是第一个与中华人民共和国建立外交关系的拉美国家。1970年，阿连德总统领导的智利政府同中国建交。在1971年10月中国恢复了在联合国的合法席位之后，秘鲁、墨西哥、阿根廷和巴西等拉美国家纷纷同中国建交。

20世纪80年代以来，随着中国的改革开放，中拉关系获得了前所未有的发展，1980—2000年，双方贸易额增长了近10倍。进入新世纪，中拉之间的贸易呈现跨越式增长，2000—2014年，双方贸易额增长20多倍。2003—2013年，中国在拉美的投资流量从10.38亿美元增加到143.59亿美元。与中国建交的国家增多，高级领导人之间的互访频繁。随着经贸、政治联系日益密切，双方的文化交流也更加广泛地开展起来。20世纪70年代后期中国实行改革开放以来，中国派遣了许多政府文化代表团、表演艺术团、运动队、艺术家、作家到拉美国家访问交流，在拉美国家举办过中国电影周、文化周，举办过绘画展、考古文物展、摄影展、工艺美术品展、邮票展等，受到热烈欢迎。[1] 例如，电影《丝路花雨》（1982）在许多国家久演不衰，轰动半个美洲大陆。中国武术功夫、中国针灸医术也在拉美进一步得到传播。越来越多的拉美年轻人，对学习汉语和中国文化产生兴趣。2006年2月，拉丁美洲第一家孔子学院——墨西哥城孔子学院——成立，接着，巴西、秘鲁、智利等国都相继建立了孔子学院。一次新的"中国热"正在拉美大陆兴起。

同时，拉美华侨华人的地位和作用发生了很大的变化。他们不再是历史上那种奴隶或半奴隶的身份，而是完全独立的自由人，不少还成为所在国的公民，进一步融入了当地的社会。从20世纪40年代末起，拉美各国华侨人数不断增加。除自然增长外，主要有大批新华侨从中国香港、中国台湾以及东南亚国家移入拉美。但华侨人数大量增加是在20世纪80年代中国实行改革开放之后。据统计，20世纪60年代末，拉美华侨人数为16.5万

---

[1] 徐世澄：《中国与拉丁美洲文明交流史》，云南大学出版社2022年版，第187页。

人，到 90 年代后期，达到 40 多万人。

拉美华侨华人的职业以做工和经商为主，经商者大多为小本经营，如开餐馆、咖啡馆、洗衣店和杂货铺等，也有的在经营中积累了资本，成为有影响的企业家。如巴西华人林训明，利用当地出产甚丰的大豆从事植物油经营，豆油出口居巴西首位，被誉为"黄豆大王"。秘鲁华人侨领戴宗汉，旅居秘鲁 60 余年，因成功培育出高产水稻良种，荣获了政府颁发的勋章。

除从事商业和制造业外，华人还积极参与政治和社会文化活动，做出了杰出的贡献。有的担任了政府的要职，如圭亚那首任总统阿瑟·钟、特立尼达和多巴哥前总督何才、特立尼达和多巴哥前卫生部长何五都是华裔。华人中也不乏著名的专家、医生、律师、作家和艺术家。秘鲁著名华裔陈汉基（欧亨尼奥·陈-罗德里格斯），在社会科学研究方面做出杰出贡献，出任过圣马科斯大学教授，曾获得秘鲁政府颁发的最高荣誉奖章——太阳勋章。

中拉文化交融也出现了某种新趋势。一方面，拉美各地仍保持着华人社区"华埠""唐人街"，另一方面，一些华人精英，特别是华裔青年，学习所在国的语言文字，娶当地民族的女子为妻，追求新的身份认同，逐渐融入当地主流社会之中。

当前，中拉关系正处于历史上最好的时期。中国与拉美国家携手共建"一带一路"，构建"中拉命运共同体"，为中拉关系的健康发展、中拉之间文明的互鉴开辟了广阔的前景。

参考书目

为方便非专业的读者获取和阅读，此处列出的参考文献仅限于国内出版的、篇幅适中的中文著作和译著。浩如烟海的期刊论文、外文著作以及大部头的多卷本著作，皆未列入，特此说明。

（美）芭芭拉·A. 萨默维尔：《阿兹特克帝国》，郝名玮译，商务印书馆 2015 年版。

（美）芭芭拉·A. 萨默维尔：《印卡帝国》，郝名玮译，商务印书馆 2015 年版。

（西）巴托洛梅·德拉斯·卡萨斯：《西印度毁灭述略》，孙家堃译，商务印书馆 1997 年版。

（西）贝尔纳尔·迪亚斯·德尔·卡斯蒂略：《征服新西班牙信史》，江禾、林光译，商务印书馆 1988 年版。

（美）本杰明·吉恩、（美）凯斯·海恩斯：《拉丁美洲史：1900 年以前》，孙洪波等译，东方出版中心 2013 年版。

董经胜：《拉丁美洲的民粹主义：理论与实证的探讨》，社会科学文献出版社 2023 年版。

（美）E. 布拉德福德·伯恩斯、（美）朱莉·阿·查利普：《简明拉丁美洲史》，王宁坤译，世界图书出版公司 2009 年版。

贺双荣主编：《中国与拉丁美洲和加勒比国家关系史》，中国社会科学出版社 2016 年版。

（英）亨利·卡门：《西班牙帝国：走向全球霸权之路，1492—1763》，罗慧玲译，中信出版集团 2023 年版。

（美）霍华德·J. 威亚尔达：《拉丁美洲的精神：文化与政治传统》，郭存海等译，浙江大学出版社 2019 年版。

（美）霍华德·J. 威亚尔达、（美）哈维·F. 克莱恩：《拉丁美洲的政治与发展》，刘捷、李宇娴译，上海译文出版社 2017 年版。

（美）吉尔·鲁巴尔卡巴：《玛雅诸帝国》，郝名玮译，商务印书馆 2015 年版。

江时学：《拉美发展模式研究》，经济管理出版社 1996 年版。

林被甸、董经胜：《拉丁美洲史》（修订本），人民出版社 2023 年版。

（美）林恩·V. 福斯特：《探寻玛雅文明》，王春侠等译，张强校，商务印书馆 2007 年版。

刘文龙：《拉丁美洲文化概论》，复旦大学出版社 1996 年版。

陆国俊、郝名玮主编：《新世界的震荡：拉丁美洲独立运动》，上海社会科学院出版社 1991 年版。

罗荣渠：《美洲史论》，商务印书馆 2009 年版。

（美）马歇尔·C. 埃金：《什么是拉美史》，董经胜、潘欣源、罗亦宗译，北京大学出版社 2024 年版。

（英）马修·雷斯托尔、（美）克里斯·莱恩：《殖民时代的拉丁美洲》，刘博宇译，上海人民出版社 2023 年版。

（美）乔治·C. 瓦伦特：《阿兹特克文明》，朱伦、徐世澄译，商务印书馆 1999 年版。

（巴西）塞尔索·富尔塔多：《拉丁美洲经济的发展：从西班牙征服到古巴革命》，徐世澄译，上海译文出版社 1981 年版。

（美）苏珊·托比·埃文斯：《墨西哥与中美洲古代文明：考古与文化史》，李新伟等译，生活·读书·新知三联书店 2023 年版。

苏振兴主编：《拉丁美国家现代化进程研究》，社会科学文献出版社 2006 年版。

索萨：《拉丁美洲思想史述略》，云南人民出版社 2003 年版。

沙丁等：《中国和拉丁美洲关系史》，河南人民出版社 1986 年版。

（美）托马斯·E. 斯基德莫尔、（美）彼得·H. 史密斯、（美）詹姆斯·N. 格林：《现代拉丁美洲》（第七版），张森根、岳云霞译，当代中国出版社 2014 年版。

（美）瓦特·斯图尔特：《秘鲁华工史》，张铠、沈桓译，海洋出版社 1985 年版。

（美）西尔瓦纳斯·G. 莫莱：《全景玛雅》，文静、刘平平译，国际文化出版公司 2003 年版。

（美）谢里尔·E. 马丁、（美）马可·瓦塞尔曼：《拉丁美洲史》，黄磷译，海南出版社 2007 年版。

徐世澄：《中国与拉丁美洲文明交流史》，云南大学出版社 2022 年版。

徐世澄、袁东振：《拉丁美洲政治》，中国社会科学出版社 2023 年版。

（秘）印卡·加西拉索·德拉维加：《印卡王室述评》，白凤森、杨衍永译，商务印书馆 1993 年版。

跋语

本书对拉丁美洲文明的发展进程进行了粗线条的概述。从书中可以看到，拉丁美洲的文明史是一部血与火的历史、一部屈辱与抗争的历史、一部充满挫折与希望的历史。然而，拉丁美洲的文明史，就其核心而言，更是一部融入全球化的历史，一部走向现代化的历史。

人类历史的发展，自始至终贯穿着两条密切交织在一起的主线，一是从低级到高级，二是从分散到整体。早期的人类文明，仍处于发展的初级阶段，相互之间的联系、交往、互动也是很有限的。受地理条件的限制，美洲印第安文明长期在与旧大陆的其他文明相隔绝的环境下孤立发展，尽管形成了自己的特色，但不可避免地陷于停滞和落后，以至于在外来文明的冲击下不堪一击。隔绝必然导致落后，只有交往才能促进进步。这是人类文明史发展所证明的客观规律。

在第三世界，拉丁美洲是最早被卷入全球化的地区。1492

年美洲被"发现"后,拉丁美洲彻底融入了以欧洲为中心的世界体系。在此过程中,印第安文明走向衰亡,在它的废墟上形成了多种族混血的拉丁美洲文明。殖民地时期,拉丁美洲文明的特征是,以贵金属开采为支柱的经济、高度集中的土地制度、强制性的劳动制度、高度专制的国家政权、渗透到社会各个层面的天主教会等等。这些特征是由拉丁美洲在世界体系中的外缘地位所决定的。19世纪初土生白人上层人士领导的独立运动,不仅没有改变,反而强化了传统的社会结构。直到19世纪晚期,在欧洲和北美新的产业革命的拉动下,拉丁美洲才通过大量向欧洲和北美出口农、牧、矿产品,经济走向繁荣,政局趋于稳定,城市获得发展,工业化逐渐起步。拉美国家终于缓慢地迈出了现代化的步伐。但是,拉丁美洲的现代化一直是在资本主义全球化的背景下展开的,现代化的动力来自外部,一直受到外部市场、外部投资的制约。现代化不仅没有消除,反而加强了经济对外依附。与经济上的依附相适应的是收入分配的严重不均和政治上的高度专制。19世纪晚期以来,拉丁美洲的现代化模式几经转换。1910年爆发的墨西哥革命拉开了拉美国家向自主性现代化转变的序幕。20世纪30年代世界经济大危机后,拉美国家相继推行进口替代工业化;80年代以来,在债务危机的压力下,又被迫转向新自由主义的发展模式。每一次转换,都是在世界经济变化的挑战下被迫做出的回应。外部因素直接影响着甚至决定着拉美各国发展战略的选择。

在此过程中,一方面,拉美社会中传统的保守势力依然顽固,将自己的利益等同于整个国家的利益,与外国资本密切结合在一起,顽固地维护旧的体制,严重地阻碍着社会的进步,阻碍着国家的现代化。另一方面,拉丁美洲的进步阶级和社会力量也没有被动地接受强加在他们身上的命运。为了推动社会的变革,为了实现经济增长和社会公正,为了"不带着19世纪体制的桎梏进入21世纪",他们与上层传统保守势力的斗争一天也没有停息过。用E.布拉德福德·伯恩斯教授的话来说,这是"历史和未来在搏斗"。[1]

直到今天,拉美进步力量的斗争尽管取得了可观的成就,但依然未能改变殖民地时期以来形成的拉丁美洲经济社会的基本格局。结果是,在这片富饶的土地上生活着贫困的人民,正如一句拉美格言所说,"拉美人是金山上的乞丐"。城市里高档的富人区和败落的贫民窟比肩而立。同一国度里,既有世界首富,也有食不果腹的贫民。[2] 拉美人民争取可持续的经济增长、社会公正、政治民主的道路依然任重道远。

我国与拉丁美洲相距遥远,历史文化传统迥然不同。但是由于都曾经遭受西方的殖民侵略,有着相似的历史命运,也共同面临着发展的使命,因此两个地区之间并非完全没有可比性。相反,在中国和拉美的历史上,曾出现过很多惊人的相似之处。19世纪晚期,玻利维亚库鲁亚基的印第安人反抗运动中,其领导

---

[1] (美)E.布拉德福德·伯恩斯:《简明拉丁美洲史》,王宁坤译,湖南教育出版社1989年版,第1页。
[2] 2007年8月,墨西哥电信大王卡洛斯·斯利姆·埃卢的个人资产总值达到590亿美元,从而一举攀升至全球首富。

人曾向他的信徒保证：政府军的枪支里射出来的不是子弹，而是水；为事业而献身的人在三天之后会死而复生。这与我国同时期义和拳拳民信奉的"刀枪不入"难道不是同出一辙吗？1910年，墨西哥爆发革命，第二年，中国就爆发了辛亥革命。墨西哥革命中韦尔塔篡权与我国的袁世凯称帝，难道没有一种相同或相似的力量在背后发挥作用吗？20世纪五六十年代拉美国家在进口替代工业化过程中，忽视市场规律、过度国家干预、高度市场保护等措施导致的经济衰退和寻租蔓延，与同时期我国僵硬的计划经济带来的问题难道没有相似之处吗？

  19世纪以来，我国的有识之士在"开眼看世界"的过程中，尽管目光更多地投向英、美等发达国家，但拉丁美洲地区一直也在他们的视野之内。魏源编著的《海国图志》中，就有多卷记述拉丁美洲的历史地理。20世纪30年代，日本占领中国东北后，我国报刊曾发表文章，借阿兹特克帝国抵抗不力导致亡国的历史，呼吁国民抗击日本的侵略。近些年来，随着我国改革开放和现代化的发展，社会各界越来越关注包括拉美国家在内的世界其他国家和地区的发展经验。无论是在关于"拉美化"问题，还是在关于"中等收入陷阱"问题的讨论中，拉美国家的发展道路都成为重点关注的课题。对于和拉美国家一样经历了百年现代化进程的中国而言，学习拉丁美洲文明史，对于我们反思自身的历史进程、认识自身的社会现实、探索自身的发展道路，其启示意义是不言而喻的。